非有の思惟　シェリング哲学の本質と生成

非有の思惟

シェリング哲学の本質と生成

浅沼光樹著

知泉書館

父母に捧ぐ

目　次

序章　生成における一……三
一　序論――本研究の立場……三
二　シェリング哲学の本質……四
（1）思惟の一性……五
（2）シェリング研究の現状……七
三　シェリング哲学の生成――「生成における一」としての哲学的直観……一三
（1）ハイデガー……一三
（2）ベルクソン……一六
四　非有のイマージュ……二三
（1）イマージュ……二三
（2）非　有……二五
（3）レヴィ＝ストロース……二六
五　課　題……二八

第一章　無制約者と知的直観――『ティマイオス註解』から『自我論』へ……三一
一　序論――『ティマイオス註解』……三一
二　ヘンリッヒの『註解』解釈……三三
三　「生成と物質」（一）――クリングスの『註解』解釈の基本方針……四〇
四　「生成と物質」（二）――二つのプラトン化の関係……四七
五　「生成と物質」（三）――クリングスの『註解』解釈における自己否定的契機……五〇
六　一七九七年からの回顧――プラトン化とスピノザ化……五六
七　物質の構成と直観の本質……六一
八　クリングスの『註解』解釈との照合（一）……六六
九　クリングスの『註解』解釈との照合（二）……六九
十　クリングスの『註解』解釈の改訂……七一
十一　『註解』から『自我論』へ……七五
十二　『自我論』における『エチカ』と『ティマイオス』……七九
十三　結語――初期シェリングの思惟の展開における『註解』の意義……八四
第二章　シェリング哲学の出発点――人間的理性の起源と歴史の構成……九七
一　序　論……九七
二　『悪の起源』の課題……一〇〇

（1）創世記第三章の批判的・哲学的解釈……一〇〇
（2）理性の同一性……一〇〇
（3）理性の種差……一〇二
三　創世記第三章の批判的解釈……一〇四
（1）一般的見解……一〇四
（2）一般的見解の修正……一〇五
（3）一般的見解の難点……一〇七
四　創世記第三章の哲学的解釈……一〇八
（1）二つの秩序の葛藤……一〇八
（2）歴史の構成……一一〇
（3）禍悪の役割……一一一
五　『悪の起源』の境位……一一三
六　『悪の起源』と『哲学一般の形式の可能性』……一一六
七　結　語……一二三

第三章　歴史的理性の生成——シェリング『悪の起源』における神話解釈の意義……一二九
一　邂　逅……一二九
（1）『知識学の概念』……一二九

（2）『哲学一般の形式の可能性』……一三〇
（3）前　史……一三三
二　シュティフト……一三三
（1）文献学的研究から批判哲学的研究へ……一三三
（2）フールマンスの見解……一三四
（3）ヤーコプスの見解……一三六
三　歴史的理性……一三八
（1）二つの系列の統一的理解……一三八
（2）歴史哲学から歴史的理性へ……一三八
（3）歴史的理性と批判哲学……一三九
（4）批判哲学の完成……一四一
（5）『悪の起源』から『哲学一般の形式の可能性』へ……一四二
四　神話的理性……一四四
（1）『悪の起源』における理性の自己省察……一四四
（2）神話解釈としての理性の自己省察……一四四
（3）思惟の神話的次元の発掘と統合……一四六
（4）神話と哲学……一四七
（5）神話的・歴史的理性……一四八

五　シェリング的思惟の構造……一四九
（1）思惟の質……一四九
（2）自然と自我……一四九
（3）課　題……一五一

第四章　神の内なる自然――シェリング哲学の第二の端緒として……一五七
一　序　論……一五七
（1）ヘーゲルと哲学史……一五七
（2）ヘーゲルの哲学史における『人間的自由の本質』……一五九
二　『私の哲学体系の叙述』から『人間的自由の本質』へ……一六一
（1）シェリングの主張……一六一
（2）絶対者の内的一元性と内的二元性……一六三
（3）《実存》と《根底》の区別の起源……一六五
（4）ブフハイムの見解……一六六
三　絶対的理性の自覚の深化……一六八
（1）二段階の対立の出現と廃棄……一六八
（2）シェリングの説明……一七〇
（3）予備的考察……一七三

（4）絶対的理性の自然性……一七三
四　シェリングの思惟の根本動向……一七五
（1）知識学に対する自然哲学の関係（A）――独立と補完……一七五
（2）知識学に対する自然哲学の関係（B）――知性と自然の平行論……一七八
五　『私の哲学体系の叙述』……一八一
（1）思惟する者の捨象……一八一
（2）無差別への動勢……一八三
（3）絶対的自我の変貌……一八五
六　絶対的理性の自然性……一八六
（1）実在的自己定立……一八六
（2）無底的意志……一八八
（3）真の絶対者の措定……一九二
（4）『人間的自由の本質』の境位……一九三
（5）挫折の危機……一九四
七　結　語……一九六
（1）理性の脱自……一九六
（2）ヘーゲルの理性……一九九

目　次

第五章　『自由論』の立場――『ティマイオス』評価の観点から……二〇七
一　序論――クリングス・テーゼ……二〇七
二　クリングス・テーゼ（前半部）の骨格……二〇九
三　クリングス・テーゼ（前半部）の批判的検討……二一三
（1）二元論の不在……二一三
（2）観念的原理の役割……二一四
（3）三重の観点……二一五
四　『自由論』への道……二一七
（1）『哲学と宗教』における二つの質料概念……二一七
（2）第二の観点――絶対者と有限者の関係……二一八
（3）第三の観点――『ティマイオス』偽作説の主張……二二〇
（4）第一の観点――「神の内なる自然」というプログラム……二二三
五　展望――『自由論』の立場……二二四
補論一　もう一つのエコソフィを求めて――ディープ・エコロジーとシェリングの自然哲学……二二七
一　序　論……二二七
（1）本章の課題……二二七
（2）課題の解釈……二二八

（3）論述の手順……二三〇
二　DEMの基本的理念……二三一
（1）生態学的危機に対する二つの対処法……二三一
（2）第一の対処法から第二の対処法への移行の必然性……二三三
（3）第二の対処法と哲学的思索……二三四
三　DEAにおける究極的前提の多様性の容認……二三五
（1）〈エプロン・ダイアグラム〉……二三五
（2）〈第一レベル〉における多様性の制約……二三七
（3）〈第一レベル〉としてのシェリング自然哲学……二三八
四　DEAを背景としてみた、環境問題に対するシェリング自然哲学のアクチュアリティ……二四〇
（1）一般的方法の提示……二四〇
（2）環境芸術家の活動……二四一
（3）広義のシェリング自然哲学への注目……二四二
五　結語――もう一つのエコソフィを求めて……二四四
補論二　シェリングにおける神と自然過程……二四九
一　序論――問題設定……二四九
二　自然過程……二五〇

三　神による世界創造一……二五一
（1）神の絶対的存在……二五一
（2）神の三つの形態……二五二
（3）前・超物質的統一性としての神……二五四
四　神による世界創造二……二五五
（1）別の存在の可能性……二五五
（2）三つの形態の不和における存在……二五六
（3）神の自己認識……二五九
五　神による世界創造三……二六一
（1）世界創造の動機……二六一
（2）原因の原因としての神……二六三
六　結語——自然哲学の根拠づけとしての世界創造論……二六五

補論三　第九回日本シェリング協会研究奨励賞を受賞して……二六七
一　導　入……二六八
二　目　的……二七一
三　方　法……二七四
四　経　過……二七五

五　結　果……二七七
あとがき……二八三
初出一覧……二八五
索　引……1—5

非有の思惟

——シェリング哲学の本質と生成——

序章　生成における一

ある哲学者に敬意を表そうと思うならば、
彼がまだ結論に達していないところで、
彼の根本思想において、彼を捉えねばならない[1]

シェリング

一　序論――本研究の立場

本研究は、その表題「非有の思惟――シェリング哲学の本質と生成」が示すように、まず第一にシェリング（F. W. J. Schelling, 1775-1854）の哲学の本質の解明を目的としている。しかし、シェリングにおいては《思惟の本質の解明》と《思惟の生成の解明》は最終的に分離しえないというのが筆者の考えである。なぜならば、ただたんにシェリングの思惟の本質はその生成を通して初めて露わになるというだけでなく、むしろシェリングの思惟それ自体が生成をいわば本質としていると思われるふしがあるからである。言い換えると、シェリングの思惟においては《本質は生成を通して顕現する》というだけではなく《生成が本質である》――それゆえ、生成の背後にそれとは別に本質として想定される何かが隠れているというわけではない――とすら考えられるのである。その限りにおいて、本研究は第二に上で述べた二重の課題、つまりシェリング哲学の本質と生成の解明を不即不離のものとして、一体的に扱おうとする。とはいえ、これは畢竟、シェリングにおける思惟の生成という事実をおよそ考えられうる限り最高度に積極的に捉えようとすることにほかならない。しかしながら最後に第三に、このような意味におけるシェリング哲学の《本質＝生成》の解明に際して本研究は――あくまでも探求の導きの糸としてではあるが――「非有《メー・オン》」のイマージュ（概念とは区別された意味における）を用いることとする。

もっともこれらの観点、特に第二の、さらにそれ以上に第三の観点については詳細な説明が必要であろう。というのも、後二者は本研究を他のシェリング研究から区別しうる主要な徴表となるべきものであるが、これらの観点には、筆者の知るかぎり、シェリング研究史上未だ嘗て提起されたことのない幾つかの論点が含まれているからである。

二　シェリング哲学の本質

すでに述べたように、本研究はまず第一にシェリングの思惟――これはあるいはシェリング的思惟と訳すべきであるのかもしれないが――の本質（das Wesen des Schellingschen Denkens）の解明を目的としている。ただし本研究は、この問題に最終的解決をもたらすと自負しうるものではなく、それどころかその途上におけるたんなる中間報告の域を出ていない。この意味において本研究は一つの試論、あるいはより正確な言い方をすると、それを構成するはずであった部品《パーツ》の決して十全とは言えない集積にとどまる。これは主として筆者の非力の故であるのは言うまでもないが、同時にシェリング研究が目下置かれている現状にも原因の一端はある。

ではシェリング研究の現状にあってシェリングの思惟の本質を解明するとは一体いかなることを意味しているのであろうか。

（1） 思惟の一性

いかなる哲学者に関してであろうと、その思想的生涯を全体として視野に収めつつ思惟の究極的本質が問われる場合、一般的に何らかの意味においてその一性（Einheit）が前提されていると考えられる。つまり、複雑で多様な、それどころか相互に矛盾していると思われかねないほどに紆余曲折を極め、長期にわたり著しく錯綜した展開を見せている思惟も、それを貫き束ねているなんらかの核心——十分に仕上げられている場合には、それは方法や原理などと、さらにそうした形態をとる以前の原初状態においては、根本直観あるいは主導的問いなどと呼ばれるかもしれない——の存在が前提されていると考えられる。なぜなら、さもなければ思惟の本質への問いは空転し、意味を喪失しかねないからである。ところがシェリングの場合、こうした思惟の一性の有無そのものが解釈上の難問ないし障碍であり続けてきた、という極めて特殊な事情がある。

《プロテウス》という綽名に象徴されるように、シェリングは哲学上の立場を目まぐるしく変化させた哲学者の典型とされてきた。言い換えるならば、個々の洞察の重要性こそ否定されはしなかったものの、全体としてはシェリングは内的一貫性を欠く非体系的な哲学者と見なされてきた。こうした見解が一般通念として定着するにあたりいかなる諸要因が働いたのかを、特定の学派（ヘーゲル及びその学派）による哲学史理解が及ぼした影響を含め、吟味・検討するのは興味深いであろう。だが残念ながら、ここではその余裕はない。

しかしながらいずれにしても確認しておきたいのは、一般的に言って上記の意味における《プロテウス》の汚名を雪ごうとすれば、誰であれ必ずや何らかの意味においてシェリングの思惟の一性を擁護せざるをえないということであり、しかもそれは畢竟するに次のような仕方においてであるということである。つまり、ヘーゲルが哲学的思惟の一性と見なすもの、すなわち——彼の意味における——唯一の原理ないし方法に基づく思惟の体系的統一がシェリングの著作および遺稿には見出されないことを事実として承認した上で——というのもシェリングの場合、著作および遺稿のうちにそのような意味での体系を探し求めても徒労に終るほかはなかろうから——にもかかわらず《プロテウス＝シェリング》という通説に再び搦め捕られてしまわないように、別の——つまりヘーゲルの言う体系的統一とは異なる——一性をシェリングの思惟のうちに探索し、それを挙示するという仕方においてである。

実際にそのような仕方でシェリングの思惟の一性の擁護が試みられてきた、ということは、なにもヴァルター・シュルツの著名な解釈を待つまでもなく、シェリングの思想的発展の時期区分が繰り返し試みられてきた、という周知の事実のうちに既に看取しうる。なぜならば、それが幾つかの不動を巧妙に配列することによって「運動の模造品を合成し、これを運動そのものと置き換える」操作でないか否かはいまは不問に付すとしても、それにもかかわらずこれがシェリングの思惟へ——最終到達地としてのその一性を睨みながら——何らかの秩序を導入しようとする衝迫の無意識的発現でないとは即座には断定しえないからである。

ではこのような観点から、すなわち、シェリングの思惟のうちになんらかの秩序を、さらに最終的にはその一性を見出そうとする試みという観点から眺めるならば、シェリング研究の現状はどのようなものと見なされねばならないのであろうか。

（2）シェリング研究の現状

エアハルト・テーゼ　このような問いを掲げるとき《Nur ein Schelling》というヴァルター・エアハルトのテーゼを避けて通るのは難しい。なるほどわれわれがそれを迂回しえないのは、シェリング研究の現在の水準の分析として定評のあるこのテーゼが、光源の役割を果たして本研究の立場を照射し、その輪郭を鮮明に描き出してくれはしないかとひそかに期待するからである。事実、シェリングにおける思惟の一性という問題が現今のシェリング研究の中核に位置する最重要課題の一つであり、なおかつ、そうであらねばならないということが、このテーゼによってその理由とともに極めて説得的に語られている。しかしながらわれわれがこのテーゼを看過しえないのはそうした理由だけによるのではない。さらにこのテーゼがシェリング研究が今後たどるべき道——それは本研究の前途ともなるはずだが——を独特の仕方で示唆しているように思われるからである。独特という意味は、その示唆がアイロニカルなものに思われる、すなわち、上述のようなシェリング研究の喫緊かつ本質的な課題を定式化するに際してエアハルトが実に見事な手際を披露しながら、逆にそれに応答するにあたっては甚だ拙劣であるということによってなされているように思われるからである。しかるに本研究が引き受けようとしているのはさしあたってはこの応答のやりなおしであり、さらにはその完遂なのだから、要するに、このような仕方で直ちに本研究はシェリング研究の全動向の最先端に定位し、さらにあたかもエアハルトに唆されでもしているかのように未知の領域に足を踏み入れようとするのだから、彼のテーゼを経由することでわれわれは本研究が身に纏わざるをえない試論的性格についても一つの釈明を手に入れるのである。

　しかしそれではエアハルト・テーゼとはいかなるものなのか。

《Nur ein Schelling》というエアハルトのテーゼは、現今のシェリング研究にひとつの動勢を弁別し、それを主潮流として認定する現況の分析であるが、それと同時に、全研究者に向けてこの動向を全力で推進せよと唱えるスローガンでもある。だとすると問題は、いったいいかなる動向が現在のシェリング研究の主潮流と見なされるのかということであろう。実を言えば、われわれ同様エアハルトもまた、現在のシェリング研究をプロテウス・テーゼの克服の途上にあると解している。ところがプロテウス・テーゼの克服の途上にあるとは、彼によれば、シェリングの名のもとで複数のシェリングが語られていた時代が過去のものとなり、それにかわって唯一のシェリングが思念される時代が到来した、ということを意味しているのである。だがシェリングについて複数とか唯一とかいう形容詞が付されるのはいったいどのような事態なのであろうか。

複数のシェリング

エアハルトによると、複数のシェリングとはシェリングの思想的展開の全体が複数の時期に寸断され、各時期がそれぞれ異なる思想家・哲学者に結びつけられ、彼らの名前によって特徴づけられてきたという、シェリング研究に通じた者なら誰もが熟知している史実を指している。すなわち、いま代表的なもののみを挙げるなら、シェリングがまずはフィヒテ、次いでスピノザ、さらにはヤーコプ・ベーメ、最後にヘーゲルに対する肯定的ないし否定的連関において捉えられ、これらの哲学者との関係へとあたかもまるごと還元されるかのようにシェリング自身の思想が説明されてきた、という事態が複数のシェリングという語によって表現されているのである。

ところがエアハルト・テーゼのユニークであり現在的でもある所以は、この複数のシェリングというイメージの増殖の原因を求めてそれが息子の編集による所謂オリジナル版『全集』の形式にあると断ずる点にある。つまり、従来のシェリング研究は、選択の余地がほとんどないままにオリジナル版『全集』に依拠せざるをえなかったが、そのため当のテキストの編集方針の制約に服さねばならず、これによって複数のシェリングという虚像が培われるに至った、というのである。彼によると、このような悪しき影響関係はオリジナル版『全集』第二部を構成する『神話の哲学』と『啓示の哲学』においてはとりわけ明白である。というのも、これらのテキストは、著作として出版するという意図が著者自身に仮にあったにせよ、実際には長年にわたって少しずつ改訂を加えられながら最後まで成立の途上にあった講義でしかない。にもかかわらず、あたかもすでに生成し終えた一つの著作であるかのような体裁が、いわば無時間的な印象を与えかねないそれが——たとえその編集の方針が父の認可を受けていたにせよ——これらのテキストには賦与されているからである。しかしながらこれによってシェリングの思惟の発展そのものにほかならないテキストの生成のプロセスは否応なしに不明瞭となり、その結果、われわれはシェリングの文意を正確に辿ること、いわば思索の森に彼の姿を見わけ、それを追跡することが困難となる。ゆえにまたシェリングの像も焦点を結ばず、分散し拡散してしまう。——このように彼は主張するのである。

したがってエアハルトによると、いずれにしてもプロテウス・テーゼの克服はオリジナル版『全集』にかわる新たな原典テキスト、つまり現在進行中の歴史批判版『全集』の整備と不可分であり、それと連動してなされる以外にはない、ということになる。これによってエアハルト・テーゼは歴史批判版『全集』刊行という事業、またそれに直接間接に関与しつつなされるおびただしいシェリング研究にとって、そのヴァーチャルな司令塔という意味合いを帯びるようになる。つまり、あたかもこのテーゼはこの運動の全体を俯瞰しつつ統括し、それへ目標と理念を与える位置を占めるに至るのである。

唯一のシェリング　それではこの指令塔から眺めやるならば、唯一となったシェリングはどのような変貌を遂げてわれわれの前にその姿を現わすのであろうか。連続体として——そのようにエアハルトは答える。つまり、シェリングの思惟はいまやその連続性（Kontinuität）において把捉されるべきであり、これによって初めてわれわれは複数のシェリングという虚像と袂を分かちうるというのである。このような理解のもと、エアハルトはシェリングの思惟の連続性を、初期哲学におけるテーゼ「哲学のアルファにしてオメガは自由である（Das A und O der Philosophie ist Freiheit）」から後期哲学におけるそれ「自由はわれわれにとっても神性にとっても最高のものである（Freiheit ist unser und der Gottheit Höchstes）」へと至る自由のテーゼの一貫性に見ようとしている。

　ところが、ここでもまたエアハルトは彼の言う連続性を『全集』編纂作業との関連において理解しているように思われる。というのも、歴史批判版『全集』編纂によって、遺稿や講義の筆記ノートなどの発見・校訂・出版の作業を通して、旧全集のテキストはいわば一旦もとの原生状態へと溶解された後、年代順に可能な限り遺漏なく再配列されてゆくであろうが、彼の折々の発言から判断するに、エアハルトの思い描く連続体としてのシェリングはこのようなテキストの遺漏なき再配列というイメージとからみ合い、それとわかち難く結びついているという印象を拭い難いからである。

　このようにエアハルト・テーゼは必ずしも外見ほど単純ではなく、複雑というよりも錯綜という語が似つかわしい内実を有している。とはいえ、このテーゼの基本主張——つまり〈複数のシェリングから唯一のシェリングへ〉という動向そのもの——にのみ限って言えば、それは確固として揺るぎないだけでなく、さらに、なにもわれわれがエアハルトの言説に手を加えずとも、端的に言い表すこともできるのである。というのも、エアハルトその人が、クサヴィエ・ティリエットの著作の表題 „Philosophie im Werden (une philosophie en devenir)“ を引用しつつ、その語句の意味の転換について語っているからである。すなわち彼によれば、仮にシェリングの哲学が

今なお „Philosophie im Werden“ として特徴づけられうるとしても、それはもはや外的触発によって脈絡もなく外貌を変じていくという意味ではなく、内発的・自発的に持続的・継続的に発展していくという意味において、あくまでもその意味で絶えざる生成のうちにある哲学と解されるべきなのである。ゆえに複数のシェリングから唯一のシェリングへという運動は生成から生成へと約言しうる。シェリング哲学を常に生成の内にあるものとして捉えようとするという点に関しては旧来と変わらないのであるが、それをネガティブにではなくポジティブに解する点で面目を一新している。すなわち、生成はいまやシェリングの思惟の本質として捉えなおされるのである。

問われざる問い　エアハルト・テーゼにおいてシェリングの思惟の一性の理解のための重要な一歩が踏み出されているのはまちがいない。思惟の一性が思惟の体系的統一としてではなく、思惟の連続性として捉えられているからである。これによって思惟の一性の問題は、ヘーゲル製の鋳型のたんなる再利用からようやく脱し、シェリングにかたどってあらたに一から鋳造しなおされたと言えるだろう。しかしそれは問題がより相応しい仕方で設定されたということであって、解決したということではない。にもかかわらず、たんに思惟の体系的統一を思惟の連続性に置き換えただけで一切が落着したと見なすならば、それは錯誤もはなはだしい。ところがエアハルトにはたしかにそのような嫌いがあるのである。というのもそもそも連続的であるとはいかなることか、シェリングの思惟が連続性において一であると言われるとき、その一はいかなる意味における一なのかという問いは、彼の念頭には浮かぶ気配がないからである。もちろん厳密に言えば、エアハルトはこの一性への問いそのものを黙殺しているわけではない。それどころか彼は「シェリング哲学の一性への問い（Frage nach der Einheit der Philosophie Schelling)」、「主導的原理の一性への問い（Frage nach der Einheit des leitenden Prinzips）」を自らの課題として掲げさえしているのである。ところが既に見たように、思惟の連続性はテキストの遺漏なき整備が明らかにする自由のテーゼの一貫性によって保証されるかのように見なされている。このような彼の態度から推察されるのは、彼の言う思惟の連続性がたんなる事実的なものにとどまっている、ということである。もしそういうことならば、いくらその種の問いを掲げようとも、それに対する彼の答えは——決してそれ以上その意味を問われることのない、その限りにおいてそれ自体として自明と見なされている——思惟の連続性でしかない。したがって結局のところ、エアハルトにおいてはたしかに問いは意識されているにしてもその意味は取り違えられており、彼自身は答えているつもりでもわれわれからするとそうではない、と言わざるをえないのである。

　エアハルトの場合、このような素朴さが彼の主張の秀れた側面と不釣り合いなまでに到るところで目につく。任意の時点において繰り反し同様のテーゼが出現することをもって、思惟そのものも連続的であると言いうると考えたり、テキストの整備がそれ自体としてシェリングの思惟の連続性を証明すると考えている側面にそれはとくに著しい。むしろエアハルトが徹底して追求すべきであったのは、複数のシェリングに対して唯一のシェリングを回復するということが元来はシェリングの思惟を複数の参照点へと解消させることに対するアンチ・テーゼでもあった、ということではないだろうか。なぜならば、こうした観点からすると、シェリングの思惟を連続体として捉えるというのは、無数の参照点に向かって拡散したわれわれの視線を回収し、あらためてシェリングへと振り向けることでなければならないからであり、のみならず、そこからさらにその緊張の度合いを高め、シェリングの思惟の内奥にまで貫入しえたなら、われわれはそれをもはや哲学的伝統に一方的に依存しているものとしてではなく、むしろ完全に自立的・自発的に活動するものとして目撃しうるはずだからである。

ところが自らのテーゼのこのような側面にエアハルトが十分に自覚的であるとは思われない。というのも、この問題については彼はたんに或る個別的な事例、すなわち、シェリング研究における最も根深い偏見の一つであった初期シェリングのフィヒテへの依存という通説の崩壊という事例に言及しているにすぎないからである。もちろんこれが、歴史批判版『全集』の編纂作業を資料的な基盤としつつシェリングの思惟の独立自存が実証された輝かしい実例の一つである、というのは、その通りである。しかしそれだけでは、この思惟が有する自立性・自発性の内実は何一つ明らかにはなっていないのである。

だとするとテキストの整備とは別にさらに思惟の一性の意味への問いが立てられねばならないということになる。だが、この問いが『全集』編纂の作業とは同一平面において成立するものではない、ということであるならば、われわれは事実に即しつつもそれを超越しなければならないだろう。それがシェリングの思惟の生成に即することの真の意味である。「生成における一」という問いはこの水準において初めて成立しうる問いなのである。

三　シェリング哲学の生成――「生成における一」としての哲学的直観

では、この「生成における一」という問いはどのように問われるべきなのか。

(1)　ハイデガー

考察の糸口としてまずはハイデガーの『シェリング講義』を取り上げたい。その冒頭において彼はこのように述べている。

シェリングという名を聞くと、人は好んでこの思想家が絶えずその立場を変えたことを指摘しますし、時にはこれがゆがめられ、性格上の欠点とされることさえあります。しかし、実際には、シェリングほど情熱的に、その最初期からただ一つの立場をもとめて闘った思想家も珍しいのです。これに比べると、ヘーゲルは、慎重な性格だっただけに、三十七歳になってようやくその最初の大著を公刊しましたが、しかし、それと同時に彼は、哲学と自分の立場にきちんと決着をつけもしたのです。その後におこなわれたのは、仕上げと応用でした。むろん、すべてが壮大な規模で、自信たっぷりにおこなわれたのではありますが。

シェリングはやはり繰りかえしすべてを手放し、繰りかえし同じものを新たに根拠づけなおさなければなりませんでした。シェリングはあるとき次のように述べています。

「真に自由な哲学の出発点に立たんとする者は、神さえ放棄しなければならない。つまり、それを得ようとするものはそれを失い、それを捨て去る者こそそれを見いだすであろう、というわけだ。ひとたびすべてを見捨て、自分もすべてに見捨てられた者、すべてを奪いとられ、果てしなく自分だけを見つめてきた者——プラトンが死にも比した偉大な一歩を踏み出した者——だけが、自分自身の根拠を究め、生の底の底までを認識したことになるのだ」。

シェリングはこの一歩を幾度も踏み出したのです。だからこそ、彼はたいていのばあい思索の展開を静止させたりそのまま穏やかに続行したりすることがなかったのであり、だからこそ、彼の創造にはしばしば手堅い最後の仕上げが欠けているのです。しかし、こうしたことのすべては、いやなほど機敏に立場を変えるといったこととはなんの関係もありません。(2)

ここでハイデガーはまず《プロテウス＝シェリング》という通説を「絶えずその立場を変えたこと」とし、それに「その最初期からただ一つの立場をもとめて闘った思想家」という自分のシェリング理解を対置している。しかもその際に彼はさらに、このシェリングの立場を際立たせるために、それをヘーゲルと比較しうるように、後者を「最初の大著」において「哲学と自分の立場にきちんと決着をつけ」た哲学者と言い表している。ハイデガーによると、ヘーゲルにおいては「その後におこなわれたのは、仕上げと応用」であるのに対し、シェリングは「繰りかえしすべてを手放し、繰りかえし同じものを新たに根拠づけなおさなければな」らなかったのである。

しかしこのことは、シェリングがヘーゲルのいわば手前にとどまり続けたということではない。むしろヘーゲルから見ると手前であるものが実際には彼の背後なのである。その意味でシェリングはヘーゲルの背面へと回りこもうとしたと言えるだろう。ハイデガーはこのような事態をシェリング自身の言葉を引用して暗示している。彼によると、シェリングは、ヘーゲルと異なり、「真に自由な哲学の出発点に立」とうとして「神さえ放棄」したのであり、「自分自身の根拠を究め、生の底の底までを認識」しようとしたのである。「シェリングはこの一歩を幾度も踏み出した」のであり、「だからこそ、彼はたいていのばあい思索の展開を静止させたりそのまま穏やかに続行したりすることがなかったのであり、だからこそ、彼の創造にはしばしば手堅い最後の仕上げが欠けている」のである。しかしながら、ここには飛躍があるように思われる。「真に自由な哲学の出発点に立」とうとすることは、シェリングが「この一歩を幾度も踏み出した」ということの説明とは言えないからである。

もちろんこのことについての説明は別の箇所においてなされている。ハイデガーによると、シェリングの企図そのものに問題が伏在しているのである。シェリングの企図とは「真に自由な哲学の出発点」から理性の体系を基礎づけるというものである。しかしこれは挫折を運命づけられている。というのも、ハイデガーによれば、これは彼の考える西洋形而上学の根本的枠組み、つまりオントテオロギー（存在‐神‐論）の枠組みのなかにとどまりつつ、なおかつ、その外へと超え出てゆこうとするような試みに他ならないからである。

しかし今のわれわれにとってはこのこと、つまり、ハイデガーのシェリング解釈が彼独自の哲学史理解を背景としているということは、さしあたって重要ではない。われわれの関心は、ハイデガーの理解に依拠することによってシェリングにおける思惟の生成という事実がどれほど積極的なものとして捉えられるか、ということだからである。しかしこの問いに対しては否定的に答えなければならない。というのも、ハイデガーの解釈によってたしかにシェリングの思惟が遅延し、停滞する理由は説明されているが、その生成そのものの由来は明らかにされていないからである。その限りにおいてまたハイデガーのシェリング解釈には、われわれの求める「生成における一」に対する答えへ通じる道は見出されないと言わざるをえないのである。

したがってわれわれは全く別の方面に活路を求めなければならない。というのも、われわれの見るところでは、現在のシェリング研究のほとんどがこのようなハイデガーの見解に無意識のうちに感染してしまっているように思われるからである。それゆえわれわれは思い切ってこれにもう一つ別の理解を対置させてみよう。それはベルクソンの哲学的直観の説である。

(2)　ベルクソン

ではベルクソンは彼の言う哲学的直観についてどのようなことを語っていたのであろうか。

しかし偉大な哲学者の思想に繰り返し接触していると。漸次的浸透によって、われわれは全く違った感情をもつようになります。〔…〕哲学者の思想の周囲を巡る代わりに、その中に身を据えようといっそう努力するにつれて、彼の学説が形を変えるのがわかります。まず、複雑さが減少します。次に諸部分がたがいに他の部分の中へ入って行きます。最後にすべてがただ一つの点に集中します。そしてわれわれはその点に到達することはあきらめなければならないとしても、そこにしだいに接近して行くことはできると感じるのであります。

この点にはなにか単純なものが、無限に単純なものが、あまりにも桁外れに単純であるために当の哲学者がそれを言うことに決して成功しなかったものがあります。そしてそのために彼は一生涯語りつづけたわけであります。彼は自分の精神のなかに持っているものを一応定式化することができても、この定式を訂正し、次にこの訂正を訂正しなければならないと感じたのであります。こうして理論から理論へと、自説を正しながら、彼は自分の考えを完全にすることができると信じていたにもかかわらず、彼がこれまでやってきたことは、実は複雑を呼ぶ複雑により、また敷衍に敷衍を重ねることによって、増大する近似値をもって、彼の根源的な直観を言い表そうとするにすぎなかったのです。彼の学説がまことに複雑であり、この複雑が無限に至るということは、だから、彼の単純な直観が、この直観を表現するために用いられたさまざまな手段によってきっぱりと割り切られることができないというだけであります。(3)

無論、ベルクソンはこれを哲学一般について語っているのであって、特にシェリングを念頭に置いているわけではない。したがってその点を踏まえると、この一般論を特殊事例としてのシェリングの思惟に応用するところに、同じものの常に反復される新たなる根拠づけというハイデガーのシェリング解釈が成立していると、そのように考える人もいるかもしれない。なるほど両者は似ているように見える。しかし事情はむしろ正反対なのである。つまり、たとえ類似しているように見えてもハイデガーの解釈のほうが成熟度において劣っているのであって、その限りにおいてハイデガーの解釈がベルクソン的に洗練されるべきなのであり、そうすることによってそれは一層シェリングに適合するようになる、という関係になっているのではないだろうか。このような見地から引用の第二段落を再読するならば、それはバークリやスピノザ（ベルクソンがここでスピノザに言及しているのはシェリングとの関係において見ても、決して偶然ではないかもしれない）にではなく、シェリングその人について語られた言葉のように思われてくるのである。

さてその場合、もちろん「あまりにも桁外れに単純であるために当の哲学者がそれを言うことに決して成功しなかったもの」、「そしてそのために彼は一生涯語りつづけた」ものこそが、ベルクソンが哲学的直観と呼ぶところのものなのであるが、この不成功の理由はハイデガーのように形而上学の歴史に求められるのではない。ベルクソンにおいてはその原因は、歴史よりも根源的な次元に、つまり自然の次元、精神と物質の対立という次元に求められており、しかも「彼の学説がまことに複雑であり、この複雑が無限に至るということは、だから、彼の単純な直観が、この直観を表現するために用いられたさまざまな手段によってきっぱりと割り切られることができないというだけ」と言われるように、不成功さえもむしろこの哲学的直観の真正さの証しという以外の意味を持っていないのである。

われわれはこの哲学的直観を問うことこそがシェリングの思惟において「生成における一」を問うことであると考える。ベルクソンの言い方ではそれは次のようになる。

哲学者という名に値する哲学者は未だかつてただ一つのことしかいわなかったのであります。いや、彼が本当にそれをいったというよりもむしろそれをいおうと努めたのであります。そして彼はただ一つの点しか見なかったから、ただ一つのことしかいわなかったのです。いや、見たというよりも触れたのです。そしてこの接触が衝動を与え、この衝動が運動を与えたのであります（4）。

ここでベルクソンは、哲学者の直観について語ることによって、この種の思惟の一性について語っているのだ、とわれわれは解する。接触、衝動、運動――こうしたものがハイデガーのシェリング解釈には見出されないものである。しかしながらそれは彼の解釈がいまだシェリングという「哲学者の思想の周囲を巡る」にとどまっているからではないか。またそれゆえハイデガーは、シェリングにおける思惟の生成において挫折の理由を説明しうるのみなのではないか。そうした挫折にもかかわらずなぜシェリングの思惟が前進しようとするのかということは説明できないのではないだろうか。だがそうすると、それは結局のところ、運動を運動の障害となるものから説明しているだけであって、運動としての運動、運動そのものを説明しているのではない、ということになるだろう。少なくともその点においてベルクソンの哲学的直観の説のほうがシェリングの思惟の生成を積極的に理解するための手掛りを提供している、と言えるであろう。

しかしそれだけではないのである。ベルクソンのこのような考えは、たとえば『自由論』を相対的に重視する立場に対して、シェリングの哲学的出発点の問題の重要性を、つまり、シェリングの思惟の本質について思惟することとシェリングの思惟の始原を考えることはどのような必然的な関係があるのか、ということを理解するための鍵となりうる。さらには、ベルクソンの説を採用することによって、シェリングの思惟の道における濃淡のようなもの、言い換えると、思惟が停滞しているような印象を与える時期と沸騰しているような印象を与える時期との交代さえ決して理解不能ではなくなるのである。というのも、哲学的直観の説に従うならば、次のようにも考えられるからである（この引用を註1のシェリングからの引用と比較されたい）。

哲学者の思想がまだ十分に確立されず、彼の学説に何一つ決定的なところがない時にも、彼の最初の踏み出しが、いくつかの事物を決定づけることである、ということは明白ではないでしょうか。もっと後になって彼は自分の肯定することをいろいろと変えることもあるでしょうが、自分の否定することは決して変えないでしょう。そしてもし彼が自分の肯定することを変えるとすれば、それは再び、直観もしくは直観のイマージュに内在する否定の能力によるのでありましょう。彼は無精にも直線的論理の規則に従ってさまざまな帰結を演繹してしまったのでしょうが、しかし自分自身の主張を前にして、最初他人の主張を前にして彼の心に起こったのと同じような不可能であるという感情を突然に体験するのであります。実際自分の思想の曲線を離れてまっすぐに接線をたどったから、彼は自分自身に対して外的になっているのです。直観に戻るとき、彼は自分の中に帰ります。「発展する」学説、つまり自分を失ったり、自分をまた見いだしたりして、限りなく自分自身を訂正してゆく学説のジグザグ運動は、これらの出発とこれらの再帰からなっているのであります。(5)

さらには——これは本研究におけるわれわれの結論そのものと言っても過言ではないが——このようにも言われている。

もちろん、直観にもさまざまな程度の強さがあり、哲学にもさまざまな程度の深さがあります。しかし実在的持続のもとまで精神を引っ張って行ったら、この精神はもう直観的生命を生きるでしょうし、その事物認識はすでに哲学となるでしょう。この精神は、無限に分割された時間の中で次々に入れ換わるさまざまの瞬間の不連続性の代わりに、不可分なものとして流れる実在的時間の連続的流動性を知覚することでしょう。〔…〕すべてが生成であり、この生成は実体的である故に支えを必要としない一つのメロディーのように、どこまでも伸びて行くただ一つの同じ変化を、この精神は把握することでしょう。〔…〕

なぜなら、直観へ行くためには、感覚と意識の領域外へ移る必要はないからです。カントの誤謬はその必要を信じたことであります。いかなる弁証法的努力もわれわれを彼岸に導き入れることができないこと、有効な形而上学は必然的に直観的な形而上学となることを決定的な議論によって証明した後で、このような直観はわれわれには欠けているし、このような形而上学は不可能である、と彼はづけ加えたのです。もしカントが認め、われわれが実際にしたがっているもの以外の時間や変化がないとすれば、なるほどそういうことになりましょう。とにかくわれわれの日常的知覚は時間から離れることができず、変化以外のものを捕えることはできないわけです。しかしわれわれが自然にそこに置かれている時間や、われわれが通常ながめている変化は、事物に対するわれわれの行動を容易にするために、われわれの感覚と意識がこしらえたものを壊して、われわれの知覚をその根元まで連れ戻すなら、われわれは新しい能力に頼る必要なしに、新しい種類の認識を手に入れるでありましょう。(6)

われわれの問題は、シェリングの思惟の「生成における一」への問いはどのような仕方で問われるべきか、ということであった。それに対して、われわれは《ベルクソンに倣って、シェリングにおける哲学的直観を問うことによって》と答えた。この限りにおいて私の研究は基本線において極めてベルクソン的であると言えるだろう。しかしこのことはわれわれがベルクソンに盲目的に追従しているというようなことではない。たしかにわれわれはヘーゲルの呪縛から逃れるために、そしていつの間にかシェリングをヘーゲル的に理解してしまうことから可能な限り遠ざかるために、それにシェリングのベルクソン的理解とも言うべきものを対置させなければならなかった。いわばそのような戦略をとったのである。しかしそれは生成にかんするベルクソンの形而上学的概念（エラン・ヴィタール、エラン・ダムールといった概念もまた例外ではない）を無批判に肯定することではない。われわれの意図はさらにその彼方にある。シェリングをベルクソン風に理解しようというのではなく、むしろベルクソン哲学をシェリングのほうへとたわめて、いわばそれをシェリング的に完成することがわれわれの意図なのである。

ではそれはどのような仕方でなされるのか。

四　非有のイマージュ

ベルクソンを援用しつつ、しかもそれを超える方法がある。ベルクソン自身がその方法を提示しているのである。それは解釈におけるイマージュの問題である。つまり、ベルクソンのいう哲学的直観の内実は個々の哲学者の思惟に即して種別化されなければならないであろうが、彼によるとそのような種別化が起こるのはイマージュにおいてなのである。

（1）イマージュ

ではイマージュとは何か。ベルクソンによれば、それは研究対象である哲学者の根源的直観とそれに肉迫しようとするわれわれ自身とを媒介するものであるが、しかし概念ではない。

この直観はどんなものでしょうか。当の哲学者がその定式を与えることができなかったのであれば、われわれがそれに成功するはずはないでしょう。しかしわれわれが把握し定着するようなところまで行くようなものは、具体的な直観の単純さと、この直観を翻訳する抽象的なものの複雑さとの中間に立つある種のイマージュであります。このイマージュは逃げ足が速く、すぐに消えてしまいます。それはたぶん気づかれないでしょうが、哲学者の精神に付きまとっています。それは彼の思想の紆余曲折を通じて影のようについて来ます。そしてそれは直観そのものではないにしても、直観が「説明」を提供するためにはどうしても助けてもらわねばならない概念的な、必然的に記号的な表現よりも、はるかに直観に接近しているのです。この影を十分に見つめることにしましょう。そうすれば、この影を投げかける物体の態度を推量することができるでしょう。そしてもしこの態度を模倣するための、いやむしろその中に入り込むための努力をするなら、あの哲学者が見たものを、われわれも可能なかぎりまた見ることになりましょう（7）。

また次のようにも言われている。

先程お話ししました媒介的イマージュに到達することができたら、われわれは学説の魂に接近することになりましょう。――このイマージュは、まだ見ることができるという点では、ほとんど物質的ですが、もはや触れることができないという点では、ほとんど精神的であります。――これは亡霊のように、われわれが学説の周りを回る間、われわれにつきまとい、そしてこの学説に対していかなる態度をとり、それをいかなる点からながめるべきかについて決定的な合図、ならびに指示を得るためには、頼りにしなければならないものであります。著作の研究をすすめて行くにつれて、解釈者の心に描かれてくるイマージュは、そのままの姿で、著者の思想の中にかつて存在していたのでしょうか。たとえそれが同じイマージュではなかったとしても、他のイマージュはあったのであります。そしてこれは解釈者のイマージュとは違った知覚の秩序に属し、それと実質的な類似を何一つ持たなかったかもしれないが、しかし同一の原典を二つの違った言語に翻訳しても、それらは同じ価値を持つのと同様に、やはりそれと同じ価値をもっているのです。〔…〕あるいはまたおそらく彼はこんなイマージュに全く気がつかず、もっぱら、直観そのものであるもっと微妙なにものかと時折り直接に接触していただけかもしれません。しかしそうなるとわれわれ解釈者自身が自からこの媒介的イマージュを打ち立てなければなりません。そうでないと、「根源的直観」こそ体系の中ではもっとも正確なものであるのに、これを漠然とした思想のように語り、また「学説の精神」こそ体系の中ではもっとも具体的なものであるのに、これを抽象物のように語るという破目に陥るのであります。(8)

ではシェリングの場合、彼に近接するための手段となり、おそらくはシェリング自身を導いていたと考えられるイマージュとは一体いかなるものなのであろうか。われわれはそれを非有のイマージュと解する。それゆえ、本研究をシェリング哲学を統一的に解釈しようとする同種の試みから区別するのは、その際に非有のイマージュを媒介とする、という点にあるのである。

(2) 非有

《非有（メー・オン）》というのは《全くの無（ウーク・オン）》ではない。非有とは、有と見なされるものに対して相対的に無と見なされるもののことを言う。したがって非有はそれ自体としては無ではなく、むしろ有なのであるが、しかしより高次の有に対しては無として振る舞うもののことなのである。さしあたりはこのように言うことができる。

この「非有」はシェリングの思惟においては非常に多様な形態であらわれながら、しかし彼独自の一定したニュアンスで語られるものである。それに注目したのはなにもわれわれが最初ではない。既に多くの先達によって指摘されてきた事柄なのである。理性に対する神話であり、自我に対する自然であり、善に対する悪であり、現世に対する過去世である。本研究もまた、シェリングの哲学的思惟が自らの内にそのつどの非有の次元を見出し、それへと向けて自らを解体しつつ、そこから自らを哲学的なる思惟として再構築しようとする、絶えず反復される試みという点に、要するに、このような意味における「内なる非有の次元への絶えざる注視」という点に、シェリングの哲学的思惟がもつ比類ない特質を見ようとするものである。これはその通りなのであるが、しかしわれわれが非有のイマージュと言うときには、その強調点は非有にあるのではなく、むしろイマージュにある。

非有は、たしかに非有として有との関係において、それゆえ有から捉えることも可能である。しかしこれは非有を有との関係において捉えることによって、結局のところそれを、有へと解消してしまうことでもある。しかしまたこれは概念であるかぎりの非有にとっては避けがたい事態なのである。これに対して、非有に関して概念ではなく、イマージュが問われると言われるとき、それは有への解消というこうした傾向へのできるかぎりの抵抗を意味している。なぜならば、非有のイマージュはたんなる形式ではなく、また形式とともに内実を持つというのでもなく、それ自体が内実そのものであるようなものとして、その意味においていわば形式以前にして形式以後であるようなものとして捉えられなければならないからである。言い換えるならば、非有の思惟は端的に言ってイマージュの思惟であり、そのかぎりにおいて概念の次元とは別なる次元において成立し、固有の論理を有するべきものなのである。

(3) レヴィ＝ストロース

さて、このような意味における非有のイマージュの解明が、シェリングの個々のテキストに沿って追求されるべきであるのは言うまでもない。しかしその一方でイマージュの思惟としての非有の思惟に関して、その固有の論理の解明のためにひとつの示唆としてレヴィ＝ストロースの『神話論理』の一節を最後に参照したい（彼のいわゆる「超越論的主観なきカント主義」とシェリング的思惟との関係については別の機会に譲らざるをえない）。

神話の研究はたしかに方法論上の問題を提起する。問題を解決するために必要な数の部分に分割するというデカルトの原則に合わないからである。神話分析には真の意味での終わりがなく、分解の作業の終わりで捉えうる秘められた統一性も存在しない。さまざまな主題が果てしなく二つに分かれてゆく。それらを整理分類し、分離したと思ったところで、予想外の関連に応じてふたたびくっついてゆくのを見ているしかない。したがって、神話の統一性とはある傾向を示すにすぎず、投影にしかすぎないのであって、神話のある状態やある一瞬を示すものではけっしてない。統一性というものは、解釈しようとする努力が持ち込む想像上の現象であって、その役割は神話に総合的形態を与え、神話が対立物の混同へと溶解するのを防止することにある。それゆえ神話の学は屈折論 *anaclastique* であるといえよう。この古い語の意味を語源的意味にとると、反射した光線の研究と砕けた光線の研究の意にとれる。しかし根源にまでさかのぼると主張する哲学的省察とは異なり、本書の考察の関心事は、虚の焦点以外には焦点をもたない光である。さまざまなシークエンスと主題が分散しているのが神話的思考の基本的属性である。神話的思考が姿を見せるのは、方向とその角度によって共通の起源を推定できる、放射という相のもとである。共通の起源とは、神話の構造が屈折させる光線が、よそから来たのではなく、また平行でないかぎり、一点に集まるはずの観念的な点である。本書の結論で示すように、このような多元性がある種の本質を示している。多元性の原因は、神話的思考にある二重の性格にあり、神話的思考は、自分が相同のイメージを形づくりつつある対象と重なり合おうとする一方で、別の面では自分が進展しつつあるので、けっしてその対象とは合体できないのである。主題の反復が示しているのは、このような無力さと執拗さの混合である。神話的思考は思いきって出発しようとしているのではなく、到達しようとしているのでもないので、行程全体を全うすることがない。神話的思考にはいつまでたってもまだ成し遂げねばならないことが残っている。儀礼と同じように、神話は果てしなく続くのである。(9)

作品の実の焦点が位置するのはどこかと問われても、決定不可能であると答えるほかない。音楽と神話が人間に直面させるのは、虚の物体であって、現実にあるのはその影のみであり、無意識的でありつづける実体の、意識された、あとからできる近似物（音楽の総譜と神話はそれに他ならない）である。神話に関しては、このように矛盾した状況の理由を推測できる。〔…〕神話が語られるとき、聞き手たちは、厳密に言えば、どこから来たものでもないメッセージを受け取っている。それが神話の起源が超自然であるとされる理由である。だから個々の神話が虚の焦点に投影される理由が理解できる。虚の焦点とは、神話が通過してゆくにすぎない聞き手の意識的な知覚の彼方、神話の発するエネルギーが、神話の始動した無意識的再構成の作業によって使い尽くされる地点である。音楽が提示する問題ははるかに難しい。〔…〕しかし音楽はある種の言語活動であるということ、その言語を使ってメッセージが構成され、少なくともそのいくつかが多数のひとびとにより理解されるが、そのメッセージを発信できるひとびとはごくわずかであり、数多くある言語活動の中で、音楽という言語活動のみが、理解可能であると同時に翻訳不可能であるという矛盾した性格をあわせ持つがゆえに、音楽における創作者たちが神々に似た存在になり、音楽を人文科学の最後の謎にし、人文科学はこの謎を解くことができず、この謎が人文科学の進歩の鍵になっている。(10)

五　課　題

しかしながらこのようにしてシェリング以外の思想家を遍歴することにいかなる意味があるというのだろうか。〈複数のシェリング〉から〈唯一のシェリング〉への移行を企図しながら、われわれは結局はまた〈複数のシェリング〉へと舞い戻っているだけなのではないか。しかしそれはそうではないのである。というのも、かつては、つまり〈複数のシェリング〉が語られる場面においては、われわれの哲学史理解そのものまでもが問われているわけではなかったからである。しかし今やシェリングの哲学が、つまり、非有のイマージュを中心として旋回しつつ前進する、生成の形而上学がその真の姿をあらわにするとき、既存の哲学史（そのベースとなっているのはヘーゲルの哲学史にほかならないのであるが）とは別の、新たなる哲学史への展望が切り開かれなければならない。したがって、われわれはたんに哲学史という固定した地図の上にシェリング哲学の位置を指定しようというのではない。むしろ問題とされるのは、シェリング哲学そのもののうちから開かれてくる哲学史への展望なのである。この展望が獲得されたならば、それこそはシェリングにおいて再度複数の哲学者の思惟が交差し合う結節点となるはずであるが、いつかそこへと到達することができたなら、これによってわれわれの運動はいったん休止することができるのである。

註

（1） *F.W.J. Schellings sämmtliche Werke.* Hrsg.v. K.F.A Schelling. Stuttgart-Augsburg: J. G. Cotta'scher Verlag, 1858, XIII, S. 60. „Will man einen Philosophen ehren, so muß man ihn da auffassen, wo er noch nicht zu den Folgen fortgegangen ist, in seinem Grundgedanken; denn in der weiteren Entwicklung kann er gegen seine eigne Absicht irren, und nichts ist leichter als in der Philosophie zu irren, wo jeder falsche Schritt von unendlichen Folgen ist, wo man überhaupt auf einem Wege sich befindet, der auf allen Seiten von Abgründen umgeben ist. Der *wahre* Gedanke eines Philosophen ist eben sein Grundgedanke, der von dem er ausgeht."

（2） ハイデガー『シェリング講義』（新書館、一九九九年）二三―二四頁。

（3） ベルクソン「哲学的直観」『ベルクソン全集7　思想と動くもの』（白水社、一九六五年）一三六―一三八頁。

（4） 同、一四一―一四二頁。

（5） 同、一三九―一四〇頁。

（6） 同、一六一―一六二頁。

（7）同、一三八頁。
（8）同、一四九―一五〇頁。
（9）クロード・レヴィ＝ストロース『神話論理Ⅰ　生のものと火を通したもの』（みすず書房、二〇〇六年）一一頁。
（10）同、二八―二九頁。

第一章　無制約者と知的直観

――『ティマイオス註解』から『自我論』へ――

一　序論――『ティマイオス註解』

一九九四年に、つまり執筆後ちょうど二百年を経てようやくわれわれの前に姿を現した若きシェリングの遺稿『ティマイオス註解』(1)（以下『註解』と略記）は編者のハルトムート・ブフナーが述べているように、刊行中の『歴史批判版シェリング全集』（以下『全集』と略記）の„Voraus-Edition"という位置を与えられている。したがって一方において、刊行中の„Werke"から将来刊行が予定されている„Nachlaß"へという「系列」の移行を予め見越して試験的に編集方針に幾つか変更が加えられているものの、他方において構成は全体としてみると、公刊著作を扱う『全集』第一系列に属する既刊に準拠し、それを基本的に踏襲するものとなっている。ところが「編者報告」とは別に巻末に解説論文が併収されているという点で――あるいはこれは„Voraus-Edition"に固有の事情と言うべきなのかもしれないが――『註解』の構成は標準的なそれから些か逸脱しているように見える。

ヘルマン・クリングスの手になるこの論考――それは「生成と物質（Genesis und Materie）」と題されている――は意図的であるか否かはともかく、結果的にたんなる解説の域を超えて『註解』に対する一つの解釈を提示するものとなっている。さらにはこれ以後『註解』の解釈者は、たとえクリングスの解釈を最終的には却けようとする場合でも、彼がこの論考で提起した諸論点に配慮しつつ自身の見解を述べる習わしになっているようである(2)。こうした事情を勘案するならば、クリングスの論考は『註解』理解の枠組みの一つをきわめて早い時期に、しかも非常に完成度の高いレベルで提示したものであると言って差し支えないように思われる。

しかしながら、改めてクリングスの論考に立ち返り子細に内容を検討してみるならば、たしかにその主張自体は旗幟鮮明なのではあるが、それとは裏腹に――あるいはそうであればあるほど――論拠に関して根本的な脆弱性を抱えているように見える。ところが彼の提示する枠組みを基本的に受け入れる場合には言うまでもなく、それに批判的に対峙しようとする場合でも、クリングスの論考が孕む問題点が明確に把捉されていたかといえば必ずしもそうとは言いきれない。つまり、批判の鉾先がクリングスの解釈においてわれわれが難点と考える次元にまで届いていたというようにも私には思われないのである。

いまここで私はクリングスによる『註解』解釈の再検討を企てようとしているわけであるが、その動機の一端はここにある。だが動機は目的ではない。むしろ意図されているのは、この検討を通じてクリングスの解釈がいわばおのずから自己の見解を否定しつつ、さらには対立すると見なされている別の解釈との接合点を自らの内部から生み出していき、そのようにして全く新しい眺望が切り開かれていく様子を目撃すること、いわばその止揚(aufheben)に他ならない。この止揚によってシェリングの初期思想はいかなる相貌を見せることになるのであろうか。

しかしいずれにしても、まずはクリングスの主張の基本線を再確認することから始めなければならないであろう。

二　ヘンリッヒの『註解』解釈

『註解』初刊に収められているだけでなく、著者が一見素知らぬ風を装っていることも手伝って、クリングスの論考はあたかも最初の『註解』解釈であるかのような印象を与える。しかし内容から判断する限り、先行する解釈が意識されているのは間違いない。それどころか彼の論考は、他ならぬこの先行解釈へのアンチ・テーゼとも見なしうるのである。だとすると、彼の論考の主旨はこの先行解釈を参照することによっていっそう明確に捉えられるはずである。

一九八六年の論文「思弁的観念論の道（Der Weg des spekulativen Idealismus）」(3)のなかで一節を割いて、ディーター・ヘンリッヒはシェリング研究史上初めて『註解』の具体的内容に言及するとともに、『註解』についての自らの理解を披瀝した。その節は、彼の主張を集約するように „Schellings kantianisierende Platondeutung" と題されている。これによって一体いかなることが意味されているのであろうか。

> これ〔＝プラトン註解〕は『ティマイオス』のテキストに関するものであるが、その理解のために『ピレボス』において展開される（23c ff）存在者の種類に関する教説（die Lehre von den Arten des Seiendes）がふんだんに引き合いに出されている。この教説の解釈にシェリングの註解はその哲学的中心を有している。この解釈は全くもってカントの理論によって主導されている。〔…〕シェリングの意図は以下を示すことにある。つまり、プラトンは世界の起源と永遠のイデアとに関する語りという装いのもとで、自らのもとに世界

におけるあらゆる現実存在を包摂しうるとともに自らの場所と起源とを悟性ないしは表象能力の統一に有する、そのような諸概念に関するカントの構想を展開している、ということである。(4)

周知のように、『ティマイオス』においてはデミウルゴスによる世界創造の物語が語られている。つまり、デミウルゴスは与えられた素材を前にして、イデアの世界を眺めつつ可能な限りそれに似せてこの素材を加工し、世界を構築すると語られている。『註解』においてシェリングはこれをカント的に解釈する。つまり――これも周知のように――『純粋理性批判』においては、与えられた直観の多様に純粋悟性概念（カテゴリー）が適用されることによって現象界が成立するという基本構想が提示されている。シェリングは『註解』においてこのモデルを用いて『ティマイオス』における世界創造論を解釈する。言い換えると、『ティマイオス』の世界創造論を『純粋理性批判』の構成主義的認識論と基本的な構想および構造において同一である、と見なすのである。

このようにデミウルゴスによる世界創造の物語をカント的に解釈するにあたって、さらにシェリングは『ピレボス』における「存在者の種類に関する教説」を介在させる。つまり、『ピレボス』においてアペイロン（無限）、ペラス（限度）、コイノン（これら二つから混合され、生成させられた存在）、アイティア（この混合と生成の原因となるもの）が、存在者の四つの種類（類、種族）とされるのであるが、これらがデミウルゴスの世界創造における四つの主要契機に順に割り振られるのである。すなわち、ペラスは形式としてのイデアに、アペイロンは形式を受け取る素材に、コイノンは両者の結合によって生ずる世界に、そしてアイティアは世界構築者としてのデミウルゴスにという具合である。しかもこのときシェリングはこれらの存在者の四つの種類にカテゴリー（純粋悟性概念）という資格を与える。

プラトンは、それらのもとで世界が表象される主観的な諸形式以外の如何なるものについても語っていないということ、彼はペラスとアペイロンのもとでたんなる形式的な世界概念以外の何ものをも、そしてアイティアのもとで、そのもとでコイノンにおけるこれら両者の結合が彼の哲学に従って客観的に考えられなければならないような悟性概念以外の何ものも理解してない、ということが明らかに見てとれる。(5)

ところで、このように『ティマイオス』の世界創造論の主要契機にカテゴリーという資格が与えられることは、それらが次のような身分を持つものと見なされることに他ならない。つまり「経験から独立に、(超越論的な)原理として、可視的世界の現存の根底に存するとともに、それなしには時空のうちに現存する事物が可能であると考えられない(6)」、そのような概念としてである。なるほどプラトンのイデア論解釈の文脈においては、これによってイデアを何らかの形而上学的実体と解する伝統的解釈に対して、イデアを世界そのものの可能性の論理的制約と解するという別の選択肢が提起されることになる。(7)しかし『純粋理性批判』との関係で見ると、カテゴリーがより根源的で普遍的な次元に設定されているという点を看過するわけにいかない。つまりカテゴリーの数が四つにまで絞り込まれているだけでなく、カント的に言えば、悟性の領域のみならず直観の領域までも包括する場面で、言い換えると表象能力一般の根源的形式としてカテゴリーが語られるのである。

こうして『純粋理性批判』が提示するモデルに基づいて『ティマイオス』の世界創造論が一種の超越論的哲学として解釈され、なおかつそこへ『ピレボス』の「存在者の種類」がカテゴリーとして導入される。このときカントの認識論はカテゴリー論に焦点を合わせつつ、プラトンの世界創造論の上に重ねられ、それを背景として眺められていると言える。ところがこれによってカント哲学の背後にいわば原カテゴリーを主題としうる次元が開かれることになる。この原カテゴリーの主題化――ヘンリッヒ自身の言い方では『ピレボス』における「存在者の種類に関する教説」のカント的解釈――に、彼は『註解』の「哲学的中心」を見る。つまり『純粋理性批判』においては主題とされない原カテゴリーの主題化はいわば否応なしにカントからの逸脱――「ずれ（eine Verschiebung)」――をもたらさざるをえないが、まさにこの逸脱に『註解』の哲学的意義が見て取られるのである。

しかしそれはいかなる意味における「ずれ」なのだろうか。

> シェリングがカントの諸カテゴリーを『ピレボス』のゲネーのうちに再認することによって、彼はしかしカントのカテゴリー論の組織のうちへ同時に或るずれをも持ち込むことになる。ペラスは普遍的な統一形式であり、これにアペイロンが未規定的な多様として対応する〔…〕。これに伴ってカント自身の場合とは全く異なり、そしておそらくはラインホルトにインスパイアされて諸カテゴリーの関係は、それ自身が二つの根本カテゴリー相互の反立的関係（die antithetische Relation）として考えられうるような根本対立の媒介関係と解される。(8)

原カテゴリーの主題化は同時にカテゴリー論の再編を伴わざるをえず、これによって諸カテゴリーの関係は「それ自身が二つの根本カテゴリー相互の反立的関係として考えられうるような根本対立の媒介関係」として再定義される。これがヘンリッヒの言う「ずれ」に他ならない。もっともこの構造が実際に「カント自身の場合とは全く異な」るか否か、また仮に異なるとしてその差異がどれ程のものかという点に関しては検討の余地があるだろうし、同じことはラインホルトによる影響の有無に関しても言える。[9] しかしここではヘンリッヒが直後にこの「ずれ」をさらに「プラトンのテキストによって強いられたカントのカテゴリー論の改造[10]」と言い換えていることに注目したい。つまり、このように述べることによって彼は、上記二つの契機の関与の有る無しに関わらず、この構造が顕在化してくる際に「プラトンのテキスト」による強制力が働いていることを指摘しているのである。そして、もしこのように「カントのカテゴリー論の改造」が「プラトンのテキストによって強いられた」のだとすると、ヘンリッヒの云う „kantianisierende Platondeutung“ は一方的な「カント化」ではなく、反対にカントのカテゴリー論がプラトン化される側面、つまり „platonisierende Kantdeutung“ とでも称しうる一面を背後に蔵していると解されねばならないであろう。[11]

さらにまた原カテゴリーといえども、それらがカント的に悟性概念として解釈されている以上、「自らの場所と起源とを悟性ないしは表象能力の統一に有する」のでなければならない。しかしそれはたんにそうあるべきだというにすぎず、その具体的内実、例えば表象能力の統一と呼ばれるものと諸カテゴリーとの内面的関係が説明されているわけではない。言い換えると、『純粋理性批判』においてすでにカテゴリーがそうであったように、『註解』においても原カテゴリーは何らかの原理に基づいて組織的に導出されているわけではない。実際『註解』には未だ一つの原理に基く体系としての哲学という構想は見られず、その登場は『哲学一般の形式の可能性について』（以下『形式論』と略記）を待たねばならない。にもかかわらずカテゴリーから原カテゴリーへの遡源が試みられ、なおかつそのうちに一つの根本構造が認められるなら、唯一の原理に基く知の体系という構想まではあと一歩とも言える。このような角度から眺めてみると、初期シェリングの思想展開のうちに占める『註解』の位置が特定されてくる。

この改造〔＝プラトンのテキストによって強いられたカントのカテゴリー論の改造〕のうちにはしかし、次のための前提も見て取られねばならない。すなわちシェリングが、時を経ずしてフィヒテの知識学が現れたとき、そのうちに自身のプラトン解釈において導入されたカテゴリー論の雛形（Muster）を再認することができ、それが全く新しい基礎の上にもたらされているのを見ることができたということである。[12]

『註解』執筆の直後、フィヒテの『知識学の概念について』（以下『知識学の概念』と略記）が出版される。[13]そこには絶対的自我の自己措定という唯一の原理に基く知の体系という全く新たな構想が示されており、これに触発されてシェリングは『形式論』を書き上げる。つまり、このときシェリングは自らの原カテゴリー論と類似の試みを『知識学の概念』のうちに「再認」しただけでなく、さらにそれが絶対的自我の自己措定という「全く新しい基礎の上にもたらされている」のを見出したのである。事実『形式論』においては、『註解』の原カテゴリーの根本構造が自己自身を措定する絶対的自我との関係において把握し直される。その際シェリングは、たしかに一方ではフィヒテの洞察との整合性を最大限保つように努めてはいる。しかし他方では『註解』の原カテゴリー論までも手放すつもりはないのである。[14]その限りにおいて『形式論』における知の原形式の探求は『註解』の原カテゴリー論の延長線上にある。つまり『知識学の概念』を介しながらも両者は連続していると見なされるのである。

ところで、このように『註解』において見出された原カテゴリーの構造は『註解』ではカント的な、そして『形式論』ではカント＝フィヒテ的とでも言うべきであるような、認識主観に結びつけられて語られている。しかしヘンリッヒによると、この構造そのものはこの種の認識主観に拘束されているわけではない。「魂の、それゆえ主観性の統一を〔それに〕先行する客観的な観念性から理解する」(15)という次元が『ティマイオス』にはあり、この次元を「シェリングの解釈はさしあたってカント的主観の統一に還元しようとした」(16)と彼は語っている。この言い回しが暗示しているのは、原カテゴリーの構造がカント的な認識主観への拘束から解き放たれて客観化しうる、という可能性である。このような示唆を考慮に入れることによって、ヘンリッヒが『註解』を著しく包括的で長期的な展望のうちに眺め、その思想史的意義を評価しようとしていることが明らかになる。要するに、彼は『註解』のカテゴリー論のうちに――ザントカウレンの言葉を借りるならば(17)――のちにヘーゲルによって精緻に仕上げられることになる「理性概念の弁証法（Dialektik von Vernunftbegriffen）」の萌芽を認めているのである。

以上を総括すると、ヘンリッヒの云う „kantianisierende Platondeutung“ の内核を構成しているのは以下の四点である。第一に、『註解』の哲学的中心を原カテゴリーの主題化に、言い換えると『ピレボス』における「存在者の種類」のカント的解釈に見ること、第二に、そこに持ち込まれる「ずれ」としてカントのカテゴリー論のプラトン的な改造が指摘されること、第三に、『註解』の主題を、その直後に成立した『形式論』と同一の問題圏に属するものと解すること、第四に、『註解』をヘーゲルを終着地とする「思弁的観念論の道」の起点の一つと解することである(18)。

さて、これらの四点を踏まえてクリングスの論考の内容を概観することにしたい。

三　「生成と物質」（二）——クリングスの『註解』解釈の基本方針

クリングスの解釈がヘンリッヒの解釈を意識しているばかりか、それに対するアンチ・テーゼとして構想されていることは、クリングスがヘンリッヒの用いている „kantianisieren“ という語を引用しつつ、彼の解釈に対する異論を述べている点に端的に表れている。

> 一瞥した限りにおいては、あたかもシェリングがプラトンをカント化しているかのように（als ob Schelling Platon kantianisiere）見える。〔…〕しかしカント的な諸概念と諸用語のあからさまな使用に、そして超越論的哲学的な諸構想の助けを借りたプラトンのイデア論の解釈に、カントの概念論をプラトン化する（die kantische Begriffslehre zu platonisieren）という少なからず強力な傾向が対立している。それどころかより詳しく見ると示されるのは、シェリングがその逆よりもより強くカントの超越論的で批判的なアプローチ（Ansatz）をプラトン的な思考連関の方へと曲げている、ということなのである。(19)

まずは最初の二文がヘンリッヒの主張の要約であることに注意しよう。つまり、「カント的な諸概念と諸用語のあからさまな使用」および「超越論的哲学的な諸構想の助けを借りたプラトンのイデア論の解釈」のために『註解』においてはもっぱらプラトンが「カント化」されているように見える。だがそれは「一瞥した限りにおいて」にすぎない。というのも「プラトンのカント化」に「カントの概念論」（すなわちカテゴリー論）「をプラトン化するという少なからず強力な傾向」が対立しているからである。ここまでがヘンリッヒの主張の要約である。しかし――とクリングスは云う――「より詳しく」見れば「その逆よりもより強く、カントの超越論的で批判的なアプローチをプラトン的な思考連関の方へと曲げている」ことが示される、と。

ヘンリッヒ同様、クリングスも「カント化」と「プラトン化」の双方向的な影響関係を認めている。しかしヘンリッヒにおいては喩えるならば、向きは逆であるけれども量は等しい二つのベクトルの対立関係がイメージされているのに対し、クリングスにおいてはプラトン化のベクトルはヘンリッヒのそれと方向を等しくするものの、量に関しては修正が施され、ヘンリッヒの云うプラトン化を凌駕していると主張されている。だがこれは具体的にはどのようなことを意味しているのだろうか。引用の直後に「純粋な諸形式の場所が根源的には人間のではなく神の悟性である」[20]という解釈――このような「客観的観念性」の契機であればヘンリッヒも指摘していた――が挙げられていて紛らわしいが、クリングス固有の主張が述べられているのはさらにその後の箇所である。

シェリングがティマイオス論文においてカント哲学と全く異なることを行っているということは以下においても示されている。つまり、純粋概念と直観との関係というカント的問題がそこでは何の役割も演じていないが、なるほど純粋形式と質料（Materie）、ならびに悟性と魂との関係に関するプラトン的な諸々の問い――これらの問いは逆に『純粋理性批判』においてはいかなる役割も演じていない――はそうである、ということである。エイドスが理性に帰属する純粋形式であるならば、――何によって形式は受容されるのか。いかにして純粋形式（イデア）に対立する原理であり、これに伴っていかなる認識可能性からも逃れ去るように見える「受容者」（ヒュポドケー）はそもそも概念把握されるのか。これはプラトン的な問いである。シェリングはこの問いを追求するが、しかしそれは文献学的に裏づけられたプラトン解釈という形態においてでもなく、ある種のプラトン的な哲学的思索においてでもない。むしろ彼は受容するピュシスに関するプラトンの問いを「物質（Materie）」に関する彼自身の問いへと変形するのである。

この問いをところでカントは不可能な問いと見なしたのであった。たしかにカントにおいても類似の媒介問題、つまり純粋直観と純粋悟性概念の媒介問題が見出される。これをカントは『純粋理性批判』の図式論の章で解決しようとしている。だがシェリングはこのことを暗示しているのではない。背景にあるのはシェリングにとっては（超越論的に根拠づけ可能な）自然哲学の問題であって、理論理性の批判の問題ではないのである。

したがって語や言葉の使用によって騙されることはできない。どれほどシェリングがカント的な概念や用語を用いているとしても、思惟にとっての課題はカントの理性批判のそれではなく、プラトンの『ティマイオス』のそれ、つまりいかにして「理性によって生みだされるもの」が「必然性によって生起するもの」に関係するか、なのである。イデアと「質料（Materie）」の関係が問題なのである。(21)

『註解』においては、『ティマイオス』の世界創造論がカント的に解釈される（＝プラトンのカント化）。これによって一種の超越論的哲学が構想される。ところがこの超越論的哲学は逆にプラトンの影響を被ることによって、カント哲学から逸脱せざるをえない（＝カントのプラトン化）。――ヘンリッヒとクリングスの歩む道はここまでは同一である。さてこの逸脱が生ずる場面をヘンリッヒは、二つのカテゴリー論の間に、すなわち「存在者の種類に関する教説」（『ピレボス』）と「カントの概念論」との間に設定していた。つまり、原カテゴリーが主題化されるに伴い「カントの概念論」が「存在者の種類に関する教説」の影響を被ってプラトン化する、というように考えられていた。これに対してクリングスはカント哲学からの逸脱が生ずる場面を二つの媒介問題の間に、すなわち『ティマイオス』における「純粋形式と質料（Materie）」の媒介問題と『純粋理性批判』における「純粋悟性概念と純粋直観」の媒介問題の間に設定している。したがって「純粋悟性概念と純粋直観」の媒介問題が「純粋形式と質料（Materie）」のそれの影響を被ってプラトン化するということが予想される。だがそうすると、ヘンリッヒの解釈における原カテゴリーに相当する『純粋理性批判』にとっての未知なる主題とは何であろうか。言い換えると、いったいどこへ向けてカント哲学はプラトン哲学の方へとずらされていくのか。

『純粋理性批判』において認識の素材とされるのは直観の多様である(22)。それゆえ、『ティマイオス』におけるイデアを受け取る素材に対応するのは『純粋理性批判』における直観の多様であると考えられるかもしれない。ところが直観の多様が受け取られるのは直観の形式を介してであるとされる。つまりいかなる素材であれ、この形式を介することなしにはわれわれには与えられないと考えられている。これは、『純粋理性批判』において直観の多様が認識の素材とされるにしても、それがすでに形式との関係のうちにあることを意味している。それゆえ、直観の多様から本来の素材にあたる部分を除去するならば、後に残るのは直観の形式であるということになる。この直観の形式が先の引用においては「純粋直観」と呼ばれている。それゆえ「純粋悟性概念と純粋直観」の媒介問題とは、異種的ではあるけれども二つの形式、つまり感性と悟性の形式の間の媒介問題なのである。これに対して『ティマイオス』におけるイデアを受け取る素材はいかなる形式ももたないもの――つまりカント的に言えば、感性の形式も悟性の形式ももたないもの、要するに知覚も概念的認識もされないもの――と考えられている。この場合、素材とはイデアからたんに種的に区別されるもの、すなわちイデアとは異なる別種の形式ではなく、イデアに原理的に対立するものでなければならない。にもかかわらず、この素材による「純粋形式」の「受容」が生じなければ、世界の生起ということもありえないのである。

さて、このようにして二種類の媒介問題に焦点を合わせつつ『ティマイオス』の世界創造論を背景として『純粋理性批判』が眺められるならば、カント哲学の背後に、カント的に言えば感性の形式へと入りこむ以前の直観の多様を主題としうる次元が開かれることになる。ところが、これによって『純粋理性批判』は感性論のさらに手前へとずらされてプラトン化——いわば『ティマイオス』化——するであろう。しかしこのように『純粋理性批判』が『ティマイオス』的に改造されて成立する一種の超越論的哲学は、事物を感覚される手前で把捉し、これが形式を受容して可感的なものとなるプロセスを叙述しうるのでなければならない。というのも、「ヒュレー的世界がその形式の面から諸イデアの模像として理解されうるとき、この種の前生成的（prägenetisch）プロセスがイデアと物質（Materie）の媒介として前提されねばならない[23]」からである。

ところが、これは（感性を含む広義の）理性の自己省察という『純粋理性批判』の立場そのものが『ティマイオス』へ向けて乗り越えられねばならない、ということでもある。というのも、問題は「いかにして純粋形式（イデア）に対立する原理であり、これに伴っていかなる認識可能性からも逃れ去るように見える「受容者」（ヒュポドケー）はそもそも概念把握されるのか」ということ、要するにカント的に言えば、感性的にも悟性的にも認識不可能なものの認識に他ならないからである。

この超越論的哲学はいずれまもなくカントが不可能とみなした問いを自らの問いとして引き受け、『純粋理性批判』にとっては未知の領域に足を踏み入れるであろう。とはいえ——クリングスは主張するのだが——いかなる意味においても未知というわけではない。というのも彼によると、問題の次元を世界生成以前の自然に見定めてその中心に「物質の構成」を据えるとき、この超越論的哲学、すなわちシェリングの自然哲学はプラトンの『ティマイオス』に範を仰いでいるからである。

> シェリングはプラトンによって「世界の生成以前の」自然に関する問題設定へと導かれる。この問題設定は前生成的次元にまで達している。シェリングがここで問われているもののために用いている「物質(Materie)」という概念は、それゆえ可視的世界のうちに現れる何かのための、例えば素材となる実体（ヒュレー）あるいは、それらによって物体が構築される諸元素（ストイケイア）のための概念ではない。物質は諸元素の根底に存し、可視的世界の生成を可能にするもののための、そこにおいて可視的世界が原像の像として生起する「場」（コーラ）のための概念なのである。
>
> 〔…〕しかし、この形態を持たない不可視のピュシスとは何「である」のか。――この問題設定はもはや自然学に属するものではないし、もちろんイデア論（例えば自然の「イデア」への問いとして）に属するものでもない。〔…〕これは原自然学（Proto-Physik）の問題設定と解されなければならない。というのも、それは可視的自然の根底に存する不可視の根源的自然に関するものであるからである。
>
> 原物質（Proto-Materie）への問いはシェリングののちの思弁的自然学の中心的問いになるであろう。彼の言葉で言えば問いは次のようになる。すなわち、それが――カントと共に――「空間を満たす限りにおいて、運動するもの」として自然諸科学の対象となる以前に、いかにして――超越論的生成的に（transzendental-genetisch）――「物質」は概念把握されうるのか（すなわち構成されうるのか）。シェリングの「力動的原子論」

の答えは、物質は諸力の関係として理解されなければならないとなるであろう。(24)

ところで、このようにクリングスによって『註解』のうちに『純粋理性批判』の立場そのものの『ティマイオス』へ向けての超出が見て取られるわけであるが、これはつまり、『純粋理性批判』が広義の理性の自己省察として理性的なもの――理性的認識の網の目の中に入ってくるもの――の範囲を自己の活動領域としているのに対して、この意味における理性的認識の埒外に逃れ去るものまでも認識の対象としうるために、この超越論的哲学は理性的なものの痕跡が些かも認められない領域へ、理性の外部へ自らを乗り越えて出て行くことを余儀なくされている、という意味であった。したがってまた „Genesis und Materie“ の „Genesis“ とは、クリングスが説明しているように、世界内の諸事物ではなく世界そのものの生起の謂であるのはよいとしても、同時にこれはたんなる思惟の内部ではなく、思惟の外部における現実世界の生起でもなければならず、しかもこの意味における „Genesis“ が問われることと「世界の Materie」が問われることは表裏一体をなしている、と主張されていた。しかしそうすると、このような解釈はそもそもどの程度の射程をもつものとして構想されているのであろうか。

このような問いを掲げてみると、ここでクリングスがヘンリッヒが最後に指摘していたのに匹敵する長期的かつ包括的な視野のうちに『註解』を位置づけようとしていることが分かる。つまり、ヘンリッヒが『註解』のうちに「思弁的観念論の道」の起点を見ようとしているのに対し、ここでクリングスは同じ『註解』のうちに「思弁的観念論」を超えて行く思想的傾向を、言い換えると、主として後期シェリング哲学においてヘーゲル批判と連動して展開される「積極哲学」へと到るルートの起点を見出そうとしているのである。(25)

最後にクリングスの解釈の要点を、ヘンリッヒの解釈との対応関係が明らかになるように整理しておこう。第一に、『註解』の哲学的核心を『純粋理性批判』の『ティマイオス』的改造に、言い換えると没形式的素材による形式受容のプロセスの主題化に見ること、第二に、この没形式的素材の主題化に伴って『純粋理性批判』の依って立つ立場、理性的認識の立場そのものからの超出が指摘されること、第三に、『註解』の主題を一七九七年以後に現れる一連の自然哲学的著作と同一の問題圏に属するものと解すること、第四に、『註解』を「積極哲学」へと到る思惟の道の起点と解することである。

四　「生成と物質」（二）——二つのプラトン化の関係

さてこのようにしてヘンリッヒの『註解』解釈に対してクリングスは自らの『註解』解釈を対置させたわけであるが、これによって同じ一つの『註解』のうちに二つの異なるプラトン化（カント哲学のプラトン的改造）が指摘されたことになる。そうするとまず問題となるのは、これら二つのプラトン化が相互にどのような関係にあるのかということであろう。

『註解』のプラトン化についてクリングスは、ヘンリッヒの考えているよりも一層程度が激しいと主張していた。ところがこれら二つのプラトン化において、一方では原カテゴリーが、他方では没形式的物質による形式受容のプロセスが主題とされている。それゆえ一見すると、二つのプラトン化の相違はたんなる程度の差ではなく、質的な差であるように見える。しかしながら、想い起こしてほしいのは、原カテゴリー論といっても、その実質は二つの原カテゴリー間の「反立的関係」の媒介構造にある、ということである。言い換えると、二つのプラトン化は両者ともに反立的関係にある二項の媒介ということに本質を有している。しかも、ここにあるのは両者のたんなる形式的な類同性ではない。むしろ二つの反立的関係は実質的に同じものであり、この唯一の「反立的関係」が二つの異なったレベルにおいて見られているのである。

　このような二重の観点が可能になっているのは『註解』の構造自体に理由がある。つまり『註解』においては『ティマイオス』と『純粋理性批判』の間に『ピレボス』の「存在者の種類に関する教説」が介在させられ、しかもこの介在は『ティマイオス』の世界創造論の諸原理に対して「存在者の種類」が対応させられるという仕方でなされている。この構造の故に、『ティマイオス』のカント的解釈に際して生ずるプラトン的変容は、カント哲学からの逸脱の度合いがどれほどであるかに応じて、より浅いレベル――「存在者の種類」――とより深いレベル――『ティマイオス』の世界創造論の諸原理――という二段階のレベルで捉えられる。いずれのレベルで捉えられるかに応じて、「存在者の種類」としてのアペイロンとペラスの間の反立的関係が、あるいは世界創造論の原理としての没形式的物質（受容者）と形式（イデア）の間の反立的関係が主題と見なされるのである。

　この二重構造の鍵を握っているのは「受容者」である。というのも、厳密に考えるならば、知覚も概念的把捉もされないものという性格を保持しているのは「受容者」以外にはないからである。なるほど『註解』においてはアペイロンもまたそうした性格を持つと考えられるかもしれない。しかしそれは「受容者」との対応関係の故に「受容者」的性格を分有しているように見えるにすぎない。というのも、「存在者の種類」として、したがってわれわれの文脈では、カント的な意味におけるカテゴリーとして理解されている限り、アペイロンは実在性の形式ではあっても、やはりあくまでもその形式にとどまり、そのようなものとして概念的把捉を許すものでなければならないからである。

無論クリングスにとっても、『註解』における『ティマイオス』解釈の基本方針はその世界創造論のカント的解釈にあるとされるのだから、「受容者」も——すなわち「イデア」は言うまでもなく「受容者」でさえも——文字通りカテゴリーとしてではないがやはりカテゴリー的に、言い換えると世界生成のための超越論的原理として理解されている。しかしたとえそうであっても「受容者」は、「イデア」がそうであるのと同一の意味において超越論的原理であるのではない。というのも『ティマイオス』に即して理解する限り、「受容者」とはあくまでも形式一般の根源的原理である「イデア」に原理的に対立するもの、つまり質料一般の根源的原理でなければならないからである。要するに、この原理は『純粋理性批判』においては主題とされない超越論的原理なのである。

さてこのような『註解』の二重構造の故に、プラトン化のレベルが深まるにつれてアペイロンは「存在者の種類」であることを止めて、いかなる形式ももたないものと化し、知覚や概念的認識の手の届かない場所へ逃れ去る。これに伴って反立的関係もたんなる概念相互の関係から、概念の内と外を跨いだ関係に変貌するということになる。要するに、この場合には、或る意味で量的な差異が質的な差異を生むような構造が成立していると言えるのである。このように二つのプラトン化の関係を押さえてみると、ヘンリッヒの『註解』解釈に対してもう一つの解釈を対置させた際に、クリングスの狙いがどこにあったのかが判然としてくる。

そもそもクリングスはヘンリッヒと関心を共有していたと言える。つまり、彼らは二人とも、若きシェリングによってカントの『純粋理性批判』の改造が企てられた際に『註解』がどのような役割を果たしたのか、という点に興味を抱いている。ただしその際にヘンリッヒはカテゴリー論に焦点を当てるという方策を採ったために、結果的にかなり特殊な見地に立つことになった。というのも、『註解』のなかでも本来の『ティマイオス』に関する部分を度外視して、もっぱら『ピレボス』に関する部分が果たした役割を強調するという結果になっていたからである。これに対して、クリングスは『純粋理性批判』の改造において『ティマイオス』そのものが果たした役割に着目するという方策を採用した。そして『ティマイオス』の「受容者」がシェリングの自然哲学において「物質」として主題化される、という見通しを示したのである。その限りにおいて、クリングスの解釈の骨子は、ヘンリッヒの解釈では見落とされているにもかかわらず、後のシェリングの思惟において――特に『純粋理性批判』の改造という企図において――積極的な役割を演じているような『註解』のなかの主題――要するに、それは『ティマイオス』の「受容者」という主題なのであるが――に光を当てることにあった、と言えるであろう。

このようにヘンリッヒの解釈に対して自らの解釈を対置しようとするクリングスの意図は十分に納得しうるものであると言わなければならない。しかし実際にはクリングスの解釈は或る一つの事実をきっかけとして混乱し始めるのである。

五　「生成と物質」(二)　――クリングスの『註解』解釈における自己否定的契機

クリングスの解釈の要は、『註解』において主題とされている反立的関係がたんなる概念内のものではなく、概念の内と外を跨ぐものであるという点にある。ところが反立的関係が概念の外にまで及ぶとなると、それを捉えるために通常の理性的認識の場合とは別の――つまり知覚や概念的認識とは別の――認識手段が確保されなければならない。実際『ティマイオス』においては、そのような方法論的反省が行われ、対象の相違に基づく二つの考察の相違がこれ以上ないほど強調されている。[26] ところがシェリングはこの方法論的考察を無視しているのである。

『註解』における方法論的考察の欠落はクリングスの解釈にとって非常に不利な材料となる。というのも、この欠落は事実上、方法論的一元論の採用であると解釈されかねないからである。しかしそれでは没形式的物質へと至ることはできない。すると結局、彼の云うプラトン化はヘンリッヒの云うプラトン化と同一の程度しか持っていない、言い換えると、反立的関係といっても概念の内のそれに過ぎないということになる。

こうした事態を前にしてクリングスは『ティマイオス』に従って、『註解』のうちに現実には存在しない方法論的考察を持ち込み、その欠落を補なおうとする。

形式への問いから形式を受容する自然への問いへのテーマの交代をきっかけに二度にわたってプラトンは探求が始めから開始されなければならず、この新しい始まりが新しい探求を、つまり形態を欠くけれどもあらゆる形式を受容する自然の探求を要求する、ということを強調している。このテーマは、真なる認識とは純粋形式の認識以外では有りえないという真なる認識についてのプラトンによる理解の前では、奇異である。それゆえプラトンは方法についての反省を挿入する。たとえシェリングがプラトンの方法的熟考を黙殺しているとしても、それらはここでやはり素描されなければならない。

プラトンは次の問いによって不安を覚えている。つまり形式も示さず知覚もされえない或るもの、――客観的には存在しないが――にもかかわらず生成のための、すなわち可視的世界の生起のための共同原因として考えられなければならない或るものについて、いかなる仕方で語られうるのか。[27]

無論このような措置、つまり『ティマイオス』における方法論的考察のたんなる外挿は、『註解』における方法論的考察の欠落という事実を承認したくない、というクリングスの困惑を意味するものでしかない。したがって、いずれにしても彼は『ティマイオス』における世界創造論のカント的解釈という『註解』の基本戦略に立ち帰らざるをえない(28)。

シェリングはテーマと方法の異常さについてのプラトンの諸反省を取り上げない。〔…〕方法的な諸問題に対してシェリングはたしかに無頓着であるが、明らかにそれらが超越論的分析と可能性の必然的諸制約への遡源的推論というカントの方法によって解決しうると信じているのである(29)。

しかし同じ可能性の制約への遡源であっても没形式的物質の場合には、それが「形式も示さず知覚もされえない」以上、形式である限りの可能性の制約の場合とは本質的に異なった性格を持たざるをえない。それでは『註解』において「超越論的分析と可能性の必然的諸制約への遡源的推論というカントの方法」はいかなる拡張を被ることになるのか。クリングスはこの疑問に答えてはくれない。

結局クリングスは方法論的考察の欠落の事実を事実として、つまりシェリングの真意として認め、その理由を説明しようとする。

彼〔＝シェリング〕は世界の生成における理性の関与が主題となるか、「物質」の関与が主題となるかに応じて、或る「新しい始まり」ないしは或る別の方法的状況について何も語らない。テューービンゲン人たちのヘン・カイ・パーンは一にして全なるものの分解を明らかに許さない。
しかしシェリングにおいてすでに一種の同一哲学の萌芽（Ansatz）が前提される（unterstellen）としても、プラトンの『ティマイオス』の連関においては、この把握困難なゲノスへの問いは取り扱い注意（prekär）であり続けているのである。[30]

一転して、ここでは方法論的考察の欠落に「一種の同一哲学の萌芽」が見られている。しかしどうしてこれが方法論的考察の欠落を説明するのか。

クリングスによると、『ティマイオス』と一七九七年から一七九九年までのシェリングの自然哲学は、それらが共に「神的ヌースに質料を永遠の、不可視の、神的ならざるゲノスとして対置する教説」[31]である、という点において共通の立場に立っている。ところがこの立場は「シェリングが一八〇一年以来実現しようと努めている同一性の思惟と矛盾する」[32]。「というのも同一哲学はいかなる種類の二元論も拒絶しなければならないからである」[33]。これと同じことを質料概念という観点から言い換えると次のようになる。すなわち、自然哲学の質料概念は「超越論的哲学に対して自立的に自らを構成する思弁的自然学の根本概念」[34]としてなお『ティマイオス』によって規定されているのに対して、同一哲学の質料概念は「神的原理と自然的原理の統一」[35]に本質を有している。クリングスによると、このような立場の相違が原因となって、自然哲学における『ティマイオス』に対する肯定的評価が『ブルーノ』（一八〇二）や『哲学と宗教』（一八〇四）における否定的評価へと変わるのである。

プラトンの『ティマイオス』に対するシェリングの積極的な関連が決定的に、彼の「思弁的自然学」の自然哲学的構想に刻み込まれていた。この刻印は同一性の思惟が優勢となるに伴って終る。絶対的統一の哲学なるものは実在性という、神的理性に対立させられている原理に関する教説に矛盾している。『ブルーノ』においてシェリングはこのプラトンに対して距離を置く。『哲学と宗教』においては『ティマイオス』の質料概念との決別が果たされる[36]。

したがって、形式的原理と質料的原理との相互対立という基本構想のうちに後の――両者の根底にそれらを統一するものが見出されることによってそれらが共にこのものの顕現とされる――同一哲学的構想が混入することによって方法論的考察が欠落した、というのがクリングスの言わんとするところである。

ところが一方で彼は、一八〇九年以後の著作（『自由論』や『世界時代』）において再び――これらが「物質は絶対者の内の一つの次元を表している[37]」という構想を同一哲学と共有しているにもかかわらず――或る種の『ティマイオス』的課題が再び追求されていると指摘する。

『ティマイオス』の精読はシェリングにとって、純粋理性学においては解決不能な問題を取り上げる刺衝となったように思われる。つまり、世界の実在―根拠として考えられねばならない規定や形式を欠くものがいかにして思惟と哲学の対象となされうるのか、概念から逃れ去るものがいかにして概念とかかわるのか。「物質の構成」という表題のもとでこの問いはシェリングの自然哲学を貫いている。「根底」「我意」また「悪」という表題のもとでそれは自由の哲学の中心に位置している。「過去」という表題のもとで世界時代の哲学はそれとともに開始される。後期哲学においては、シェリングの思惟をそのあらゆる局面において貫いているこの問いは、理性学としての概念の哲学（消極哲学）と積極哲学としての事実的に生起する歴史の哲学との区別へと分節される。(38)

これに伴って『自由論』を始めとして一般にシェリングの後期思想においては『ティマイオス』に対する評価が再び肯定的なものに変ずる、と言われている。

しかしそういうことであるなら、同一哲学以降のシェリング哲学に見出される《世界の実在―根拠として考えられねばならない規定や形式を欠くものを絶対者の内の一つの次元と考える》という見地は《概念的把捉も知覚もされないものの認識の主題化》を妨げない、ということにならないだろうか。したがって結局のところ、「同一哲学の萌芽」が『註解』における方法論的考察の欠落を必ずしも伴いはしない、とクリングス自身が認めていることにならないだろうか。

私には、方法論的考察の欠落をきっかけとしてクリングスが二重三重の混乱に陥っているように思われてならない。そしてこのような混乱は、彼の解釈の基本方針が備えている形式的な明確さとは相反するような、シェリングの思想の実質に関する彼の見通しの不透明さに起因するのではないか、と想像する。つまり、彼の『註解』解釈はシェリングの思想展開に関する包括的・長期的な展望を示しつつも、それはむしろヘンリッヒの解釈との形式的な対応関係において暫定的に提示されたものにすぎず、実際のシェリングの思想の内実に照らして十分に吟味された上で提示されたものではないため、実際のシェリングの思想展開と接触せざるをえない局面にさしかかるとこのような軋みが生じてくるのではないか、と考えるのである。

もう少し具体的にこの点に関して詳述してみよう。

六　一七九七年からの回顧――プラトン化とスピノザ化

クリングスはシェリングの自然哲学における質料概念が『ティマイオス』によって規定されていると主張している。しかしその際、彼は『ティマイオス』の質料的原理に見られる二つの契機――つまり、質料的原理が形式的原理に対して外的なものとして対峙しているという契機と質料的原理が知覚や概念による把捉を拒むものであるという契機であるが――これらを判明に区別していない。シェリングの自然哲学における質料概念が『ティマイオス』によって規定されていると言うとき、彼はいずれの契機を念頭に置いているのであろうか。

このような曖昧さが生じている最も大きな要因の一つは、彼がシェリングの自然哲学、特にその「物質の構成」との主題的な連続性において『註解』を解釈しようとしながら、最初にその構想が語られる一七九七年の二つの著作『最近の哲学的文献に関する一般的概観』（一七九七～九八）（以下『概観』と略記）および『自然哲学考案』（一七九七）（以下『考案』と略記）に対し――何らかの理由から――十分に忠実でないという点にあるように思われる。

というのも、『考案』の緒論にはすでに次のような一節が見出されるからである。

> 長い間すでに人間精神〔…〕は、世界の起源に関するさまざまな神話や詩に没頭していたし、全民族の宗教が精神と質料（Materie）の抗争に基礎づけられていたが、その後になって一人の幸運な天才――最初の

哲学者——が二つの概念を発見した。あらゆる後続の時代はこれらの概念においてわれわれの知の両端をつかんで、もはや放さなかった。古代の偉大な思想家たちは敢えてあの対立を乗り越えてゆこうとはしなかった。プラトンは未だに質料（Materie）を自立した存在者として神に対置している。精神と質料を一なるもの、思想と延長を同一原理の様態にすぎないものと見なした最初の人はスピノザであった(39)。

ここで「プラトンは未だに質料を自立した存在者として神に対置している」というのは否定的な意味で言われている。というのも精神と質料（Materie）との対立に関して云えば、『ティマイオス』はスピノザ的にその同一性への認識へと進まなければならないと主張されているからである。

『概観』での説明は一層詳細である。そこでは——注目すべきことに——「われわれの認識の形式はわれわれ自身に由来し、その質料は外部からわれわれに与えられる(40)」という命題をカント哲学の主要命題と見なす「この上なく辻褄の合わない意見(41)」を論駁するにあたって、次のように述べられている。

> あらゆる哲学体系が太古の時代から形式と質料をわれわれの知の両極と見なしてきた。質料がわれわれによる全説明の最終的基体であることを人々はじきに見出した。それゆえ人々は質料そのものの起源を探求することを断念した。しかし人々はさらにこれ以外に諸事物に或るものを認めた。その或るものとは人々がもはや質料そのものからは説明しえないが、にもかかわらずそれを説明するように強いられていると感じたところのものである。〔…〕しかしこれらの規定は極めて密接に諸事物と連関しているので、人々はこれらの規定なしに諸事物を考えることも、諸事物なしにこれらの規定を考えることもできな

かった。したがって人々は前者を何らかの高次の存在者の（例えば、世界構築者の）悟性から初めて後者へと移行させようとしたが、それにもかかわらず、いかにして両者の間にこのような、つまりいかなる思弁的な技巧によっても解体できない不可分な結合が生じたのかを理解したのではなかった。人々はそれゆえ、諸事物を同時にそれらの諸規定と一緒に或る神性の創造的能力から生じさせようとした。しかしながら、人々はいかにして創造的能力を持つ存在者が外的な諸事物を自分自身に対して提示しうるかということはなるほど理解するが、それがこの同じものを他の諸存在者に対して提示しうるかということは理解しない。換言すると、たとえわれわれがわれわれの外なる世界の起源を理解するとしても、われわれはやはりいかにしてこの世界の表象がわれわれの内へと到来したのかということは理解しないのである。(42)

ここでは世界創造論の歴史的展開が回顧され、そこに三つの段階が区別されている。(一)『ティマイオス』、(二)『エチカ』、(三)『純粋理性批判』である。無論一七九七年の著作においても『ティマイオス』と『純粋理性批判』は無関係ではない。それどころか両者の関係は以前よりも密接であるとすら言える。というのも本来別の著作である『ティマイオス』の世界創造論が『純粋理性批判』との構造上の類似を根拠として一種の超越論的哲学として解釈されるのではなく、同じ一つの（唯一の）超越論的哲学（世界創造論としての）が『ティマイオス』から『エチカ』を経て『純粋理性批判』へと発展すると見なされているからである。(43)

このような超越論的哲学の歴史的展開という図式を背景として、まず最初に『ティマイオス』の難点が「質料」を「われわれによる全説明の最終的基体」と見なし「質料そのものの起源」の探求を断念したこと、および「形式」を世界構築者の悟性から「質料」へと譲渡されたとしたために両者の間の不可分な結合が理解できなかったことに見て取られている。そのために『エチカ』においてスピノザは「諸事物を同時にそれらの諸規定と一緒に或る神性の創造的能力から生じさせようとした」のである。しかしこれによって「われわれの外なる世界の起源」は理解されても、「いかにしてこの世界の表象がわれわれの内へと到来したのか」は理解されないと言われている。この課題の解決がカントの『純粋理性批判』で試みられる。つまり、シェリングはここで『純粋理性批判』を世界創造論の新しいヴァージョンと見なし、その新しい所以を「世界の表象」の「われわれの内へ」の「到来」の説明を試みようとしている点に見ているわけである。

ところが『純粋理性批判』の叙述そのものには未規定的な部分があり解釈の余地を残している。しかし『ティマイオス』から『エチカ』を介して『純粋理性批判』へという展開そのものが『純粋理性批判』の解釈、例えばここでは物自体に関する解釈の方向性を規整するのである。つまり超越論的哲学の歴史的展開を踏まえる限り、ティマイオス的構図を前提とする物自体の解釈は「この上なく辻褄の合わない」ものとなる。というのも、超越論的哲学は『エチカ』的形態を経ている以上、物自体の解釈における真の争点は同一性において捉えられた二つの原理（形式と質料）の由来でなければならないからである。

> 根源的には形式と質料は一つであり、両者が同一的で不可分の活動（Handlung）という同じ一つのものによって現存する後になって初めてわれわれが両者を区別しうる、ということを知っているわれわれは唯一の二者択一しか知らない。つまり、われわれに両者、質料と形式が外部から与えられるというのでなければならないか、もしくは両者、質料と形式がわれわれから初めて生成し、発生するというのでなければならないかである。[44]

「物質の構成」が主題とされるのはこのような境位においてである。『純粋理性批判』のモデルに基づく『ティマイオス』解釈においてカント化とプラトン化の双方向的影響関係が生ずる、というのはヘンリッヒが提起した図式であるが、クリングスが彼の『注解』解釈を展開する場合にもこの図式が前提されていた。もちろん『註解』の内部にとどまる限り、この図式は有効である。しかしヘンリッヒにしてもクリングスにしても、彼らの『註解』解釈には別の側面、つまりそうした影響関係によって生ずるカント哲学のプラトン的改造をシェリングののちの思想展開と結び付けて語る（『形式論』あるいは自然哲学的著作）という側面を有していた。問題はその際に『ティマイオス』的構図が維持されているのかということである。少なくとも「物質の構成」が主題とされる時点においては、神的ヌースに対して外的に与えられる質料という構図は採用されていない。『純粋理性批判』がそのように解釈される余地を残しているとしても、超越論的哲学の歴史的展開を踏まえる限り、そうした構造を想定することはできない。『ティマイオス』が『エチカ』を介して『純粋理性批判』へと発展していく過程において否定されるべきものは否定され、保存されるべきものは保存される。クリングスが『ティマイオス』と自然哲学的著作との共通点と見なしていた「神的ヌースに質料を、永遠の、不可視の、神的ならざるゲノスとして対置する」という側面は否定されるべきものに属しているのである。

これによってクリングスの解釈が実際のシェリングの思想において十分な検証を経ていないことが示されると共に、それが持っている曖昧さの一つが取り除かれる。つまり、シェリングは一八〇一年を待たずに、すでに一七九七年の時点において『ティマイオス』的な世界創造論の構図を否定しているのである。しかも、この否認が『純粋理性批判』における物自体の解釈と連動していることを考え合わせるならば、前者の見解（『ティマイオス』的構図の否定）の成立時期を後者の見解（物自体にかんするシェリング独自の解釈）の成立時期にまでさらに遡らせることもできそうである。

さてそれでは、クリングスによってシェリングの自然哲学における質料概念を構成すると見なされていたもう一つの契機、つまり知覚も概念的把握もされないものの認識という契機についてはどのようになっているのだろうか。この点を確認するには一七九七年の著作における「物質の構成」の問題により立ち入った検討を加える必要がある。

七　物質の構成と直観の本質

「物質の構成」の問題が初めて扱われるのは、『考案』第二巻、第五章「直観および人間精神の本性に基く物質概念の第一の起源（Erster Ursprung des Begriffs der Materie aus der Natur der Anschauung und des menschlichen Geistes）」においてである。この箇所では「物質の構成」の問題は、たしかに自然哲学的文脈において取り扱われている。言い換えると、力をめぐる当時の議論を出発点としている。にもかかわらず、「物質の構成」が同時に「直観の本質」の解明をも意味していることは明確に語られている。

しかしわれわれは主張する、物質はわれわれの外部において現実的であり、われわれの外部において現実的である（たんにわれわれの諸概念においてあるのではなく）限りにおける物質そのものに引力と斥力が帰属する、と。

しかるに諸概念のあらゆる媒介なしに、われわれの自由のあらゆる意識なしに直接にわれわれに与えられるもの以外には、いかなるものもわれわれに対して現実的ではない。しかるにいかなるものも直観による以外には直接にわれわれに到達しない。それゆえ直観はわれわれの認識における最高のものである。直観そのもののうちに、それゆえ、何故に物質にかの諸力が必然的に帰属するのかという根拠がなければならないであろう。われわれの外的直観の性状から、この直観の客観が物質として、換言すれば、引力と斥力の所産として直観されねばならない、ということが示されうるのでなければならないであろう。それらはしたがって外的直観の可能性の諸制約であろうし、本来そこに、われわれがそれを考える際に伴う必然性は由来しているであろう。

これと共にわれわれは今や、直観とは何かという問いへと立ち戻る。(45)

こうして結局シェリングは「二つの相互に対立する活動を直観の可能性の必然的制約として」見出す。「直観の本質、直観を直観たらしめているものは、そこにおいて絶対的に対立する、交互にお互いを制限する二つの活動が統一されているということである」と言われる。(46) しかしこのようにして「直観とは何か」と問い、それに対して「二つの相互に対立する活動を直観の可能性の必然的制約として」見出すというのは、一体いかなる権能に基づいているのであろうか。この問いに答えるには、一旦『考案』を離れて、同年の『概観』へ赴くのがよいであろう。というのも、『概観』では「物質の構成」と同一の内容が時として全く同じ字句を用いながら、しかし『考案』の場合よりも一層広い視圏に立って論じられているのだが、それに伴なって『考案』では十分に指摘されていないものの「物質の構成」の理解にとっては不可欠と思われる幾つかの契機によりはっきりと光が当てられているからである。例えば『概観』では、次のように語られている。

物質は、その二つの活動性の平衡において直観された精神に他ならない(47)。

『考案』で示されていたのは、「物質の構成」が同時に「直観の本質」の解明であること、その場合の「直観の本質」とは絶対的に対立する二つの活動が統一されていることである、ということであった。そこでこれに内容的に相応する箇所を今の引用に求めるならば、後者（二つの活動の統一）に対応しているのは、言うまでもなく、「その二つの活動性の平衡において」という部分である。これに対して「物質は〔…〕精神に他ならない」という箇所は、内容的に前者を継承しつつ、さらにそれを敷衍したものと見なされうる。というのも、この引用においては、「物質の構成」が同時に「直観の本質」の解明である、ということの意味がさらに展開されているからである。つまり「物質の構成」（＝「直観の本質」の解明）が見出すのは「精神」、つまり「精神」と呼ばれる主観そのものなのである。言い換えると、「直観の本質」の解明が直観そのものの本質の解明であるためには、この解明にはなんらかの意味における主観による超越論的な自己反省という意味がなければならないのである。この反省を遂行する超越論的主観が「精神」である。したがって「直観の本質」の解明とは、「物質の構成」としての——あるいは「物質の構成」という段階における——精神の超越論的自己省察の遂行を意味しているのである。——しかしもう一つ問題がある。つまり、引用における「直観された」という新たな付加語句が何を意味しているか、ということである。

この語句によって示唆されているのは、それ自体が「物質の構成」（＝「直観の本質」の解明）に他ならないところの精神の超越論的自己省察が、一つの直観によって担われている、ということである。しかしこの直観は、それが「(感性的)直観の本質」を解明すべきである以上、それ自身が再び感性的直観であるということはありえない。むしろそれはその定義からして非感性的直観でなければならない。その限りにおいて、なるほど「直観の本質」の解明は「物質の構成」という段階における精神の超越論的自己省察に他ならないとしても、しかしこの拡張された超越論的自己省察を支えているもの、あるいはむしろこの拡張された超越論的自己省察という場ないし圏域を初めて切り開くものはこの非感性的な自己直観でなければならないのである。

「精神」とはこのような非感性的直観を自己の本質としている超越論的主観である。「われわれ」、つまり哲学者にとってはこのことは最初から明らかである。しかし「物質の構成」の段階においては当の「精神」自身はこのことを自覚しているわけではない。むしろ「物質の構成」とは、精神がこの非感性的直観において自己を認識しようとする最初の試みでしかない。であるからこそ、精神は「物質の構成」の段階にとどまることはできず、自己自身を求め、自然の全領域を遍歴しながら、自己の本質へと接近していかなければならないのである。

精神の全活動はそれゆえ、無限を有限において表現することを目指している。これらの全活動の目標は自己意識であり、これらの活動の歴史は自己意識の歴史に他ならない。

〔…〕人間精神の歴史は、それゆえ、それらを通過することによって人間精神が次第に自己自身の直観へ、純粋な自己意識へ到達するさまざまな状態の歴史に他ならないであろう。

〔…〕

〔…〕このようにして魂はそれ自身の所産によって、普通の目の持ち主には感じられないとしても、哲学者にとっては明白に、魂が次第に自己意識へと到達する道を描いているのである。〔…〕〔…〕われわれは精神に付き添って表象から表象へ、所産から所産へと進み、最後には次のような地点へと到達するであろう。つまり、精神が初めてあらゆる所産から自己を解き放ち、その純粋な行いにおいて自己自身を捉え、今やもはやその絶対的な活動性における自己自身以外には何ものも直観しない地点である[48]。

さらには次のようにも言われている。

人間的精神は、それがあらゆる客観的なものを捨象することによって、この働きにおいて同時に、われわれが知的と呼ぶところの自己直観を持つ[49]。

つまり、あらゆる客観的なものの捨象によって「精神」は、ようやく最後に、この拡張された超越論的自己省察という場ないし圏域を初めて切り開く根源的作用（知的直観）において、自己を把捉しうるのである。

以上、『考案』と『概観』において「物質の構成」の問題が実際にどのように扱われているかを比較的詳しく見てきた。これを再びクリングスの『註解』解釈と照合してみよう。

八　クリングスの『註解』解釈との照合（一）

すでに述べたように、クリングスは、その『註解』解釈において、シェリングの自然哲学における質料概念が『ティマイオス』の「受容者」に由来し、それを継承するものであると主張していた。ところがその際に彼は、本来ならば互いに区別されるべき二つの契機――これは『ティマイオス』における受容者の二つの契機でもあるのだが――を明確に区別せずにシェリングの自然哲学における質料（Materie）概念に帰していた。二つの契機とは「神的ヌースに」対置される「永遠の、不可視の、神的ならざるゲノス」という契機と「世界の実在―根拠として考えねばならない規定や形式を欠くもの」という契機である。

しかし実際に「物質（Materie）の構成」が論じられる場面に視線を転じてみると、『註解』が定位していた『ティマイオス』の世界創造論と『純粋理性批判』の構成主義的認識論との構造的同一視という段階は、すでに乗り越えられてしまい、シェリングの思惟は「われわれの認識の形式はわれわれ自身に由来し、その質料は外部からわれわれに与えられる」という構図それ自体の否認という新たな段階へと進んでいる。ところが第一の契機、つまり形式と質料の外的対立という契機はこの構図を基盤として、その上に成立しているのだから、それが除去されてしまえば第一の契機もまた崩落してしまう。それゆえ、クリングスがそう思い込んでいたように、この契機をシェリングの自然哲学における質料概念の構成要素と見なすことはできない。

これに対して第二の契機、つまり「世界の実在―根拠として考えねばならない規定や形式を欠くもの」という契機は、第一の契機とは異なって、形式と質料の外的対立という構図に必ずしも依存していない。とは言え、眼目は後者の契機が保存されているか否かということにあるのではない。むしろ問題なのは、それにさらにクリングスの『註解』解釈には見られなかった要素が纏綿している、という事態なのである。

まず第一に、クリングスは『註解』の哲学的意義を直観の形式に入り込む以前の直観の多様という――『純粋理性批判』にとって未知の――主題の主題化に見るとともに、さらにそれを後年の自然哲学における「物質の構成」という課題に連関させて理解しようとしていた。詳しく云えば、この認識の原素材とも言うべきものを「物質（Materie）」という概念で捉え、これによる形式受容のプロセスを叙述するのが「物質の構成」の課題であると語っていた。ところがシェリングの実際の叙述に照らしてみると、「物質の構成」はたんなる物質の構成というだけにとどまらず、さらに同時に直観そのものの本質の解明という意味を持っている。

たしかにクリングスの云うように、物質（Materie）と呼ばれるこの『純粋理性批判』にとって未知の主題は、カント的に言えば――悟性や統覚の方面ではなく――直観（感性的直観）の方面に――しかも明確にその彼方に――求められている。その限りにおいて物質（Materie）を主題としうるために、カント的な認識主観（広義の理性）はみずからの限界を超え出てゆくように迫られていると言える。しかしそれはあくまでもカント的な認識主観にとってということでしかない。言い換えると、カント的認識主観にとっては外部であるもの――超越しつつそれに対峙しているもの――がなおも、たとえもはやカント的とは呼べないにしても、とにかくなんらかの認識主観にとっては必ずしも外部ではないという可能性は残されている。ところが、物質の構成が同時に直観そのものの本質の解明であると言いうるためには、この可能性が現実のものになっていなければならない。というのも、後者の――もはやカント的とは呼べない――認識主観にすでに立脚していなければ、物質の構成という課題の遂行が同時に直観の（それゆえ認識主観の）本質の解明を意味する、と言えるはずもないからである。――ところが、

「物質の構成」が同時に「直観の本質」の解明でもあるというまさにこの側面を、クリングスは彼の『註解』解釈において見落としている（あるいは故意に脱落させている）。――しかも彼が見落としているのはたんにこの側面だけというわけでもないのである。

『純粋理性批判』にとって未知の主題である、直観の形式に入り込む以前の直観の多様が主題とされるということは、カント的な認識主観にとっては、或る意味でその外部が主題とされることである。そうだとすると、すでにその時点で――つまり、この事態がシェリングの云うように或る別の認識主観の立場への移行までも含意しているか否かは別にしても――認識がこの外部にまで及びうるためには、カント的な意味における理性的認識（すなわち感性的および悟性的な認識）以外の認識手段が確保されていなければならない。というのも、さもなくばカント的な認識主観を超えると云っても、それは内実を伴わない空言でしかないからである。ところがクリングスは、その『註解』解釈において、一方では「物質の構成」についてはきわめて熱心に語りながら、他方ではその遂行のために不可欠であるはずの別種の認識手段については触れていない。――あたかもそれは、『註解』における方法論的考察の欠落が「物質の構成」に引き継がれでもしているかのようである。

しかしながら、仮にもし『註解』においてシェリングが『ティマイオス』における方法論的考察を黙殺しているのが事実であるとしても、実際の「物質の構成」においては方法論的考察は欠落しているどころか最重要主題の一つという扱いを受けている。というのもそこでは、経験の可能性の制約へ向けての超越論的反省を質料的原理それ自体にまで拡張するという意図のもとに――つまり、クリングスがその『註解』解釈において示唆しながらも追求を断念していたまさにその方向性において――「知的直観」をめぐる考察が展開されているからである。要するに、いずれにしても一七九七年の時点においては、まさにプラトンが「受容者」を前にして方法論的考察を導入せざるをえなかったように、「受容者」の対応物としての「物質」を前にしてシェリングも方法論的考察を導入しているのである。

九　クリングスの『註解』解釈との照合（二）

このように実際の「物質の構成」には「直観の本質の解明」と「知的直観」という、クリングスの『註解』解釈が指摘している以上の側面が認められるにもかかわらず、なぜクリングスはこれを脱落させているのであろうか。

例えばこのようには考えられないであろうか。つまり、「物質の構成が同時に直観の本質の解明である」という側面の欠落という事態と「知的直観」という主題の欠落という事態とは相互に連関しあっている、言い換えると、この欠落はともにクリングスが『ティマイオス』的構図を前提した上で、そこにシェリングの質料概念の本質的契機を見ていることに起因している、というようにである。そういうことであれば、これら二つの側面は常に同時に欠落せざるをえず、両者を共に欠落させているという点に関してはクリングスはなるほど首尾一貫しているということになる。というのも、「神的ヌースに質料を、永遠の、不可視の、神的でないゲノスとして対置する」という構図を受け容れる、ということは、『ティマイオス』の世界創造論と『純粋理性批判』の構成主義的認識論との構造的同一視という前提のもとでは、「われわれの認識の形式はわれわれ自身に由来し、その質料は外部からわれわれに与えられる」という意見に与することに他ならないからである。ところが、このとき「われわれ」が「ヌース」の側、要するに形式的原理の側に立っていることが暗黙のうちに前提されている。この前提がある以上、形式的原理に外的に対峙している質料的原理の認識は、われわれにとっての他者の認識を意味せざるをえない。言い換えるとこの前提のもとでは、質料的原理の認識が同時にわれわれによるわれわれ自身の認識（自己認識）となるということはそもそもありえない。そうした可能性はいわば最初から排除されているのである。

しかし第二に、まさにそのために、言い換えると「世界の実在―根拠として考えなければならない規定や形式を欠いたもの」（概念的認識も知覚もされないもの）の認識がまさにわれわれによるわれわれ自身の認識である、という側面が欠落したがために、クリングスの『註解』解釈においては「知的直観」という主題もまた脱落せざるをえなかったように思われる。というのも、すでに見たように（六）、シェリングの文脈では「知的直観」は、第一義的には「精神」の自己直観と解されているからである。

したがって、これら二つの側面をクリングスが脱落させているのは『ティマイオス』＝『純粋理性批判』的構図、つまり「われわれの認識の形式はわれわれ自身に由来し、その質料は外部からわれわれに与えられる」という構図に対する彼の態度と関係があるように思われる。この構図が前提されている限り、質料的原理の認識は精神にとって外的に対峙する他者の認識を意味し、精神による自己自身の認識とはなりえない。質料的原理の認識が同時に知的直観におけるわれわれ自身によるわれわれ自身の認識ともなりうるためには、この構図が否定され、「質料と形式がわれわれから初めて生成し、発生する」という見解に移行しなければならない。――本来は「物質の構成」はこうした移行が果たされた上でなければ論じられないものであった。ところがクリングスの『註解』解釈は、『註解』と実際の「物質の構成」との間に生じているこのようなシェリング自身の思惟の基本的立場の変化に追随していない。――クリングスの『註解』解釈の問題点は、フランツの思惑とは裏腹に、他のどこかにではなくまさにここにこそ求められなければならなかったのではないだろうか。

十　クリングスの『註解』解釈の改訂

では、以上のような『註解』と「物質の構成」との間に生じている基本的構図の変化を考慮に入れ、それに忠実に従っていたとするならば、クリングスの『註解』解釈はいったいどのように展開されるべきだったのであろうか。

まずはクリングスの当初の意図に立ち返ってみることにしよう。すでに述べたように（四）、クリングスとヘンリッヒは二人とも、若きシェリングによってカントの『純粋理性批判』の改造が企てられた際に『註解』がどのような役割を果たしたのか、という点に関心を抱いていた。しかしヘンリッヒは、カテゴリー論に焦点を当てるという方策を採ったため、結果的に『註解』のなかでも『ティマイオス』に関する部分ではなく『ピレボス』に関する部分が果たした役割を強調することになってしまっていた。これに対して、クリングスは『純粋理性批判』の改造において『ティマイオス』そのものが果たした役割に着目するという方策を採り、『ティマイオス』の「受容者」がシェリングの自然哲学において「物質」として主題化される、という見通しを示したのであった。

ところでこのような彼の洞察、つまり、『註解』で扱われていた「受容者」が後のシェリングの思惟のうちへ姿を変えて、つまり「物質」として登場してくるという洞察は、それ自体としては間違っていなかったと言える。しかしクリングスは、その場合の「物質」に二つの契機、つまり、われわれに外的に対峙するものという契機と知覚も概念的把捉もされないものという契機を帰属させていた。ところが、シェリングの云う「物質」は後者の契機を含むとしても前者の契機は含んでいない。したがって、「物質」がシェリングの意味での「物質」となるためには、前者の契機が取り除かれなければならない。しかもこの除去はたんなる除去ではなく、あくまでも『ティマイオス』＝『純粋理性批判』的構図の否定という仕方で、それと共になされねばならない。というのも、さもなければ「物質の構成」が同時に「知的直観」における「直観の本質」の解明とはなりえないからである。

さて「物質の構成」がシェリングの思惟において「直観の本質の解明」と「知的直観」という相を伴なっているという、このような事実が見定められるならば、それによってクリングスの『註解』解釈は、(i)より欠点の少ないものとなりうると同時に、(ii)より強力なもの――つまり、シェリングの初期思想の最内奥にまで光を投げかけるもの――ともなりうるように思われる。

そこでまず、クリングスの『註解』解釈の補修とも云うべき最初の作業から始めるならば、第一に、「物質の構成」がシェリングの思惟において「直観の本質の解明」と「知的直観」という相を伴なっているという事実が見定められることによって、クリングスの『註解』解釈に致命的打撃を与えていた事態、すなわち『註解』における方法論的考察の欠落という事態にも再度の、別の角度からのアプローチが可能となる。つまり、一般的に言って、知覚も概念的把捉も許さないものの認識という主題は、その認識手段が確保されて初めて十全に取り扱うことが出来るにもかかわらず、クリングスは「物質の構成」が精神の自己認識であるという側面を容認しえなかったがために、実際の「物質の構成」とは不可分な「知的直観」とそれをめぐる方法論的考察をもまた取り逃がす結果に陥っていた。しかるに「物質の構成」が精神の自己認識であるという面を受け容れることで、「知的直観」とそれをめぐる方法論的考察もこの解釈に新たに統合されることになるが、これによってわれわれは――

『註解』における方法論的考察の欠落を解釈する際にも有効であるかもしれないような――一つの導きの糸（「知的直観」）を手に入れるのである。ここでは詳述する余裕はないが、クリングスはむしろ、『註解』のみならず、他の初期遺稿にまで視野を広げ、広く概念的認識も知覚もされないものをめぐる当時のシェリングの問題意識に定位することによって、『註解』における方法論的考察の欠落という事態に臨むべきだったのではないだろうか。クリングスの解釈は『註解』における方法論的考察の欠落をきっかけとして迷走し始めていたが、もし仮にクリングスに最初からこのような展望があれば、彼の『註解』解釈もそのような混乱に陥らずにすんだのではないだろうか。

しかしさらに第二に、「物質の構成」が「直観の本質の解明」と「知的直観」という相を伴なっており、前者は後二者のたんに一つの（最低の）段階にすぎないという、このような洞察によって、クリングスの解釈は「物質の構成」のような特定の自然哲学的主題との結合から解放される。なぜならば、ここで実際に問題にされているのは、たんに物質の構成にとどまるものではなく、言うなれば、それを起点としている自然一般の構成でなければならないからである。言い換えると、知覚も概念把握もされないものとは、もはや物質だけではなく、自然の全体がまさにそうしたものでなければならないからである。しかしこれにとどまらず、クリングスの解釈はさらに自然哲学的主題との直接的結合からも自由になりうる。というのも、すでに見たように、「直観の本質の解明」と「知的直観」によって特徴づけられる問題圏は、必ずしも特定の自然哲学的主題に拘束される必要のない一般的なものであると同時に、さらに自然哲学的主題をそもそも成立させる場ないし圏域にかかわるもの、その意味において自然哲学的主題一般よりもさらに一層根源的なものであるはずだからである。言い換えると、クリングスの解釈はそのプラトン化（＝『ティマイオス』化）の主張のために、必ずしもこうした主題との連関を必要としない、ということになるのである。

　しかしそうすると、このような一般化・根源化に伴って（就中、その根源化に伴って）、「受容者」がシェリングの思惟のうちへその姿を変えて登場する時期についても再考の余地が生まれるだろう。要するにここには、一七九七年とされていた「受容者」の登場の時期を早めることができるかもしれないという、そうした可能性が浮上しているわけである。ところが、これによってクリングスの解釈はもう一つの不備を免れることができるのではないだろうか。すなわち、それは『註解』の影響を狭く自然哲学に限ることによって生ずる時間差の問題に関わるものである。つまり、ヘンリッヒが『形式論』に対する『註解』の影響を指摘するときには、両著作の執筆時期は互いに接しているために影響発生の時間差の問題は、当然のことながら生じない。これに対してクリングスの『註解』解釈に従うと、一七九四年の『註解』はようやく数年を経て『考案』や『概観』に影響を及ぼしていることになり、しかもそのような時間差が生じている理由は説明されない。例えばフランツのような人は、そこにクリングスの『註解』解釈の難点（不自然さ）を見るであろう。[50] ところがいまやこの問題に関しても再考の可能性が示唆されるのである。ではそうすると、改訂されたクリングスの解釈に従った場合、「受容者」がシェリングの思惟のうちへ最初に登場するのは一体いつということになるのだろうか。

　このように問うことによって、われわれはクリングスの『註解』解釈のたんなる補修作業を超えて積極的改造とも云うべき第二の作業にとりかかることになるが、同時にようやくわれわれの考察はその真の意味を明らかにするのである。

十一　『註解』から『自我論』へ

われわれの考察が正しければ、「受容者」が最初に登場するのは「直観の本質の解明」と「知的直観」によって特徴づけられる問題圏の登場と同時でなければならない。したがってその大体の見当を付けるために、仮に「知的直観」という徴表を用いるならば、この概念が初めて登場するのは、よく知られているように、『註解』執筆の一年後に書かれた『哲学の原理としての自我について、あるいは人間的知における無制約者について』（以下、『自我論』と略記）においてである。つまり、『自我論』においては「無制約者」としての絶対的自我の自己直観が「知的直観」として主題化されている。そこでまずは、「世界の実在―根拠として考えなければならない規定や形式を欠いたもの」である限りの「受容者」がシェリングの思惟の内へ最初に登場するのは『自我論』ではないか、という予想が立てられる。

この予想の当否をたしかめるためには『註解』から『自我論』へと至るシェリングの思惟の歩みを辿り直してみる必要があるが、その前に『註解』から『形式論』へと至るシェリングの思惟の展開を正確に把握しておこう。そうすると『註解』と『形式論』の主題上の関連は或る意味においては一目瞭然であるとも言える。というのも、『哲学一般の形式の可能性について』という表題がすでに示唆しているように、ここには――『註解』における原カテゴリー論から『形式論』における哲学の原形式へというような――哲学の形式的原理の探求という主題上の明らかな連続性が見出されるからである。しかしたんにこうした理解にとどまる限り、『註解』と『形式論』の内容的連関を正確に捉えたとは言えない。なぜならば、『形式論』冒頭においてシェリングはこの著作における自分の企図が「哲学一般の可能性に関する全問題の解決」[51]であること、さらに哲学の形式および内容の可能性の問題は、それらが個別的に扱われている限り最終的解決が与えられる見込みはないということを明言しているからである。[52]だとすると『形式論』が哲学の形式の可能性に関する問題のみを扱っているなどということは有りえないだろう。つまり、『形式論』は哲学の形式および内容の可能性の問題を主として前者の側面から扱っているとしても、それは後者の問題が完全に考慮の外に置かれているという意味ではないのである。実際『形式論』では、『自我論』を先取りするかのように、すでに哲学の原内容について次のように言われている。

端的にそれ自体において無制約的な根本命題は、それ自体が無制約的である内容を持たなければならない。〔…〕このことは、あの内容が根源的に端的に定立され、その定立されていることが自分以外の何物によっても規定されておらず、それゆえ自分自身を（絶対的原因性によって）定立するものである場合にのみ、可能である。[53]

このようにすでに『形式論』において哲学の形式のみならず、その内容が同時に主題化されようとしているのであるが、しかしすでに述べたように『形式論』ではいまだ「知的直観」は登場しない。「知的直観」という概念は、知の実在性という問題が前面に押し出され、この哲学の原内容が無制約者としてそれ自体として主題化されることによって、すなわち『自我論』において初めて登場するのである。すなわち、『自我論』においては、冒頭で「われわれの知一般の究極的実在根拠（Realgrund）の演繹」[54]が試みられ、この実在根拠が「無制約者」としての「絶対的自我」に他ならないことが確認された後、その本質が自由であると述べられる。しかし自由とは「それ自身によってのみ存在し、無限を包括する」[55]ものであり、「自由とは自我にとっては、絶対的な自己力（Selbstmacht）によって自己自身の内にあらゆる実在性を無制約的に定立すること」[56]なのである。しかしこのような意味における自由としての絶対的自我は概念によっては捉えられず、ただ直観、しかも感性的ならざる直観、知的直観によってのみ把捉されうる。つまり、絶対的自我は「自己を実在化する」[57]が、それは「知的直観において自我が自身を絶対的実在性としてあらゆる時間の外で産出する」[58]ということであり、その意味において「自我はそれゆえそれ自身に対してたんなる自我として知的直観において規定されている」[59]と言われるのである（ここでふたたび先の『形式論』からの引用を参照されたい）。

ところでわれわれの予想は、「世界の実在―根拠として考えなければならない規定や形式を欠いたもの」である限りの「受容者」が、シェリングの思惟の内へ最初に登場するのは『自我論』ではないか、というものであった。この問いに対しては肯定的に答えてもよいように思われる。というのも、『註解』の原カテゴリー論から『形式論』の哲学の原形式へという哲学の形式的原理の探求と平行するように、ここでは『註解』の「受容者」と「エイコス・ロゴス」から『自我論』の「無制約者」と「知的直観」へという哲学の質料的原理の探求という主題の連続性が見出されるからである。

しかし当初の予想によると、「受容者」が最初に登場するのは「直観の本質の解明」と「知的直観」によって特徴づけられる問題圏の登場と同時でなければならなかった。ところがここには「知的直観」だけで「直観の本質の解明」はいまだ登場していない。つまり、知的直観が感性的直観との関係において、その本質の解明として論じられている箇所は『自我論』には見出されない。しかしここにも先に『形式論』と『自我論』の間に認められたような関係が再び見出される。というのも、注意深く見ると、知的直観の主題化に伴い、例えば『自我論』

の序文には、カント哲学に即して哲学の形式的原理について論じられる際に、悟性概念ではなく直観形式を重視する傾向が見出されるし、さらに『自我論』に続いて書かれた『独断論と批判主義に関する哲学的書翰』（以下『書翰』と略）になると、知的直観の「模倣」としての「経験的活動」について語られ、それを解明するものとして「完全なる感性論（eine vollendete Aesthetik）」が要請されているからである(60)。このような展開を踏まえて、その延長線上に『考案』および『概観』において「完全なる感性論」という、この同一の主題が「物質の構成」と「直観の本質」の解明として具体化されると考えられるのである。

さてわれわれが問題としていたのは、クリングスの『註解』解釈に従うと、一七九四年の『註解』はようやく数年を経て『考案』や『概観』に影響を及ぼしていることになり、しかもそのような時間差が生じている理由は説明されない、ということであった。しかしこれまでの考察を踏まえると、一七九四年の『註解』は数年を経て突如として『考案』や『概観』に影響を与えているというわけではなく、実際には『形式論』、『自我論』、『書翰』を通じて一貫してシェリングの思惟に持続的に作用を及ぼしている、ということが分かる。つまり、たしかにプラトンに対する直接的な言及の登場は一七九七年を待たなければならないとしても、クリングスが主張しようとし、われわれが修正した「プラトン化」が一貫して持続的に進行しているのが見出されるのである。そうするとむしろ問題となるのは、どうしてクリングスの云うプラトン化が一方ではこのように持続的に働いていながら、他方ではプラトンへの直接的言及がなされず、その結果、クリングスの云うプラトン化があたかも一旦背景に退いてしまうように見えるのか、ということになるであろう。——われわれは次にこの問題について考察したい。

十二　『自我論』における『エチカ』と『ティマイオス』

『形式論』から『自我論』への展開に伴い、主題もまた知の形式から知の実在性へと移行する。絶対的自我はいまや、たんなる知の原形式の根拠であるのみならず、さらに知の実在性の究極根拠として、すなわち、無制約者として規定しなおされ、さらにはこの無制約者の（自己）認識のために「知的直観」が要請される。――これらのことを否定する人はいないであろう。しかしそうすると、当然問題となるのは、この同じ事態を『註解』を背景としてみる必要性はどこにあるのか、ということである。というのも、『自我論』においては、シェリング自身が冒頭で断っているように、その著作の全体を通じてスピノザへの言及が頻繁になされているからであり、この著作に対するスピノザの『エチカ』の影響は否定すべくもないからである。この点を強調すると、「無制約者」にはスピノザの実体が、さらに「知的直観」には同様に直観知が擬せられ、前二者は後二者の影響のもとでシェリングの思想へ導入された、ということになるであろう。一見すると、ここには何も問題はないように見える。だが、本当にそうだろうか。

まずは、これまでの考察を踏まえた場合、この同じ事態がどのように見えてくるか反省してみよう。そうすると――従来は全く見過ごされてきた――重大な錯覚が潜んでいることに気づかざるえない。われわれの考察の成果の一つに、『註解』と「物質の構成」の間には――そしてそれはより厳密に規定しようとすれば、『註解』と、『形式論』および『自我論』の間ということになるが――『ティマイオス』＝『純粋理性批判』的構図（「われわれの認識の形式はわれわれ自身に由来し、その質料は外部からわれわれに与えられる」）の否定という段階が挟み込まれている、という洞察がある。ところが、この洞察が教えているのは、質料的原理としての「受容者」が、このような基本的な構図の変更を待たずしては、言い換えると、われわれに外的に対峙する質料的原理という性格を失って形式的原理との同一性において捉えられない限り、要するに、スピノザの実体と重ね合わされるような仕方以外では、あるいはスピノザの実体を否定的媒介とする以外の仕方では、『形式論』および『自我論』以後におけるシェリングの思惟のうちへ登場しえない、ということである。しかし、受容者（『ティマイオス』）と実体（『エチカ』）がシェリングの思惟のうちへこのように同時に現れざるをえないという必然性が捉えられていない場合、「無制約者」の背後にはせいぜいスピノザの「実体」が見られるだけで、さらにその奥に潜むプラトンの「受容者」までを見て取ることはできない。つまり、『自我論』においては「無制約者」と「知的直観」がスピノザの実体や直観知と重ね合わせて理解されている、というのは間違いではないとしても、それはたんに事態の表層にすぎず、この背後にはより古い層として「受容者」と「エイコス・ロゴス」が潜んでいるのであるが、それがまるごと見落とされてしまうのである。

ところで、このようにより古い層が見出されることによって、シェリングの思惟の展開に飛躍を持ち込む必要がなくなる。実際、『自我論』におけるスピノザの影響を排他的に主張するとき、どうしてもシェリングの思惟の展開のうちに一つの飛躍を持ちこまざるをえない。というのも、『純粋理性批判』の改造という当時のシェリングの基本的なプランに従って理解しようとする場合、スピノザが『純粋理性批判』とどのように関係しているのか、俄には了解しがたいからである。一方、『註解』においては『純粋理性批判』は『ティマイオス』と構造上の対応関係を持っているとされ、『ティマイオス』が『純粋理性批判』を改造する際の重要な指針ないし原動力として働いている。『エチカ』が関わってくるのは、この対応関係を背景に『純粋理性批判』が二重の意味においてプラトン的に変様された、その後のことである。つまり、このような変様のプロセスのなかで「われわれの認識の形式はわれわれ自身に由来し、その質料は外部からわれわれに与えられる」という構図が否定されるが、まさにこの否定において『エチカ』との接点が生ずるのである。しかしこのような事情が捨象されてしまうと、『自我論』における「無制約者」と「知的直観」の出現はたんにスピノザの影響に基づく唐突なもの（飛躍）と映らざるをえない。実際には、シェリングの思惟の脈絡においては、「実体」とは「受容者」の、「直観知」とは「エイコス・ロゴス」の別形態であり、そのようなものとして哲学史（より厳密には、超越論的哲学の歴史）の内部に位置づけられており、そのようなものとしてカテゴリー論と並ぶ『純粋理性批判』解釈上の問題である「物自体」の問題の解決のために一定の指針を与えるものとして働いているのである。

それだけではない。もう一つ見過ごされてきたことがある。つまり、かの構図の否定の結果は形式的原理と質料的原理の同一性でしかない。したがってこのような前史を踏まえていないと、この「同一性」がどのような意味における「同一性」であるのか、つまり「無制約者」がどのような内的構造を持っているのか、ということも一切分からなくなってしまうのである。つまり、「われわれの認識の形式はわれわれ自身に由来し、その質料は外部からわれわれに与えられる」という構図が否定され、「質料と形式がわれわれから初めて生成し、発生する」という見解に移行するといっても、そこには曖昧さがある。というのも、そこで言われているのは、起点において「われわれ」は形式的原理の側にあり、終点において「われわれ」は形式的原理と質料的原理の同一性として捉えられている、ということにすぎないからである。しかし、『註解』という媒介項を考慮に入れてこの否定の運動を眺めるならば、シェリングの思惟の脈絡においては、それはあくまでも、形式的原理の側にあるかのように見えた「われわれ」が実体を失い、これに代わって、直観の方面に求められる「われわれ」が一層根源的なものとして現われる、ということを意味しており、断じてその逆ではないのである。つまり、形式的原理の側にあるかのように見えた「われわれ」が直観の方面に求められる一層根源的な「われわれ」の影と化す、というただその仕方でのみかの構図は否定されるのである。要するに、その場合の「われわれ」は、質料的原理（ただしこれは今や形式的原理との同一性において捉えられているのであるが）と解されるべき何ものかであり、これがシェリングの言う「無制約者」としての絶対的自我なのである。そしてこのことが直観の形式に入り込む以前の直観の多様が主題化されるということの同一哲学的意味なのである。

　このようにわれわれの立場において初めて、『自我論』においては「無制約者」としての絶対的自我に「受容者」と「実体」が重ね合わされていること、そしてそのために一見スピノザの「実体」そのものであるかのように見える絶対的自我も今述べたような、スピノザ的であるとともにプラトン的でもあるような特殊な構造を持っていることを見出しうる。それにもかかわらず、なおも『自我論』に対するスピノザの影響を排他的に、つまり『ティマイオス』からの影響を捨象して主張するならば、このような理解を悉く喪失するだけではない。さらには、これまでの解釈が総じてそうであるように、『形式論』と『自我論』を完全には一体的に捉えることが出来ない、つまり、両者の間にたんなる形式と内容の関係というレベルを超えた、それ以上の内面的な連関を打ち立てられない、ということになる。むしろ『自我論』におけるスピノザの影響に着目し、それを強調しようとすればするほど、『自我論』と『形式論』の懸隔は一層広がらざるをえない。なぜなら、一方で『形式論』にはスピノザの痕跡は皆無であるのに、他方で『自我論』はスピノザの構想に対する肯定的な言及が頻繁に見出されるからである。

　これに対してヘンリッヒと（われわれによって修正された）クリングスの云う二重のプラトン化を背景として

『形式論』と『自我論』が眺められるならば、二つの著作がともに『註解』に端を発し、二つに分岐しながらも一体性を保っていること、逆に一体性を保ちつつも質的な差異を有していることが説明される。つまり、まず第一に、両者の関係を二重のプラトン化という図式のもとで統一的に、密接な内面的連関において理解することができる。しかもその場合この両者は、『純粋理性批判』の改造という一般的課題を構成する下位の特殊的課題として、つまり、ヘンリッヒの解釈が『純粋理性批判』のカテゴリー論との関係において成立しているように、クリングスの解釈は、実際には『純粋理性批判』の物自体の解釈と関係において成立している（すなわち、不可知とされる物自体の正体がプラトン的な意味における「受容者」であると、ただし例の構図を否定した上で考えられるのである）が、そのような仕方で、『形式論』と『自我論』は事柄の上から内面的に緊密に結合させられているのである。

しかし、さらに第二に、クリングスの云うプラトン化を実際の「物質の構成」を視野に入れつつ、それを修正した意味において理解する限り、両者が二重のプラトン化を意味していながらも、どうしてスピノザが『自我論』には登場し、『形式論』では登場しないのかも、つまり同じく『註解』を起点としつつも、互いに異質とも見える二重の効果をシェリングの思惟へ及ぼしているのか、ということも説明される。なぜならば、これらは互いに連関しつつも、そして最終的には「絶対的自我」へと収斂する問題でありながらも、カテゴリー論に関する前者の問題は、哲学の質料的原理の問題を後回しにすることによって、『純粋理性批判』＝『ティマイオス』的構造を或る程度は維持したままで展開しうるのに対し、物自体の問題は、この構造そのものの否定（そして同じことを肯定的に言えばスピノザ的同一性の思想の採択となるのであるが）を伴いながら、取り扱われなければならないからである。その限りにおいて、二つの著作の間には、劇的とも言える変化が生じているのである。

十三　結語　初期シェリングの思惟の展開における『註解』の意義

ここまで初期シェリングの思惟の展開における『註解』の意義について考察してきた。しかし『註解』というテキストの身分についてはいまだに議論がある。なかには初期シェリングの思惟の展開におけるこのテキストの意義を全く認めないという主張もないわけではない。いまここでそのような議論に立ち入ることはできないが、そうした議論に直接に関わらなくても『註解』を視野に入れるか否かによってシェリングの初期哲学に対する理解が変わってくるということだけは間違いないのではないだろうか。というのも、『註解』を視野に入れることによって、シェリングが絶対的自我と呼ぶもの、さらには知的直観と呼ぶものの正体が、はじめて実質を伴って理解されるからである。

シェリングの思索が体系という形態を採ったときに、その基礎が「哲学の原理としての自我」、すなわち絶対的自我にあることは誰も否定できないであろう。しかし同時にこの絶対的自我と呼ばれるものがシェリング固有の意味において一体何であるのかはこれまで不明であったと言わざるをえない。しかしわれわれの考察が教えているのは、シェリングの体系構想の根底に『註解』が、したがって『ティマイオス』が横たわっているということ、さらには絶対的自我と知的直観はスピノザの実体と直観知をさらに遡って、あるいはそのさらなる古層として『ティマイオス』における「受容者」とエイコス・ロゴスを有しているということなのである。

したがって絶対的自我とは無制約者、言い換えると、『純粋理性批判』の意味における直観の方面に求められている質料的原理であり、プラトンの云う「受容者」なのである。この事態こそがシェリングの初期哲学における絶対的自我が備えている独自性（フィヒテのそれとのより根本的な相違）を説明するのではないか。さらには、ヘーゲルが或る時点まではシェリングと同じ道を歩むように見えながら、結局は両者の懸隔が明らかにならざるをえなかったのも、この辺りに遠因の一つがあるのではなかろうか。

註

（1）　Schelling, F. W. J.: „*Timaeus.*“ *(1794)*. Hrsg. v. H. Buchner. Mit einem Beitrag von H. Krings: Genesis und Materie - Zur Bedeutung der »Timaeus« - Handschrift für Schellings Naturphilosophie（Schellingiana Bd.4), Stuttgart-Bad Cannstatt 1994.

（2）　管見の限りではあるが、なんらかの形でクリングスの所説を意識していると考えられる著作ないし論文のうち、代表的と思われるものの名を以下に列挙する。

【著作】Bubner, Rüdiger: *Innovationen des Idealismus*. Göttingen 1995; Franz, Michael: *Schellings Tübinger Platon-Studien*. Göttingen 1996; Gloyna, Tanja: *Kosmos und System. Schellings Weg in die Philosophie* (Schellingiana Bd.15), Stuttgart-Bad Cannstatt 2002.

【論文】Seubert, Harald: „Vernunft und Ananke. Zu Schellings „Timaeus“ - Kommentar und seiner Bedeutung für Schellings Denkweg“ in: *Vorträge zur Philosophie Schellings. Berliner Schelling Studien*, Heft1. Hrsg v. Elke Hahn. Berlin 2000; Matsuyama, Juichi: „Die Vereinigung des Entgegengesetzten. Zur Bedeutung Platons für Schellings Naturphilosophie“ in: *Das antike Denken in der Philosophie Schellings*（Schellingiana Bd.15）. Hrsg v. Rainer Adolphi u. Jörg Jantzen, Stuttgart-Bad Cannstatt 2004; Asmuth, Christoph: „*Philosophie und Religion* und der Platonismus“ in: Schelling, F.W.J: *Philosophie und Religion*. Hrsg v. Alfred Denker u. Holger Zaborowski, Freiburg/München 2008.

なお『註解』刊行以前であるため、クリングスの所説に関する言及はないが、『註解』を扱っている文献として、註３のヘンリッヒの論考以外に、Sandkaulen-Bock, Birgit : *Ausgang vom Unbedingten : über den Anfang in der Philosophie Schellings*. Göttingen, 1990; Iber, Christian: *Das Andere der Vernunft als ihr Prinzip: Grundzüge der philosophischen Entwicklung Schellings mit einem Ausblick auf die nachidealistischen Philosophiekonzeptionen Heideggers und Adornos*. Berlin 1994 がある。しかしこれら二著

作における『註解』解釈は大枠においてヘンリッヒの解釈を踏襲していると思われる。

（3）Henrich, Dieter: „Der Weg des spekulativen Idealismus. Ein résumé und eine Aufgabe“ in: *Jakob Zwillings Nachlass. Eine Rekonstruktion.* Herausgegeben und erläutert von Dieter Henrich und Christoph Jamme. Bonn 1986.

（4）Der Weg des spekulativen Idealismus. S.86-87.

（5）Timaios-Kommentar. S.69.

（6）Genesis und Materie. S.117.

（7）Vgl. Genesis und Materie. S.125. „Mit Kants Ansatz war es möglich dem metaphysischen Realismus, der die Exitenz einer »Ideenwelt« annahm, die Welt »in der Idee«（30）entgegenzusetzen. Sodann zeigt sich, daß der transzendentalphilosophische Ansatz es erlaubt, dem Begriff der Existenz eine logische Bedeutung beizumessen, die nicht formallogisch, sondern transzendentallogisch zu verstehen ist (Idee als Bedingung der Möglichkeit von Form).“

（8）Der Weg des spekulativen Idealismus. S.87.

（9）問題は（a）「カント自身の場合とは全く異なり、そしておそらくはラインホルトにインスパイアされて（ganz anders als in Kant selbst und vielleicht von Reinhold inspiriert）」と（b）「諸カテゴリーの関係は、それ自身が二つの根本カテゴリー相互の反立的関係として考えられうるような根本対立の媒介関係と解される」という二つの句の関係である。いまここであえて両者を切り離して相互に無関係なものと仮定すると、（a）は《カントからラインホルトを介してシェリングへというカテゴリー論の変貌の過程》について一般的に（つまり、《カテゴリーの三項構造》には限定せずに）語ったものとも解しうる。これに対して（b）は専ら《カテゴリーの三項構造》を話題としている。しかし両者が一つに結び合わされると、（a）の一般的な記述が（b）による限定を受け、（a）も《カテゴリーの三項構造》についてその変貌の過程を語っていると読まざるをえない。無論それがごく普通の読み方なのであるが、今の場合は問題がある。というのも、《カテゴリーの三項構造》に関して„ganz anders“と言われると、カント自身のテキストに照らしても、それは言い過ぎの感が否めないからである（Vgl. Kant, Immanuel: *Kritik der reinen Vernunft.* B110. „2te Anmerk. Daß allerwärts eine gleiche Zahl der Kategorien jeder Klasse, nämlich drei sind, welches eben sowohl zum Nachdenken auffodert, da sonst alle Einteilung a priori durch Begriffe Dichotomie sein muß. Dazu kommt aber noch, daß die dritte Kategorie allenthalben aus der Verbindung der zweiten mit der ersten ihrer Klasse entspringt.“）。

実際、二〇〇四年の著作では、ヘンリッヒ自身が『純粋理性批判』のまさにこの箇所を引き合いに出してシェリングのカテゴリー論との構造上の類似性を指摘している。「シェリングにとって原形式の三つ組みにおける第三項は第一項と第二項の結合として捉えられている。これはカントにおける模範に完全に則って行われている。しかもこの模範は、それにラインホルトも従っていたものであり、またそこにおいては、各組の第三カテゴリーが第一カテゴリーと第二カテゴリーの結合と解されうるものである」（Henrich, Dieter : *Grundlegung aus dem Ich. Untersuchungen zur Vorgeschichte des Idealismus. Tübingen-Jena (1790-1794)*. 2 Bände, Frankfurt am Main 2004. S.1676）。こうした発言を考慮するなら、内容的に（a）を（b）と直結させて考えるのは困難となる。では、先の箇所はどのように解すべきなのか。《カテゴリーの三項構造》に関して „ganz anders“ と言われているのでないなら、何についてそう言われているのであろうか。

　引用箇所の直後にヘンリッヒは「同時に三つ組みはしかし、シェリングにとっては今や内的組織の展開にして絶対的原理の展開（die Explikation der internen Organisation und Entfaltung des absoluten Prinzips）である」（ibid.）と述べ、さらに次のように続けている。「シェリングはどこでも自分では、彼をカント、ラインホルトおよびフィヒテから等しく分かつ、この差異を指摘しなかった。この差異はしかし全く根本的な意義を持っている。カントとの合意を求めるシェリングの労苦のなかで、この差異が極めて早い時期に形成されたのは明らかである。『ティマイオス註解』においてはこの差異がすでに、『ピレボス』の理念論（Ideenlehre）を解読するためにシェリングが用いている、カントから採られたモデルに跡を残している。『註解』に従うと、被限定性と無限定性という根本理念は、悟性による被限定性がそこにおいて実現されうるところの、直観の無限定な多様に対する悟性の限定作用と同一視されうる」（ibid.）。したがって „ganz anders“ とはカテゴリーの構造について言われているのではなく、むしろカテゴリーが根源化されること、あるいはヘンリッヒの言葉を借りるなら、「被限定性と無限定性という根本理念」が「悟性」と「直観」の媒介関係として捉えられることによって、「三つ組み」が「内的組織の展開にして絶対的原理の展開」となる、という点に関して言われていることになる。そういうことであるなら、（a）は《カテゴリーから原カテゴリーへという根源化の過程》について述べられた文章と解しうるだろう。

　ただし、たとえ以上のような考察を間に挟んだとしても、一九八六年の記述を全体として、この二〇〇四年の見解のいささか舌足らずな表現と見なしうるか否かは判断の難しいところである。

（10）　Der Weg des spekulativen Idealismus. S.87.

(11) 本章、二を参照。

(12) Der Weg des spekulativen Idealismus. S.87.

(13) 『註解』には日付は記されていない。しかし『註解』編者によると（Timaios-Kommentar. S.13-14）、この草稿の成立時期は同一ノート内における直前の草稿との関係から一七九四年一月以後と考えられる。また『形式論』（同年九月九日脱稿）には『知識学の概念』の影響が顕著であるのに『註解』にはその痕跡が一切見られないことから、『註解』が『形式論』執筆中あるいは執筆後に成立した可能性は低い。ところで『知識学の概念』は五月一一日頃の刊行とされ、それをシェリングが落手したのは早くとも五月中旬から下旬であると推定されている。以上の考察をふまえてブフナーは『註解』の成立時期を、一七九四年一月ないし二月から五月ないし六月の間と結論している。Vgl. Schelling, F. W. J.: *Friedrich Wilhelm Joseph Schelling. Historisch-kritische Ausgabe.* Reihe I, Werke 1. Hrsg von Wilhelm G. Jacobs, Jörg Jantzen u. Walter Schieche, Sttutgart-Bad Cannstatt 1976. S.250.

なおフランツもこの件に限って言えばブフナーとほぼ同じ結論に達している。Vgl. Schellings Tübinger Platon-Studien. S. 319-320.

またグロイナの著作には、テュービンゲン時代のシェリングのテキストを成立順に整理した一覧表が収録されている。Vgl. Kosmos und System. S. 275-278.

(14) この点を初めて明確に指摘したのはザントカウレンである。彼女によると『形式論』は「このようにたしかに直接的にはフィヒテによって促され、フィヒテの恩恵も被っているが、しかしそれはやはり別様に組織されている。これは問題の叙述のみならず根本諸命題の演繹に関しても言える」（Ausgang vom Unbedingten. S.22）。とりわけ後者においては「シェリングのフィヒテ読解を導いていた『ピレボス』解釈における先行理解が顕在化する。フィヒテによる根本諸命題の演繹はかろうじて表面的に受け入れられているだけで、シェリングの本来の意図はそれらのうちに対立の媒介を再認することにある。〔…〕シェリングはこの思考の歩みを次のように締め括る。『これらの根本命題はあらゆる学問の原形式、無制約性の形式、被制約性の形式、そして無制約性によって限定された被制約性の形式を含む』（1, 101）。これらの定式化はフィヒテから見ると馴染みのないものだけに、なおのことそれらは構造の上から見て、シェリングが解釈していたプラトン的諸概念、ペラス、アペイロンおよびコイノンを想起させる」（S. 26）。というのもフィヒテは次のように述べているからである。「それゆえ、また三つ以上の根本命題はありえないことにもなろう。すなわち、絶対的にして端的に自分自身によって、形式および内容の両方に関して、限定されたもの、形式に関して自分自身によって限定されたもの、そして内容に関して自分自身によって限定されたもの」（Fichte, J. G.: *J. G. Fichte - Gesamtausgabe der Bayerischen Akademie der Wissenschaften.* Hrsg. v. R. Lauth und H. Jacob. Bd. I, 2. Stuttgart-Bad Cannstatt 1965. Begriff der Wissenschaftslehre. S.122）。つまり、フィヒテにおいて第三根本命題は第一根本命題と第二根本命題の総合ではなく、第一根本命題の下位に第二・第三根本命題が同等の資格で従属している。Vgl. Schellings Tübinger Platon-Studien. S.277.

なおのちにヘンリッヒ自身も『概念』と『形式論』の比較検討を試みている。Vgl. Henrich: Grundlegung aus dem Ich. S. 1649-1657. XVI. Schellings erste Fundamentalphilosophie, 7. Schellings Anschluß an Fichte.

（15） Der Weg des spekulativen Idealismus. S.87.

（16） Ibid.

（17） Ausgang vom Unbedingten. S.21. なおこの箇所にザントカウレンは次のような註をつけている。「或る意味においてこのようにしてまさに、神話の形式において理性に適合しないものを叙述する、というプラトンの意図は裏をかかれ無効にされる。彼の啓蒙主義的な振る舞いのおかげで、シェリングは神話をここでは、彼の聖書解釈の場合と同様に理性の感性的形式と解している。この形式はそれゆえその理性的な核心部において説明可能なのである」。しかし『註解』（あるいはテュービンゲン時代のシェリングのプラトン研究）が「神話の形式において理性に適合しないものを叙述する、というプラトンの意図」を無効にしているかどうかは問題である。次章で見るようにクリングスの『註解』解釈（かかる「プラトンの意図」が「物質の構成」に継承されていると主張する）はその種の反論の一つである。またクリングスの『註解』解釈には必ずしも賛同しないフランツも、シェリングの神話解釈が完全に「啓蒙主義的」であるという主張に関しては同意しないだろう。というのもフランツによれば、テュービンゲン時代のシェリングの神話解釈には神話を或る種の現象の説明に用いるという一面があるからである。「もちろん当該の諸現象に関するこうした「神話的」解釈はもはや必ずしも筋金入りの合理主義とは相容れない。その限りにおいて〔…〕まさにすでに早くからシェリングにおいては厳格な合理主義の偏狭さから逃れようとするさまざまな努力も存在していた」（Schellings Tübinger Platon-Studien. S.205）のである。

（18） ここでヘンリッヒはドイツ観念論の展開に関してヘーゲルやさらには彼の図式を踏襲するR・クローナーに代表される古典的見解（カントからヘーゲルへ至る歩みを論理的必然性に基づく単線的発展と見なす）を墨守しているのではない。ヘンリッヒはこうした「古い」理解に対して「カントと、彼を引き合いに出す運動との間の不連続性を承認し、それにもかかわらずカントとこの運動との内的連関を哲学的に重要な解明へともたらす」「新しい」理解を対置している。そしてあくまでそうした不連続性を踏まえた上で彼は別の図式を提起しているのである。その図式によると「ドイツ古典哲学の展開」は大きく二つの経路をもっている。カントからフィヒテへと至る第一の経路、シェリングからヘーゲルへ至る第二の経路である。ヘンリッヒの言う「思弁的観念論の道」とは「本来的な意味で思弁的な観念論へ至る第二の発展の局面」を意味している。

こうした図式に従うと――カントとフィヒテの間、あるいはシェリングとヘーゲルの間に比して――フィヒテとシェリングとの間には一層大きな不連続性が見出される。この第二の経路は「カントおよびフィヒテの超越論的哲学から出発して、より狭い意味において『思弁的』と呼ばれうる観念論の構築へと至った歩み」(S. 78)であり、そこでは超越論的哲学の理論形式が形而上学的ないしは存在論的理論形式と結合され、前者から後者への移行が果たされる。ところが「ヘーゲルの叙述においてはフィヒテからシェリングへの移行はほとんど直接的に、そして純粋に、フィヒテの思惟そのものにおいてすでに解き放たれていた論理学の首尾一貫性に基づいてのみ生じている」(S. 82)。これに対してヘンリッヒの「新しい叙述は、シェリングとヘーゲルが一八〇一年以後差し当たって共通に支持していた立場の内に一連の発端の、つまり、フィヒテから遠ざからせ超越論的反省に対立するモティーフを自立的な展開へともたらした一連の発端の後の帰結を見る」(ibid.)のである。初期シェリングのプラトン研究が注目されるのも、こうした一連の発端の一つとしてに他ならない。

さてなるほどヘンリッヒの新しい図式においては「思弁的観念論の道」がその「発端」に向けて問い直されている。しかし終点に目を向けるなら、この道は思弁的観念論「へ至る」道であってそれ以上ではない。その意味ではヘンリッヒの図式もヘーゲルやクローナーのそれと大差はないように思われる。その限りにおいて――すなわち、「思弁的観念論の道」という視圏にとどまる限りにおいて――ヘンリッヒの『註解』解釈はクリングスの『註解』解釈とは大きく異なると言わざるを得ない。

(19) Genesis und Materie. S.122-123.
(20) Genesis und Materie. S.123.
(21) Genesis und Materie. S.123-124.
(22) Vgl. Kritik der reinen Vernunft. A19, B33-A22, B36.
(23) Genesis und Materie. S.142.

（24）　Genesis und Materie. S.135-136.

（25）　クリングスの『註解』解釈がヘンリッヒのそれと大きく異なるのは、シェリングの後期哲学をも視野に収めつつ『註解』の意義を考察している点である。もちろんその意味で言えば、たしかにザントカウレン『無制約者からの出発（Ausgang vom Unbedingten）』やイーバー『その原理としての理性の他者（Das Andere der Vernunft als ihr Prinzip）』も、同じくシェリングの後期哲学に至る視圏の内に『註解』を位置づけようとしている。しかし当の位置づけそのものはヘンリッヒの場合とそれほど大きく相違しているわけではない。というのも、これら三者においては『註解』は、直接的には『形式論』における『概念』からの逸脱を説明するものとして理解されている、すなわち註18の意味における「思弁的観念論の道」の発端の一つとして位置づけられているからである。言い換えると、彼らにとっては、『註解』は「思弁的観念論の道」の発端に位置する限りにおいて、間接的にシェリングの後期哲学の発端でもあるというにすぎないのである。クリングスの場合は事情はちょうど逆になっている。すなわち『註解』は後期哲学の発端である。そしてそうである限りにおいて同時に「思弁的観念論の道」の発端でもあるというにすぎない。クリングスの場合は、「思弁的観念論の道」を貫いて次第に開花していくのは『註解』における後期哲学の萌芽なのである。

（26）　Vgl. Platon : *Timaios* 47e-52d. そこでは「生成するもの」、「生成するものが、それの中で生成するところの、当のもの」、「生成するものが、それに似せられて生じる、そのもとのもの（モデル）」（50d）という三者が区別され、前二者が「ありそうな言論」（48d）の対象とされる。しかしこれら二者の内、さらに前者は「感覚の助けを借りて捉えられるもの」（52a）とされるのに対し、後者（「受容者」「場」）は「一種の擬（まが）いの推理とでもいうようなものによって、感覚には頼らずに捉えられるもの」（52b）とされている。種山恭子「『ティマイオス』解説」『プラトン全集』第一二巻、岩波書店、一九七五年参照（特に二七七―二七九頁、二八八頁）。なお本文および註におけるプラトンの引用は岩波版『プラトン全集』に基づいている。Vgl. auch Genesis und Materie. S.131-133.

（27）　Genesis und Materie. S.131.

（28）　引用の際に省略した箇所は、実際にはクリングス自身によって《『註解』における方法論的考察の黙殺》という問題と密接に関連づけられている箇所である。

省略箇所を補うと、引用の全体は次のようになる。「シェリングはテーマと方法の異常さについてのプラトンの諸反省（『ティマイオス』48c-d）を取り上げない。明らかにその理由の一つは、彼がプラトンの方法に関する慎重さ（Platons methodische Vorsicht）をすでに予め（二五頁以下、註C参照）完全に誤解していたからである、つまり、国家ないし教会による検閲に対する神学政治的な自己防衛と解していたからである」。したがって、（a）註Cによると、シェリングは「プラトンの方法に関する慎重さ」を「神学政治的な自己防衛」と誤解している。（b）シェリングは「テーマと方法の異常さについてのプラトンの諸反省を取り上げない」。（c）（a）は（b）の理由の一つである。

にもかかわらず、敢えてこの箇所を省略したのは、（a）の主張に関して、ゆえにまた（c）の結論に関しても疑念が残るからである。（a）は註Cに依拠している。したがって問題は、註Cから（a）が導出されるか否かである。

註C自体は『ティマイオス』28c4-29a7に関するもので「『ティマイオス』においては至る所で唯一の世界創造者という理念に対する示唆が十分に発見されるであろう。この箇所もそれを示唆している」という言葉で始まる。それゆえ、（i）註Cの主題は『ティマイオス』における「唯一の世界創造者という理念に対する示唆」である。さて、（ii）「偏見のない歴史研究者」なら、《古代の哲学者は唯一神という理念を知らない》という意見も、《さもなければ古代の哲学者は唯一神という理念を啓示によって獲得した》という意見も『ティマイオス』によっては確証されないことを認めるだろうが、「この上なく誠実な確信に従えば偽である」命題に対する「反対の声」も、特定の意見を優遇する政治的優勢によって「沈黙を、あるいは、ほとんど聴き取ることのできないひそひそ話」を強いられる。ところが、（iii）こうした状況はシェリングの時代のみならずプラトンの時代にも見出される。それゆえ「彼はちょうど、現在もなお真理の抑圧された友人がとらざるをえない口調で語る」。すなわち、「そのように注意深く（behutsam）、そのように不明瞭で曖昧に（dunkel u. zweideutig）それ〔＝デミウルゴス〕について述べる」のである。（iv）『ティマイオス』の次の二つの箇所はその口調の例証である。

【引用（1）】「神々について〔…〕どこから見ても完全に整合的な、高度に厳密に仕上げられた言論を与えることができない〔…〕話し手の私も、審査員のあなた方も、所詮は人間の性を持つものでしかない〔…〕従って、こうした問題については、ただありそうな物語を受け入れるにとどめ、それ以上は何も求めないのがふさわしい〔…〕」。

【引用（2）】「その他の神霊のことですが、その生まれを語ったり識ったりすることは、われわれの分際では及びもつかないことですから、以前にこのことを語った人々を信用しなければなりません。〔…〕かれらの話に、何かそれらしい証明や、必然的な証明がなくても〔…〕慣例に従って、その言うところを信用しなければならない」。――以上が註Cの大要である。

さてここでクリングスの主張に戻ると、（a）が成立するためには、註Cは《「有」と「生成」という対象の相違に即して言論を「真実の言論」と「ありそうな言論」に区分する》「プラトンの方法に関する慎重さ」を主題とし、二つの引用もその例証でなければならない。しかし実際には註Cは、神、神々、神霊に関する「現在もなお真理の抑圧された友人がとらざるをえない口調」を主題とし、二つの引用もその例証として提示されている。なるほど引用（1）は元の文脈においては「プラトンの方法に関する慎重さ」を扱っている箇所であったと言えるかもしれない。しかし引用（1）は「プラトンの方法に関する慎重さ」を扱っている最も典型的な箇所の一つ（例えば『ティマイオス』47e-52dのような）というわけではない。さらにシェリングの行論においては、引用（1）には引用（2）が並置され、それによって引用（1）の読み方が引用（2）に規整されるように仕組まれている。つまり、「神々について〔…〕ありそうな物語を受け入れるにとどめ、それ以上は何も求めない」というのは、この註Cにおいては「何かそれらしい証明や、必然的な証明がなくても以前にこのことを語った人々を信用」すると同義に読まれるべきことが暗示されているのである。この点を踏まえながら引用（1）に戻ると、これもまた「プラトンの方法に関する慎重さ」を扱っている箇所としてではなく、シュティフトに於いて「現在もなお真理の抑圧された友人がとらざるをえない口調」に瓜二つと感じられるものとして、殊更に選出されているように思われる。これに対して「プラトンの方法に関する慎重さ」を扱っている典型的な箇所は、必ずしも同時に「現在もなお真理の抑圧された友人がとらざるをえない口調」でもあるというわけではない。言い換えると、それが《神学的主題をめぐって、理性によって見出された真理を韜晦するために、権威に譲歩するかのように述べる表現法》でもあるわけではないのである。

したがって結論を言えば、註Cが「プラトンの方法に関する慎重さ」についてのシェリングの態度に関して何事かを教えてくれる、というクリングスの前提は間違っているように思われる。註Cはあくまでもプラトンの極めて特殊な表現に対するシェリングの過敏な反応を記録したものにすぎないのではないだろうか。だとすれば、註Cから（a）は導出されない。そうである以上（c）も成立しない。引用を一部省略したのは、このような理由によってであった。

（29）Genesis und Materie. S.133.
（30）Genesis und Materie. S.139.
（31）Genesis und Materie. S.148.
（32）Ibid.

(33) Genesis und Materie. S.149.
(34) Genesis und Materie. S.148.
(35) Genesis und Materie. S.147. Vgl. Schelling, F. W. J.: *F. W. J. von Schellings sämmtliche Werke.* Hrsg v. K. F. A. Schelling. Abt. 1. Bd. 4. Stuttgart-Augsburg 1859. S.310.
(36) Genesis und Materie. S.150.
(37) Genesis und Materie. S.148.
(38) Genesis und Materie. S.127.
(39) Schelling, F. W. J.: *Friedrich Wilhelm Joseph Schelling. Historisch-kritische Ausgabe.* Reihe I, Werke 5. Hrsg von Manfred Durner, Stuttgart-Bad Cannstatt 1994. S.76.
(40) Schelling, F. W. J : *Friedrich Wilhelm Joseph Schelling. Historisch-kritische Ausgabe.* Reihe I, Werke 4（= AA I, 4）. Hrsg von Wilhelm G. Jacobs u. Walter Schieche, Stuttgart-Bad Cannstatt 1988. S.82.
(41) Ibid.
(42) Allgemeine Übersicht. AA I, 4. S.83.
(43) 『悪の起源』（一七九二年）が一種の歴史哲学的構想を含むという指摘は以前からなされていた（Vgl. Jacobs, Wilhelm G.: *Gottesbegrif und Geschichtsphilosophie in der Sicht Schellings.* Stuttgart-Bad Cannstatt 1993, 9. Schellings erste Geschichtsphilosophie. S.187-210; vgl. auch derselbe: „Geschichte als Prozeß der Vernunft“ in : *Schelling. Einführung in seine Philosophie.* Hrsg. v. H. M. Baumgartner. Freiburg/München 1975.）。またこの同じ構想が、私見によれば、『形式論』の背景の一つをなしている（第二章「シェリング哲学の出発点——人間的理性の起源と歴史の構成」参照）。だとすると、『形式論』と執筆時期を接する『註解』に関して事情が同じであったとしても不思議でない。しかしこの点を初めて明確に指摘したのはグロイナである。グロイナは『註解』（S. 31）における「プラトン哲学全体を説明するための鍵は、彼が至るところで主観的なものを客観的なものへと転移している（er überall das subjektive auf's objektive überträgt）ことへの注意である」という命題を彼女の解釈の中心に据えた。この命題はシェリングによる『ティマイオス』解釈の方法論と考えられ、その重要性はヘンリッヒ、ザントカウレン、フランツらによって夙に指摘されていた。しかしグロイナによれば、この命題そのものが「そこから独断論哲学と批判哲学の内容的一致が導出されうるような、その完全な展開にまで至る唯一の真理の連続性と伝統」（Kosmos und System. S. 5）という哲学史構想を前提としている。そしてこの前提の故に『註解』におけるプラトンとカントの思想的対話が可能となっているのである。「この『転移の命題』が同時に綱領的でかつ極めて豊穣な自己解釈として読まれうるということが示されるなら、この『鍵』は『第一哲学』に関して次のことを理解させてくれる。つまり、シェリングが、超越論的哲学的な端緒を伝統的手段を用いて完成させるという意図のもとで、哲学史においては神にとっておかれていた範型や述語を超越論的哲学の枠内で「絶対的自我」に帰属させうるのは何故か、ということを」（ibid.）。

このようなアプローチに基づくグロイナの『註解』解釈の全体を検討する余裕は今はない。しかし彼女の基本主張を最も広い意味にとって、それを《「理性の歴史」という一種の哲学史的構想が『註解』の前提の一つをなしている》と解しうるならば、私としてはそれに異を唱える理由はない。その場合、一七九七年の構想はこの初期構想の具体化ないしは発展形態と見なしうるであろう。

（44）Allgemeine Übersicht. AA I, 4. S.91.

（45）Schelling, F. W. J.: *Friedrich Wilhelm Joseph Schelling. Historisch-kritische Ausgabe.* Reihe I, Werke 5 (= AA I, 5). Hrsg. v. M. Durner, Stuttgart-Bad Cannstatt 1994, Philosophie der Natur. S. 210.

（46）Philosophie der Natur. AA I, 5. S. 212 u. S. 215.

（47）Schelling, F. W. J.: *Friedrich Wilhelm Joseph Schelling. Historisch-kritische Ausgabe.* Reihe I, Werke 4 (= AA I, 4). Hrsg von W. G. Jacobs u. W. Schieche, Sttutgart-Bad Cannstatt 1988. Allgemeine Übersicht. S. 108.

（48）Allgemeine Übersicht. AA I, 4. S. 109-110.

（49）Allgemeine Übersicht. AA I, 4. S. 147.

（50）Vgl. Franz, Michael: *Schellings Tübinger Platon-Studien.* Göttingen 1996, S. 240-241.

（51）Schelling, F. W. J.: *Friedrich Wilhelm Joseph Schelling. Historisch-kritische Ausgabe.* Reihe I, Werke 1 (= AA I, 1). Hrsg. v. W. G. Jacobs, J. Janzten und W. Schieche, Stuttgart-Bad Cannstatt 1976, Form der Philosophie. S. 266-267.

（52）Form der Philosophie. AA I, 1. S. 266.

（53）Form der Philosophie. AA I, 1. S. 279.

(54) Schelling, F. W. J.: *Friedrich Wilhelm Joseph Schelling. Historisch-kritische Ausgabe.* Reihe I, Werke 2 (= AA I, 2). Hrsg. v. W. G. Jacobs, J. Janzten und W. Schieche, Stuttgart-Bad Cannstatt 1980, Vom Ich als Prinzip. S. 64.

(55) Vom Ich als Prinzip. AA I, 2. S. 106.

(56) Ibid.

(57) Vom Ich als Prinzip. AA I, 2. S. 134.

(58) Ibid.

(59) Vom Ich als Prinzip. AA I, 2. S. 106.

(60) Schelling, F. W. J.: *Friedrich Wilhelm Joseph Schelling. Historisch-kritische Ausgabe.* Reihe I, Werke III. Hrsg. v. H. Buchner, W. G. Jacobs und A. Pieper, Stuttgart-Bad Cannstatt 1982, Philosophische Briefe. S. 87.

第二章　シェリング哲学の出発点

——人間的理性の起源と歴史の構成——

一　序　論

その豊かな天分の故に、特別な措置《はからい》によって通常よりも三年早く、すでに十五歳でテュービンゲン大学への入学を認められた、シェリングは、神学部における二年の研究期間を経た後、すなわち、十七歳の時、『創世記第三章における人間の悪の第一の起源についての最古の哲学的学説を批判的かつ哲学的に解明する試み（Antiquissimi de prima malorum humanorum origine philosophematis genes. III. explicandi tentamen criticum et philosophicum）』と題する学位論文を作成している(1)。ところで当時、マギスターの学位を取得するためには、学生は公開討論の場で論文の弁護を行わなければならなかった。しかし、この弁護されるべき論文を執筆するのは、通例は学位を得ようとしている学生本人ではなかった。論文を作成するのは彼らの指導にあたっている教授たちであり、学生は自分が執筆したのではない論文を弁護したのである。したがってシェリングの場合のように、公開討論の場で自らが作成した学位論文を弁護するということは、全く異例の事であった(2)。しかも、その場合に忘れてはならないのは、彼が他の同級生たちより三歳も年下であった、ということである。つまり、他の同級生たちよりも三歳も年少の者が、通常の年齢の者にとっても異例とされていた、学位論文の執筆に携わったのである。

こうした事実からもわれわれは、十七歳という若さにも拘わらず、シェリングがすでに学問的に見て一定の水準を持った論文を執筆しうる能力を有していた、ということを伺い知ることができるかもしれない。しかしたとえそうだとしても、実際にこの論文に接し、その作者が二十歳にも満たない若者である、ということに思い至るとき、おそらく誰もが驚きを新たにせざるをえないはずである。というのも、この論文は、すでに当時シェリングが卓越した語学力を駆使し古今東西に渡る膨大な量の文献に通じていた、ということ、さらにそれらを最大限に利用して一つの独創的な論を練り上げる能力を有していた、ということを、ありありと示しているからである。(3)

しかしながら、この論文がわれわれの興味を引くのは、このように優れた内容を持つ論文が十七歳の少年の手によってなった、というたんにそうした理由によるのではない。つまり、この論文は、後に成熟した形で展開される思想によって歴史にその名をとどめることになるシェリングという哲学者のたんなる知的早熟の記録《ドキュメント》にすぎず、その意味で後の成熟した思想とは全く無縁のものである、というわけではないのである。むしろ次のように考えられるべきであると思われる。すなわち、一八五四年にバート・ラガツでこの世に別れを告げるまでシェリングの哲学的思索は六十年もの長きに渡って続けられることになるが、われわれが問題にしている彼の学位論文はこの哲学的思索の実質的な出発点をなすものである、と。つまり、シェリングの学位論文は後の成熟した思想と全く無縁であるどころか、彼の哲学的思索においてそこから彼の後の思索の一切が流れ出してくる源泉として重要な意義を有している、と考えられるべきなのである。ところが、この論文が今述べたような観点から考察されてきたかというと、必ずしもそうではない。それどころか、最近に至るまで、この論文は全く忘却されていたのである。(4)何故こうした事態が生じたのか、ということは、考察に値する興味深い問題ではあるが、今はこれを詳細に論ずる余裕はない。だが、聖書の解釈という体裁をとっている、ということが、この論文が忘却される原因の一つとなった、ということだけは、言えるのではあるまいか。つまり、このことが一因となって、この論文を執筆しているのが哲学者としてのシェリングではなく、聖書解釈者ないし神学者としてのシェリングである、という誤った印象が生じ、それゆえに、この論文は哲学者としてのシェリングの研究にとっては重要ではない、と考えられるようになったのではなかろうか。(5) もちろん、この論文の内容をなしているのが聖書の解釈である、ということについては、些かの疑いの余地もない。しかし、この論文の内容がたんなる聖書の解釈に終始している、と考えられるならば、それは誤りである。というのも、後に詳しく見るように、聖書の解釈を通してシェリングが行っているのは、自己の起源へ向けての人間的理性の自己省察とそれに基づく歴史の構成ということに他ならないからである。しかしこの論文の実質をなしているのが、今述べた意味における理性の自己省察と歴史の構成に他ならないとすると、一七九二年の『悪の起源』と一般に彼の哲学的出発点と見なされている(6)一七九四年の『哲学一般の形式の可能性』との間には何らの断絶もない、と言わなければならない。というのも、かかる意味における人間的理性の自己省察と歴史の構成というのは、主にフィヒテの思想との出会いによって特徴づけられる一七九四年から一八〇〇年頃迄のシェリングの哲学的思索の中心的主題でもあったからである。

したがってわれわれの課題は、『悪の起源』をシェリングの哲学的思索の実質的出発点として捉えるという、われわれの観点の正当性を、つまり、それが不当なものではない、ということを示すことにある。しかしこの課題を果たすためには二重の手続きが必要となる。つまりわれわれは、まず第一に、『悪の起源』の内容を必要な限りにおいて概観し（二、三、四）、その実質をなしているのが自己の起源へ向けての理性の自己省察とそれに基づく歴史の構成である、ということを示さなければならない（五）。しかし第二に、われわれは、かかる内容を有するシェリングの学位論文が、一般に彼の哲学的出発点と見なされている『哲学一般の形式の可能性』の背景を形づくっている、ということを明らかにしなければならないのである（六）。

二　『悪の起源』の課題

（1）　創世記第三章の批判的・哲学的解釈

さて私はこれから解明しようとしている文書が、すなわち、人間の悪の第一の起源についての古い哲学的学説が、この学説の解釈そのものからのみ理解しうるようになる、ということを望んでいる。〔…〕因みに私は、この文書の意味を批判的に示し、その後、この文書が真理を含んでいる限りにおいて、それを哲学的に示すが、それによってこの論文の目的は達成されるのである(7)。

これらの言葉の内には、この論文の目的が明確に語られている。ここで「人間の悪の第一の起源についての古い哲学的学説」と呼ばれているのは、すでに論文の表題に見られるように、旧約聖書の創世記第三章のことを意味している。故に、ここでシェリングは、創世記第三章の批判的でかつ哲学的な解釈を行う、と言っているのである。だがこれによって一体いかなることが企てられようとしているのであろうか。

（2）　理性の同一性

創世記第三章が現実の歴史の記述である、という考えは、最初から斥けられている(8)。というのも、創世記第三章を哲学的に解釈しうるためには、それは自らの内に一つの哲学的学説を含まねばならず、故に、創世記第三章を哲学的に解釈する、という課題は、その内に一つの哲学的学説が含まれている、ということを前提しているからである。しかしこれによって同時に人間的理性についての一定の理解が前提されざるをえない。このことをシェリングははっきりと認めている。

しかし即座に誰かが、太古の世界には高次の事物を探求する能力は存在しなかったと思われるので、太古の世界に対してはこのような哲学的学説は期待できない、と返答しようとも、われわれの考えではこれは奇妙な事ではない。というのも、人は、生まれてから一度も教育を受けていなくとも高次の事物の探求へと〔…〕駆り立てられるからである。しかもわれわれをこの探求に導くのは理性の法則そのものなのである。つまりすべての人間が哲学の素質を備えており、多くの場合この素質に対応して哲学的思索への自然的傾向が認められるのである。〔…〕それゆえ、かの太古の世界の哲学者にとっても高次の事物の探求へと導いたのはわれわれの理性と同一の理性だったのである。(9)

ここでは二つのことが主張されている。一つは、古代と近代という時代の隔たりにも拘わらず、古代人と近代人においてはその本質において同一の理性が働いている、という主張である。もう一つは、そもそも理性は哲学の素質を備えており、たんにそれが理性であるというだけで自ら哲学的思索を開始しうる、という主張である。

ところで、この主張を受け容れることができないとすると、創世記第三章の内に一つの哲学的学説が含まれている、という主張も到底受け容れられない。その意味で、理性がかかる性質を備えているということが、創世記第三章の内に一つの哲学的学説が含まれているための不可欠の前提をなしている。しかし、創世記第三章の内に一つの哲学的学説が含まれているというのは、創世記第三章を哲学的に解釈するための可能性の制約であった。故に、創世記第三章を哲学的に解釈する、という課題そのものが、人間的理性についての特定の理解を前提し、この前提なしに成立しないのである。

だが一度この前提を受け容れてしまえば、創世記第三章を哲学的に解釈する、ということの意味を改めて問う必要はない、とシェリングは考えているようである。その理由は必ずしも明らかでないが、推測するに、その場合には、創世記第三章の哲学的解釈は哲学的学説を含むと考えられる任意のテキストの解釈とその本質において何ら異なるものではない、と考えられているのである。したがってシェリングと同様にわれわれも哲学的解釈の意味にこれ以上拘泥しない。『悪の起源』の課題の理解のために一層本質的な問題が他にもまだ残っているからである。

(3)　理性の種差

先には、古代人と近代人においては根本的に同一の理性が働いている、と主張されていた。しかし、たとえそうだとしても、この同一のものが古代人の理性と近代人の理性として互いに区別されるためには、そこには何らかの種差がなければならない。

太古の人間は一切を感情に関係づけ、彼の言語と素質のすべてが伝承に詩的かつ象徴的な形態を与える。故に、その叡知は「神話」の衣を纏うことになる。しかしこれによって白日の下に晒されるのは、人類の幼年期の愛すべき素朴、これと結合している真理、時に恐るべき偉大さなのである。しかしかの時代と太古の言語の全体制がこの哲学的思索の様式を産み出したのは必然的なのではないか。最古の哲学者は他に為す術を全く知らず、その言明に神話の衣を着せたのではないのか。それゆえ、事柄そのものとそれを覆っている表象とを厳密に区別することが、われわれの課題となるのではないのか。(10)

ここでシェリングは古代人の理性と近代人の理性の種差を感情との関係（より一般的に言うと、感性との関係）の内に求めている。つまり古代人の理性は、たしかにその本質においては近代人の理性と同一であるが、前者の理性は、それが感性と関係している、つまり、それの支配から未だ十分に独立していない、ということによって、後者の理性から区別されるのである。しかしそうであるとすると、古代人と近代人においては、その哲学的思索の様式も必然的に異ならざるをえない。すなわち、古代人の理性は感性との関係において働くが故に、哲学的思索も抽象的概念によって組み立てられる論述という形態ではなく、具体的行為の描写からなる神話という形態で表現されざるをえないのである。したがってまた創世記第三章に哲学的学説が含まれているとすると、それはたんなる哲学的学説ではありえない。つまり、この哲学的学説は必然的に神話的な哲学的学説とならざるをえないのである。(11)

『悪の起源』の本来の課題は創世記第三章の哲学的解釈にある。しかし創世記第三章の場合、そこで語られている哲学的学説を直接的に問題にすることはできない。というのも、この哲学的学説は神話の衣を纏っているからである。しかしこのことは、創世記第三章の哲学的解釈がたんにそれだけで独立して存在しえない、ということでもある。つまり、創世記第三章の哲学的解釈は、その批判的解釈を自らに先行するものとして、必然的に前提しなければならないのである。だとすると、ここから同時に批判的解釈と呼ばれているものの内実も明らかになる。つまりそれは、神話の形態で語られているが故に、どうしても見えにくくなっている創世記第三章の哲学的主題を抽出する、ということでなければならない。換言すると、創世記第三章は何についてのテキストなのか、そこには何が書かれているのか、ということを正確に把握し、それによって「事柄そのものとそれを覆っている表象とを厳密に区別する」ということが、批判的解釈と呼ばれているものの具体的内実をなしているのである。

三　創世記第三章の批判的解釈

しかし実際には創世記第三章の批判的解釈は或る一般的な見解を採り上げ、それを修正するという仕方で行われている。故に先ずこの見解から見ていかなければならない。

(1)　一般的見解

この章で記述されているのは道徳的悪の第一の起源である、というのが、すでに極めて長い間、一般的見解であった。故に、これを根拠としてすでに、人々は十分な正当性を持って、この意見は真の意味から余り隔たっていない、と推論しうると考えている。しかしその場合には、この章で語られているのは次のことなのである。つまり、神に対する最初の人間の不服従の故に、人間は初めて善悪の区別を識ったのであり、ここから人間の他のあらゆる禍悪が、つまり人間の生の多方面の労苦、身体の病と苦痛、二度と安らぐことのない精神の様々な苦難と不穏とが生い育った、ということなのである(12)。

故にシェリングの言う一般的見解とは、創世記第三章においては神への不服従を原因とする人間における道徳的悪の始まりが語られている、というものである。この見解によると、ここで語られているのは、それ自体が悪しき行いである神への不服従において人間が善悪の区別を識るとともに、この行いに対する神の罰として楽園《パラダイス》を追放され、数多くの労苦の内に生きざるをえなくなった、ということ、要するに、いわゆる堕罪の物語なのである(13)。

（２）一般的見解の修正

だが、すでに述べたように、この見解がとり上げられているのは、それを修正することで正しい見解へと到達するために他ならない。

しかし告白するが、これによってわれわれが問題としている哲学的学説の意味が完全に尽くされている、とは思われない。〔…〕この唯一無比の哲学的学説が記しているのは、人間の根源的純一との決別、自然の聖なる王国そのものからの最初の離落、黄金時代を踏み越えて行く最初の一歩、そしてこれを原因とする人間の悪の第一の起源である、とは言えまいか。善悪の区別の認識と高次の事物の認識を含む、われわれの知は、われわれの不幸の決定的要因であり、たとえ悪へと陥る危険があろうと、この認識は人間の精神を誘って知の欲望を掻き立てるのであり、この高次の事物への不断かつ無尽の欲望の故に、いわばイクシオンの輪に括りつけられているように、われわれは車輪の刑に苦しめられているのである。古代の哲学者がこのことを知りえなくとも感じることはできた、ということを、いかなる理由をもって否定しうるのか、私には分からない。(14)

かくして一般的見解に対置されるのは、創世記第三章において語られているのは、黄金時代の喪失を原因とする人間における道徳的悪を含む一切の禍悪の始まりに他ならない、という見解である。黄金時代とは、自然と一体である限り、すなわち、自らの内なるたんなる本能を越えて行くものを自覚しない限り、人類が保持していた根源的な幸福状態のことである。しかしこの自己の内なる超自然的なものの自覚と共に、すなわち「高次の事物への不断かつ無尽の欲望」の自覚と共に、人類はこの幸福状態を喪失し、無数の禍悪の内に入りこむ。ただしここで禍悪というのはたんに道徳的悪だけを意味しない。つまり、黄金時代の喪失は、道徳的悪を含む一切の禍悪を同時に招来するのである。故にシェリングは自己の見解を最終的に次の言葉の内に要約している。

このわれわれの哲学的学説において、古代の知者は道徳的悪と自然的禍の始まりを同時的なものとして、さらに又、高次の諸事物への絶えざる努力へ駆り立てられている人間の追放を自然状態からの追放として描いたのではないのか。(15)

（３）一般的見解の難点

しかし何を根拠として、シェリングは自分の見解が一般的見解よりも正しいと、つまりいっそう正確に創世記第三章の主題を把握している、と言いうるのか。

自己の見解の正しさを明らかにするために、シェリングは創世記第三章の主題と同一の主題を扱っているように思われる他の神話、つまり神話的な哲学的学説を引き合いに出している[16]。彼によると、これらの神話は主題の面だけにとどまらず、その記述の仕方の面でも偶然とは思えない一致を示しているが[17]、それはこれらの神話的な哲学的学説がすべて一つの普遍的事実の考察に、「人間の普遍的本性についての考察」に基づいているからなのである[18]。しかし、こうしたことを言いうるのも、シェリング自身がこの本性について何らかの洞察を有し、それに基づいてこれらの神話的な哲学的学説を眺めているからに他ならない。故に、これらの哲学的学説を引き合いに出すことが、シェリングの見解の正しさを示すことにつながるのは、このことによって創世記第三章の哲学的学説の作者が――さらには、これと同一の主題を扱っている他の哲学的学説の作者たちが――依拠しているのと同一のもの、人間の普遍的本性についての考察に、シェリング自身の見解も依拠している、ということが示されるからに他ならないのである。

しかしこの見解は、それが一般的見解よりも創世記第三章に含まれる諸表象をよりよく説明しうる、というのでなければ、決して創世記第三章の主題を正確に把握しているとは言えない。無論シェリングはそのように主張する。その例の一つとして挙げられているのは「知恵の木」の表象である[19]。つまり、この表象は、この哲学的学説の核心をなすものであると思われるにも拘わらず、一般的見解によってはその意味が十分に明らかにされないのである。かくしてこの表象を含め、彼は自己の基本的見解に基づいて創世記第三章の諸々の表象を一つ一つ詳細に説明していく。(20) しかしここでそれをすべて採り上げる必要はない。なぜなら、仮に一般的見解に依拠したとしても、これらの諸表象が或る程度は説明される、ということを、シェリング自身が認めているからである。(21) 彼の見解が一般的見解と決定的に袂を分かつのは、決して道徳的とは言いえない死や労働などの自然的禍についての諸表象の説明においてである。つまり一般的見解は、それが創世記第三章の主題を道徳的悪の起源とする以上、道徳的悪から自然的禍が発生してくる機構《メカニズム》を説明しなければならないのに、それを十分納得いくように説明できないのである。(22) だがそうだとすると、シェリング自身の見解は、黄金時代の喪失が自然的禍と道徳的悪とを同時に生じさせる機構《メカニズム》を説明しうる、というのでなければならない。

四　創世記第三章の哲学的解釈

（1）二つの秩序の葛藤

すでに批判的解釈が暗示していたように、創世記第三章の神話的な哲学的学説の内に見出されているのは、人間の普遍的本性についての考察である。しかし、この考察の主体は人間的理性に他ならない。したがって創世記第三章は『悪の起源』にとって結局「人間的理性の最古の文書」(23)、すなわち人間的理性の自己省察の最古の文書という意味を持っている。つまり、創世記第三章の内に見出されているのは、人間の普遍的本性についての哲学的真理であり、その真理というのは、それまで感性というただ一つの秩序に従っていた人間の内に、理性がその目を覚まして以来、人間が感性と理性という二つの秩序の間に引き裂かれ、かくして自己矛盾に陥っている、ということに他ならないのである。この事態は次のように説明されている。

この葛藤は、人間が本性的に二つの秩序の間に置かれている、つまり、人間が一方では感性の枷をはめられているのに、他方では叡知界の市民である、ということに由来する。感性の枷をはめられた人間に与えられているのは、自然の快楽に全面的に身を委ねるか、或いは、自然を限定して感官の要求を満足させるかの、いずれかである。これに対して、叡知的秩序の内にある人間は、常により高次のものを希求する叡知的本性に満足を与えるために、自己を自発的に自己限定する、ということに最高の関心を抱いている。実際に自然が必然性に、意志が自由に基づいているなら、われわれは自己矛盾の内にある。というのも、自己の限界を放棄することなしには、感性的人間が叡知的人間に仕えることも、叡知的人間が感性的人間に仕えることもできないからである。[24]

しかしこのような二つの秩序の葛藤は、同時に人間における道徳的悪と自然的禍の原因でなければならない。この二つの秩序は互いに妥協し合い、自らの目的を後回しにして、他方の目的を追求することもできる。つまり叡知的人間が感性の制約に屈し、感性的人間の目的の追求に協力したり、逆に感性的人間が自らの欲望を押し殺し、叡知的人間の導きに従うこともできる。この場合にも前者の場合には叡知的人間にとって、後者の場合には感性的人間にとって自己の目的を追求しえない不満が残るが、これによって禍悪が生ずるわけではない。それが生ずるのは叡知的人間と感性的人間の各々が他方を無視して自己の目的を追求することによってなのである。

何故にこの自然の国からの人間の離落が人間の悪の始まりと成りえたのか、ということは、今や実に容易に明らかになる。〔…〕その明白な自由の故に感官の必然性に拘束されない叡知的人間は自己の目的を追求することもできたが、その結果として、貫徹される自発性の始まりは同時に感性的人間の禍の始まりとなりえた（創世記 3,16-21）。他方で感性的人間は叡知的人間を無視して自己の目的を追求することもできたが、貫徹される恣意の始まりは同時に道徳的悪の始まりとなった（創世記 3,6.7）[25]。

（2） 歴史の構成

こうして創世記第三章の哲学的解釈は、その内に、人間が二つの秩序の間の葛藤と矛盾の内にあり、この本性の故に必然的に禍悪の内に陥らざるをえない、という人間的精神の本性についての哲学的真理を見出す。しかしながら創世記第三章の哲学的解釈はここで立ち止まることはできない。まず第一に、人間的精神の本性の内には人類の歴史全体への展望が含まれているからであり[26]、第二に、かかる本性を自覚した人間はこの展望を得るまで省察を続けざるをえないからである。というのも、自己の本性を自覚した人間は、何故に自分が黄金時代を去り、この葛藤と矛盾の内に陥らなければならなかったのか、その理由を問わざるをえないが、この問いに対する答えは、ただ人類の歴史への展望の内においてのみ、この歴史における人類の使命を自覚することによってのみ与えられるからである[27]。

それゆえ、シェリングは創世記第三章の哲学的解釈を継続し、それが明らかにする人間的精神の本性に基づいて、その歴史を「比較的な意味で a priori に」構成する[28]。「比較的な意味で」とは、この構成が一方では原理的なものに基づいているが、他方では経験の助けも借りているからである。まずシェリングは、感性的秩序と理性的秩序に三つの可能な関係が考えられる、ということから出発する[29]。第一の可能な関係は、人間の内にどちらか一方の秩序だけが見出される状態である。だが現実に存在したのは――神話がたんなる虚妄を伝えているのでない限り——感性的秩序しかない状態である。第二は、二つの秩序の葛藤と矛盾の状態である。しかし第三の状態として、一方の秩序が他方の秩序を支配している状態が考えられる。そこで、感性的秩序しか存在しなかった状態を起点とし、それに続く二つの秩序の葛藤の状態を現実の歴史に即して詳しく考察すると、つまり、次第に創世記第三章の記述から離れつつ、現代に至るまでの歴史を構成していくと、この状態の内には一つの方向性が見出される。それは、理性的秩序が感性的秩序に対して次第に自己の力を増大させていく、という方向性である。故に二つの秩序の葛藤の行き着く先としては、理性的秩序が感性的秩序を支配する状態以外には考えられない。この状態は「理性の独裁的支配」と名づけられ、次のように説明されている。

一切の人間的なものが理性の独裁的支配へと帰着し、純粋で感官の支配から完全に自由な諸法則が一切の人間的用件において表現される。われわれの理性自体の無限なる力は、全人類がこの目標へといわば教育されること、それが全人類の究極目標であることを確信させる。それゆえ、われわれがこの目標に到達すれば、究極的な、われわれ自身の内に根拠づけられている真と善との諸法則が至る所で支配し、善なるが故に善は生じ、真なるが故に真は選ばれ、偽なるが故に偽は斥けられ、たとえて言えば、時代は再びかつての黄金時代へと回帰する——ただし理性の導きのもとで——ということが、必ずや実現するに違いない。(30)

(3)　禍悪の役割

ところで、この歴史においては、理性の発現によって人類に生じた二つの秩序の葛藤とそれが引き起こす禍悪は、理性をその独裁的支配の実現へと促す、という特別な使命を担っている。

しかしわれわれはこれらの禍悪に直面して人間的な事柄に関する極めて賢明な計画に驚嘆する。これらの禍悪はこの計画に基づいて人類の最高の目標の実現のために最終的に相当の寄与をしてきたのである。つまり、われわれを襲う禍悪の力は精神を打ちのめすよりも、むしろ駆り立ててきたのであり、自己自身に対する不信よりも、むしろ欲するものを為しうるという確信と信頼とをそそぎ込んできたのである。まさにこの禍悪の力に強いられて、われわれは、いっそう鍛えられとぎ澄まされた精神をもってわれわれの内なる悪を弱らせようとしてきたのであり、精神をこの悪のたんなる考察から一層高く幸福な完全性への道の探求へと向きかえてきたのである。この悪は自然に与えられた粗野からわれわれを解放し、感官の抑制しがたい衝動を抑え、理性の最高の独裁的支配へと〔…〕精神を準備してきたのである(31)。

ここにいたってわれわれは『悪の起源』冒頭の言葉を漸く理解することができる(32)。というのも、理性が自己省察に駆り立てられるのも、これらの禍悪の存在によってであり、故にこの自己省察も独裁的支配を目指して進行する理性の歴史のなかに組み込まれ、その不可欠の一部をなしているからである。

あらゆる時代の歴史記述が等しく明らかに示しているように、人間の悪の起源とは何か、悪のそもそもの発端はどこにあるのか、という問題の探求に、理性そのものが最大の関心を抱いており、最も学識のある者も昔からこの探求に努めてきたのである(33)。

五　『悪の起源』の境位

ここまでわれわれは『悪の起源』の内容を概観してきたが、それを最も簡潔に言い表すと次のようになる。すなわち、ここでシェリングは創世記第三章を人間的理性の自己省察の最古の文書と見なし、この理性の自己省察が明らかにする人間的精神の本性に基づいて人間的理性の歴史を比較的な意味で a priori に構成している、と。しかし、たとえこのように述べたとしても、それだけではシェリングの思惟の歩みをたんに表面的になぞっているにすぎない。彼の意図に到達するためには、この歩みをいま一度反省してみる必要がある。

『悪の起源』が創世記第三章という個別的なテキストの解釈から出発しているのはたしかである。しかしだからといって、そこから導出される結論までもがこの個別性を分有している、ということにはならない。むしろ、この解釈によって解明されるのが人間的精神の普遍的本性である限りにおいて、これに基づいて構成される人間的理性の歴史もまた一定の普遍性を有している、と考えられなければならない。この歴史は、たしかに叙述の上では、最後に構成されている。だが事柄の上では、つまり論理的順序から言えば、この人間的理性の歴史は『悪の起源』の根底に存するものとして、それどころか究極的にはここを舞台として行われる一切の人間的営為の根底に存するものとして、その限りにおいて普遍的なものとして構成されているのである。だとすると『悪の起源』の叙述を最後まで辿り、この理性の歴史が今述べた意味で普遍的なものとして構成されるのを見とどけた後では、われわれは一切の人間的営為をこの歴史に根ざしたものとして、この歴史から考察しうるし、また考察しなければならない。というのも、ただそうすることでのみ、われわれは『悪の起源』をシェリングと同じ視点から眺めることができるからである。つまり、明確なかたちで現れるのは叙述の最後ではあるが、この人間的理性の歴史は、シェリングが最初から暗黙の内に前提し、その上に論を展開していた根源的地平に他ならないのである。その意味でこの人間的理性の歴史という前提は『悪の起源』の境位《エレメント》とでも言うべきものなのである。だがそれだけではない。

この人間的理性の歴史の目的は理性の独裁的支配と言われるものである。しかしこの目的の達成には、道徳的悪と自然的禍の存在が重要な役割を果たしている。というのも、この歴史において、これらの禍悪の存在はこの目的の実現へと理性を駆り立てる、という役割を担っているからである。しかし理性は盲目的に、つまり知らないうちにこの目的を達成してしまうのではない。理性は自覚的存在であり、理性の歴史にはいわば最初から眼がはめ込まれているからである。しかもそれは無益にではない。だからこそ禍悪は、それがこの目的の実現へと理性を駆り立てるとき、同時にそれを自覚へと駆り立てるのである。つまり、この歴史において人間的理性は理性の独裁的支配という最終的な目的を自覚的に達成すべく、最初から運命づけられているのである。しかし〈自覚的に〉というのは〈自己の本性の解明とそれに基づく歴史の構成を本務とするような理性の自己省察を介して〉ということに他ならない。その限りにおいてわれわれは、そもそもこの自己省察は不可欠な要素としてこの理性の歴史の内に組み込まれている、と言いうるのである。

ところで、この自己省察はこの歴史においてただ一回きり行われる、というものではない。むしろ、かかる理性の自己省察は無数に行われてきた、と考えられなければならない。その限りでは、創世記第三章における理性の自己省察もまた、これらの多くの理性の自己省察の一つにすぎない。この自己省察を多くの自己省察の内の一つと見なしうる立場にシェリングが立っている、ということは、彼が批判的解釈において自らの解釈の正当性を示すために他の神話を引き合いに出している、ということの内に、さらには『悪の起源』の問題設定そのものの内に現れている。しかしながら、この立場とは一体いかなる立場なのか。ここでシェリングはたんなる個人の立場はいうまでもなく、時代の立場すら超越しているように見える。したがって、彼が立っているのは人間的理性の歴史においてその主体として考えられる人間的理性一般の立場とでもいうべき立場以外にはありえないように思われる。

しかし問題は、このように創世記第三章を一つの事例と見なしうるような立場に立っているにもかかわらず、敢えて創世記第三章が解釈の対象として選ばれているのは何故か、ということである。それをたんなる偶然と考えないなら、創世記第三章が彼にとって特別な意味を持っている、と考えるのが順当である。もっともこのことについてシェリングは何も述べていない。しかし、この著作の中で創世記第三章が繰り返し人間的理性の最古の文書と呼ばれていることに着目すると、創世記第三章における理性の自己省察とは、シェリングにとって、いわばその典型もしくは原型という意味を有していたのではないか。つまりシェリングは、創世記第三章を人間的理性の自己省察の最古の文書と見なし、この理性の自己省察が明らかにする人間的精神の本性に基づいて人間的理性の歴史を比較的な意味で a priori に構成しているが、この企てを通して彼が最終的に意図しているのは、この理性の歴史においてなされるべき理性の自己省察の、いわばその原型を描き出す、ということであったのではないか。

もっとも現段階ではわれわれはこの解釈を絶対的に正しいものとしてではなく、たんなる一つの可能な解釈として提示しているにすぎない。しかし同時にこの解釈はわれわれの考察が進むにつれて次第にそのたしからしさを増していくものとして提示されている。したがってひとまずわれわれは概観してきた『悪の起源』の内容をこの解釈の内に集約し、次の課題に移ることにしたい。すでに述べたように、それは、このような内実を有する『悪の起源』に対して『哲学一般の形式の可能性』は一体いかなる関係にあるのか、という問題である。

六　『悪の起源』と『哲学一般の形式の可能性』

『悪の起源』執筆の二年後、つまり一七九四年の九月九日にシェリングは『哲学一般の形式の可能性について(Ueber die Möglichkeit einer Form der Philosophie überhaupt)』を脱稿している。この著作は、同年に公刊されているフィヒテの『知識学の概念』に触発されて書かれたもので、これと内容的に極めて密接な関係にある。(34)『知識学の概念』は彼のいわゆる知識学の理念が初めて明確な形で提示される、その意味で記念碑的な著作と言うことができる。フィヒテ自身の説明によると、知識学というのは、人間的知識の体系が存在する、ということ、それゆえに又、人間的知識の体系の内にこの体系全体を基礎づける絶対に確実な究極根拠が存在する、ということを前提している。(35)知識学とは、この存在が前提されている人間的知識の体系の叙述に他ならない。(36)故に知識学は、この体系の究極根拠を表現している命題〔所謂「第一根本命題」〕をその内に含んでいなければならない。(37)この命題は「自我は自我である」というものであるが、(38)その意味は、人間的知識の体系を最終的に根拠づける作用が、自我が自己自身を定立する自由な作用である、ということである。(39)この自我の自己定立という根源的作用から、知識学は人間的知識の全体系を導出しようとするのである。(40)この『知識学の概念』の根本思想は『哲学一般の形式の可能性』に殆どそのままの形で受け継がれている。それゆえ、たんに根本思想ということに着目して二つの著作を比較した場合、『哲学一般の形式の可能性』が『知識学の概念』のたんなる再説と見なされたとしても、或る意味では致し方ないのかもしれない。[41] しかし、結果としてたんなる再説となっているとしても、それが敢えて企てられてたものである以上、そこにも何らかの意味があると考えるべきではないか。ただ、その意味を理解するためには、『哲学一般の形式の可能性』に受け継がれている『知識学の概念』の根本思想が、シェリングの思想の発展という文脈においていかなる意義を有しているか、ということを一度、徹底的に反省してみなければならないのである。

『悪の起源』は創世記第三章を理性の自己省察の最古の文書と見なし、それが明らかにする人間的精神の本性に基づいて人間的理性の歴史を比較的な意味で a priori に構成しようとするものである。この歴史の目的は理性の独裁的支配、つまり理性が自己の可能性を最大限に開花させると共に、感性を完全に自己の支配下に置くことにより、一切の過悪から解放される状態、一言でいえば、理性の導きという高次のレベルで再び獲得される人類の新たなる黄金時代である。しかしこの歴史の内には、かかる目的に至るための必然的な準備段階として、理性がその自己省察において自己の根源に透徹し、そこから理論的知識と実践的知識の一切を基礎づける段階が組み込まれていた。しかもシェリングはこの段階について次のように語っていたのである。

> しかしこの崇高に心を奪われる以前に、理性自身が自発的に、理性に固有の事柄について、特別に育成される期間がなければならない。それゆえ、この時期においては、われわれ自身の内に根拠を持つ真と善の究極的原理が探求され、教養と（経験に基づくものを含む）学の全体がこの確固たる基礎としての原理の上に打ち立てられるのである。[42]

この言葉が記されたとき、もちろん知識学は未だ世に現れていない。しかし、ここで待望されている学とフィヒテの知識学とが、その基本理念において同一である、ということは、誰の眼にも明らかであるように思われる。(43)ところでシェリングは、『哲学一般の形式の可能性』が『知識学の概念』を機縁として成立したと言っているが、彼を『哲学一般の形式の可能性』の執筆へと駆り立てている衝撃がどこから来ているのか、ということについては、何も語っていない。だが、この衝撃はこの二つの学の同一性から発しているのではないのか。つまり、その衝撃は、彼にとって知識学の登場が『悪の起源』の構想する理性の歴史において、その最終段階の幕開けを告知するものに他ならなかった、ということに由来しているのではないか。言い換えると、もし知識学の根本思想がシェリングの眼に無類のものとして映っているなら、それは、この思想が『悪の起源』が構想する理性の歴史を背景として眺められているからではないのか。その限りにおいて又、『知識学の概念』が彼をして『哲学一般の形式の可能性』の執筆へと駆り立てた直接の原因であるとすると、『悪の起源』における理性の歴史という前提は、いわばその背後に潜んでいる深層の原因であった、と言いうるのではないのだろうか。

仮にもしそうであるとすると、傍目には『知識学の概念』の根本思想をたんに反復しているかのように見える、この同一の行為が、シェリングにとっては、遙かそれ以上の意義を持っているということも、決してありえないことではない、ということになる。というのも、『哲学一般の形式の可能性』は、それがたとえ知識学の根本思想のたんなる再説にすぎないとしても、彼にとっては、かかるものとしてすでに『悪の起源』が素描する理性の歴史を前提し、その内に深く根を下ろしているはずだからである。それゆえ、彼が知識学の根本思想を反復することによって遂行しているのが、この再説そのものであるように見えるなら、それはわれわれが事態の表層を見ているからかもしれないのであり、したがってわれわれは一端こうした見方を封印し、理性の歴史という一層根本的な観点から、この事態を眺めなければならないのである。だがそうすると次のような考えがおのずと浮かび上がってくる。それは、知識学の根本思想を反復することによってシェリングが遂行しているのはこの再説そのものではなく、このことを介して『悪の起源』が構想する理性の歴史の過程《プロセス》を自ら推し進めることであったのではないか、言い換えると、『悪の起源』において理性の歴史の最終目的に至るための必然的な準備段階とされている理性の自己省察を、今やシェリングは『哲学一般の形式の可能性』において、知識学の根本思想を反復することによって自ら遂行しようとしているのではないか、という考えである。

だがこの考えは断じてたんなる思いつきなどではない。或る人々が言うように、たしかに『哲学一般の形式の可能性』の本論部分は『知識学の概念』の根本思想の再説となっているかもしれない。しかし同時にシェリングはこの企てについての反省も行い、目立たない仕方ではあるが、それを後記《ナハシュリフト》として、他ならぬこの著作の一部としているのである。しかもそれによると『哲学一般の形式の可能性』が目指しているのは、知と信と意欲を共通の根源において把捉することによってそれらの統一をもたらし、それによって人類の唯一真なる導き手となり、最終的に人類を一切の苦しみから解放しうる、そうした学の構築に他ならないのである(44)。しかるにこれはまさしく彼が『悪の起源』において理性の歴史の最終目的に至るための必然的な準備段階としての理性の自己省察に与えていた使命であった(45)。それゆえ、その限りにおいてわれわれは、この後記の言葉の内に、シェリングが次のことを、つまり『哲学一般の形式の可能性』における理性の自己省察が、かつて彼自身が『悪の起源』において理性の歴史の最終目的に至るための必然的な準備段階としていた理性の自己省察と同一のものである、ということをはっきりと自覚しつつこれを遂行している、ということをたしかめうるのである。

また『悪の起源』は、この理性の自己省察を理性の歴史の最終目的に至るための必然的準備段階とすることによって、この省察が理性の自己省察の中で特別な位置を占めている、ということをすでに暗示していた。だがシェリングは、この自己省察を自ら引き受けることによって、このことについての明白な意識に到達している。つまり、この省察において人間的理性は自己自身を、知識学の第一根本命題によって表現される自己の根源的作用において把捉することになる。この観点から見ると、他の理性の自己省察はすべて自己を根源において捉え損ねており、その意味で不完全な自己省察と言わざるをえない。しかしながら、これを人間的理性の歴史の内で力動的《デュナーミッシュ》に捉え直してみると、それらの自己省察は、たしかにそれ自体としてはすべて不完全であるとしても、同時に不完全性を次第に克服していく明白な方向性を有している。(46)つまり、理性の自己省察は繰り返されるたびに次第に精錬されていくのであり、その極限に現れるのが今ここでシェリングが遂行している理性の自己省察に他ならない。それゆえ、この最後の省察には、正当にも、理性の自己省察の完成という意義が与えられている。

ここで問題となっているのは、あらゆる哲学的探求の最終目的を実現する、ということである。(47)すなわち、このときシェリングは、『哲学一般の形式の可能性』における理性の自己省察が、かつて『悪の起源』において彼自身によって理性の歴史の最終目的に至るための必然的準備段階とされていた理性の自己省察と同一のものである、ということを自覚していると同時に、この理性の自己省察によって、この歴史において太古以来連綿として受け継がれてきた理性の自己省察がいま此処で完成にもたらされようとしている、ということをも自覚しているのである。

これを冷たい氷のような認識と見なすことはできない。むしろそれは心を奥底から燃え滾らせる認識と考えられなければならない。『哲学一般の形式の可能性』に漲っている激烈な調子はここに源を有しているように思われる。だとすると、その字句は、それがフィヒテのものであろうと、独特の調子を帯びることになるのではないか。というのも、それを持ってこれらの字句が書き記されているこの情熱の内には、人間的理性が辿ってきた過去と、漠然とした形においてではあるが、これから辿るべき未来とが現前しているからである。

だがこのことによってわれわれは『哲学一般の形式の可能性』の『悪の起源』に対する関係を、確定的にではないが、ひとまず言い表しうる地点にまで到達している。というのもわれわれは、シェリングが『悪の起源』においてて人間的理性の歴史においてなされるべき理性の自己省察の、いわば原型を描き出している、と述べていたからである。したがって今やこのように言わなければならない。『哲学一般の形式の可能性』においてシェリングは、かつて『悪の起源』において彼自らがその原型において描き出していた理性の自己省察を再び、ただしその完成形態において遂行しようとしているのである、と。もっともわれわれは――後のシェリングの言い回し[48]を用いるなら――この二つの著作が実際にかかる関係にある、ということを、決して a priori に証明することはできない。しかし、もし二つの著作がかかる関係にあるとすれば、この原型は、理性の自己省察の完成という企ての内に働き、現実にそれを限定することによって、自らが原型である、ということを a posteriori に証明するはずである。だが、それを跡づけることは、残念だが、ここではもうできない。というのも、そうすればわれわれは与えられた紙数と自らに課していた課題の範囲とを大幅に越え出てしまうことになるからである[49]。

七　結　語

　これまでの殆どの哲学史が叙述しているような、その主潮流《メインストリーム》にのみ目を向けている限り、シェリングという哲学者は『哲学一般の形式の可能性』を携え、カントの批判哲学の根拠づけという共通の課題をめぐってラインホルトやフィヒテが白熱した議論を戦わせていた当時のポスト・カント的とも言うべき哲学状況の、まさにその最前線に突如として文字どおり彗星の如く、しかもフィヒテの教説を信奉する彼のたんなる学徒ないし協力者として現れたかのように見える。しかしこうした見方をひとまず離れて、シェリング自身の思想的発展の流れの内に身を浸し、それをその源泉へと遡ってみれば、彼がすでに当時彼なりの思想的過去を有し、彼なりの曲折を経て漸く『哲学一般の形式の可能性』にまで達している、ということが解る。つまり、この著作の背後には『悪の起源』が構想する理性の歴史という前提が、もしこの前提の存在を十分に理解していないと、この著作におけるシェリングの意図が全く誤解されてしまうほどに、この著作そのものにとって本質的なものとして潜んでいる、ということが了解されるのである。だがそうであるとすると、もはやわれわれは『哲学一般の形式の可能性』をシェリングの哲学的思索の出発点と見なし、そこから彼のすべての思想を理解しうるとするような、殆ど妄想にも等しい先入観の内にいつまでもとどまっているわけにはいかない。その代わりにシェリングの哲学的思索の出発点と見なされるべきは『悪の起源』なのである。というのも、一般に彼の哲学的思索の出発点と見なされており、しかも全面的にフィヒテに依存していると考えられている『哲学一般の形式の可能性』が、たしかにその表層においては『知識学の概念』の再説という外観を呈しているとしても、その深層においては必ずしもそうではないということを、すなわち、それが『悪の起源』の主題の更なる追求に他ならず、その意味で今もなお『悪の起源』の視圏の内部を動いているということを、一通り論述を終えた今、われわれはもはや反論の余地がないほど十分に明らかにしえたと確信しているからである。だがすでに冒頭において述べていたように、われわれがここに筆を執ったのは、ただこのことを是非とも明らかにしたい、と考えたからに他ならないのである。

註

（1）この論文が一体いつ頃から書き始められいつ頃迄に完成したのか、ということを正確に特定し得るような資料は今のところ見つかっていない。最近のアカデミー版全集の編者はこの論文が書き始められたのを早くとも一七九二年の四月以降のこと、その完成の時を遅くとも九月二十六日以前のこととしている。その上で彼はこの論文は九月二十六日直前の短期間で執筆された可能性が高いと述べている。Vgl. Schelling, F. W. J.: *Friedrich Wilhelm Joseph Schelling. Historisch-kritische Ausgabe.* Reihe I, Werke I. Hrsg. v. W. G. Jacobs, J. Janzten und W. Schieche, Stuttgart-Bad Cannstatt 1976 (= AA I, 1). Editorischer Bericht. S. 52-53.

（2）Vgl. Editorischer Bericht. AA I, 1. S. 52 ; vgl auch Jacobs, Wilhelm G.: *Zwischen Revolution und Orthodoxie? Schelling und seine Freunde im Stift und an der Universität Tübingen. Text und Untersuchungen.* Stuttgart-Bad Cannstatt 1989. S. 60.

（3）Vgl. Jacobs, Wilhelm G. : „Anhaltspunkte zur Vorgeschichte von Schellings Philosophie“ in: *Schelling. Einführung in seine Philosophie.* Hrsg. v. H. M. Baumgartner. Freiburg/München 1975. S. 27.「マスメディアと新聞の時代におけるよりも読書文化の時代の方が一般によく書物が読まれていたとしても、それでもシェリングの仕事は破格である。学位論文を携えて世に出たとき、彼は文献を並はずれて広範囲に渡って受容していただけではなく、それらの文献の諸問題を彼自身の構想の内に取り込んでいたのである。」

（4）Vgl. Editorischer Bericht. AA I, 1. S. 56f.

（5）Vgl. Editorischer Bericht. AA I, 1. S. 57.

（6）Vgl. Schulz, W.: „Die Wandlungen des Freiheitsbegriffs bei Schelling“ in : *Vernunft und Freiheit. Aufsätze und Vorträge.* Stuttgart 1981. S. 39.「シェリングは一七七五年に生まれた。彼はテュービンゲンのシュティフトで学び、そこで十九歳の時に最初の哲学

的著作『哲学一般の形式の可能性』を著した。」

（7）De malorum origine. AA I, 1. S. 63f.

（8）Vgl. De malorum origine. A A I, 1. S. 76.「さらにこの章全体のあらゆる設定と物語の性格の全体が、それが現実の出来事の物語というよりむしろ神話である、ということを物語っている。」

（9）De malorum origine. AA I, 1. S. 64f.

（10）De malorum origine. AA I, 1. S. 65f.

（11）Vgl. De malorum origine. AA I, 1. S. 76.

（12）De malorum origine. AA I, 1. S. 77.

（13）Vgl. De malorum origine. AA I, 1. S. 78. またシェリングの指示によるものではないが、この箇所の理解のために、アウグスティヌス（清水正照訳）『創世記逐語的注解』（九州大学出版会、一九九五年）を参照した。

（14）De malorum origine. AA I, 1. S. 78.

（15）De malorum origine. AA I, 1. S. 83.

（16）Vgl. De malorum origine. AA I, 1. S. 79; vgl. auch Übersetzung v. R. Mokrosch. AA I, 1. S.123.

（17）Vgl. De marorum origine. AA I, 1. S. 79.「古代の民族の伝承は、たんに人類の根源的な幸福状態だけでなく、黄金時代からより悪しき状態への移行の記述に関しても、驚嘆すべきほどに互いの一致を見せている。」

（18）Vgl. De marorum origine. AA I, 1. S. 82.「人間の悪の説明に際して、太古の伝承がこのように一致している根拠としては、人間の普遍的本性の考察ということ以外にはない。」

（19）De malorum origine. AA I,1. S. 78.

（20）Vgl. De malorum origine. AA I, 1. S. 85ff.

（21）Vgl. De malorum origine. AA I, 1. S. 85. Anm. A.

（22）Vgl. De malorum origine. AA I, 1. S. 89f.

（23）De malorum origine. AA I, 1. S. 93.

（24）De malorum origine. AA I, 1. S. 94.

(25) De malorum origine. AA I, 1. S. 95.
(26) Vgl. De malorum origine. AA I, 1. S. 82. Anm. K.「人類の歴史の究極的根拠は人間の本性の内に探し求められうる。」
(27) Vgl. De malorum origine. AA I, 1. S. 95.
(28) Vgl. De malorum origine. AA I, 1. S. 86f. Anm. C.「人類の哲学的歴史は少なくとも比較的な意味で a priori に叙述されうる。」
(29) Vgl. De malorum origine. AA I, 1. S. 94.
(30) De malorum origine. AA I, 1. S. 99.
(31) De malorum origine. AA I, 1. S. 97f.
(32) Vgl. De malorum origine. AA I, 1. S. 93.
(33) De malorum origine. AA I, 1. S. 63.
(34) Vgl. Fuhrmans, H.: *F. W. J. Schelling. Briefe und Dokumente.* Bd.1. Bonn 1962. S. 51f. 一七九四年九月二六日付フィヒテ宛書簡「同封の著作は主として、哲学界に新たに大きな展望を開くこととなった貴方の最近の著作に関連して書かれ、その一部は実際にそれを機縁としてなったものです。ひょっとすると、この事によって同封の著作は貴方に献呈される幾ばくかの権利をも有しているかもしれないのです。」
(35) Vgl. Fichte, J. G. *J. G. Fichte - Gesamtausgabe der Bayerischen Akademie der Wissenschaften.* Hrsg. v. R. Lauth u. H. Jacob. Bd. I, 2. Stuttgart-Bad Cannstatt 1965 (= GA I, 2). Begriff der Wissenschaftslehre. S. 124.
(36) Vgl. Begriff der Wissenschaftslehre. GA I, 2. S. 126.
(37) Vgl. Begriff der Wissenschaftslehre. GA I, 2. S. 124.
(38) Vgl. Begriff der Wissenschaftslehre. GA I, 2. S. 140.
(39) Vgl. Begriff der Wissenschaftslehre. GA I, 2. S. 150f.
(40) Vgl. Begriff der Wissenschaftslehre. GA I, 2. S. 148.
(41) Vgl. Lauth, R.: *Die Entstehung von Schellings Identitätsphilosophie in der Auseinandersetzung mit Fichtes Wissenschaftslehre (1795-1801).* Freiburg/München 1975. S. 13.「一七九四年の Jubilate-Messe において公にされたフィヒテの『知識学の概念』は即座にシェリングをして一つの著作を執筆させることになったが、この著作はフィヒテが展開しているのと同一の思惟の歩みをも

う一度繰り返しているのである。」

（42） De malorum origine. AA I, 1. S. 98.

（43） この点に関して久保陽一氏は筆者と同様の見解を表明している。久保陽一「チュービンゲン・シュティフトにおけるシェリング」（西川富雄監修『シェリング読本』法政大学出版局、一九九四年）四八頁。

（44） Vgl. Form der Philosophie. AA I, 1. S. 299f.「しかし著者は願っている。私の読者の全員が偉大な感情と完全に無縁ではない、ということを。遂に実現しようとしている知と信と意欲の統一への期待は、これまで真理の声を耳にすることができたすべての人の心に、この偉大な感情をどうしても惹き起こさずにはいられないのである。この統一は人類の究極の遺産であり、人類は間もなくこの遺産をこれまでよりもはっきりと要求するだろう。

しばしば哲学者たちは、自らの学が人間の意志に、われわれの種の全体に殆ど影響を与えない、ということを嘆いてきた。しかし彼等は同時に、自分が何を嘆いているのか、考えたことがあるのだろうか。彼等は、未だかつて現存したことのない学が何の影響も与えたことがない、ということを、ただ人類の一部だけが、しかも互いに全く異なった観点から、真なるものと考えてきたような、諸々の根本命題が受け容れられなかった、ということを嘆いているのである。いったい誰が自分自身もまだ唯一真なる導き手と見なしえない者に随うというのであろうか。いったい誰が今なお一般に多くの人が疑念を抱いており、人によって評価の全く異なりうる薬を用いて人類の苦しみを癒そうとするのであろうか。神の姿をとった永遠の真理を、天から地へと呼びよせる前に、それを見ると誰もが永遠の真理を永遠の真理であると認めざるをえない、そうした諸徴表を、まずは人間自身の内に探し求めるがよい。そうすれば、残りのものは皆、与えられるであろう。」

（45） Vgl. De malorum origine. AA I, 1. S. 98.「しかしこの崇高に心を奪われる以前に、理性自身が自発的に、理性に固有の事柄について、特別に育成される期間がなければならない。それゆえ、この時期においては、われわれ自身の内に根拠を持つ真と善の究極的原理が探求され、教養と（経験に基づくものを含む）学の全体がこの確固たる基礎としての原理の上に打ち立てられるのである。この時期には最後に、個人だけでなく全人類にも課せられている最高にして究極の目標が予感され、理性の法則に基づく人類の最も聖なる法則が承認されるのである。そこから初めて唯一の法則と唯一の目標によって束ねられている唯一の人間の家族という人間精神にとって重要な概念が結果してくるのである。」

（46） Vgl. Form der Philosophie. AA I, 1. S. 268f.「しかしそれでもやはり、ちょうどここで、あの特定の結合が精神に押し迫ってくる時に一緒に感じられる力は、人間精神の中には、実際にきっとこの結合の根拠があるのだろうが、これまで哲学はこの根拠そのものによって導かれていたにもかかわらず、この根拠そのものには未だ到達することになく、ある特定の内容とある特定の形式との絶対的な結合を探し求めてきたのかもしれない、という考えを生じさせずにはいられないのである。——この絶対的結合は、哲学が、ただ漸進的にのみ、そこへ接近していくような、一つの理念である。そして、人間精神そのものの内に存する、あの根拠を見つけない限り、哲学は、この理念を、多かれ少なかれ、曖昧な形でしか表現しえないであろう。また哲学の形式が、その内容を、或いは、形式がその内容を導くのであるとすると、理念の内には、ただ一つの哲学しかありえず、他方、他の哲学はすべて、この唯一の哲学とは異なる仮象の学であり、前提に従えば、たんなる恣意が生み出したものなのである、ということも、同じようにして、明らかなのである（たしかに、この恣意は、あの人間精神の内に存する根拠そのものによって導かれてはいたけれども、それによって限定されてはいなかったのである）。」

（47）Form der Philosophie. AA I, 1. S. 299.

（48）Vgl. Schelling, F. W. J.: *F. W. J. Schellings sämmtliche Werke.* Hrsg. v. K. F. A. Schelling. Abt. 2. Bd. 3. Stuttgart-Augsburg 1858. S. 128.

（49）ここでは詳しく述べることも一々論拠を挙げることもできないが、終りに今後の展望として、以下のことを書き記しておきたい。

この論攷において、われわれは『哲学一般の形式の可能性』が『悪の起源』の視圏の内を動いている、ということを明らかにした。しかしわれわれは、『哲学一般の形式の可能性』が『悪の起源』の視圏の必ずしもすべてを覆い尽くしているわけではない、ということも、つまり前者が主題としているのは後者が主題としているもののたんなる一部にすぎない、ということも、同時に指摘しておかなければならない。というのも、『哲学一般の形式の可能性』における自我の自己定立の作用と『悪の起源』において人間的理性の最初の発現と見なされている作用（それによって人間が黄金時代と決別する作用）は、それ自体としては、同一のものと考えられる［「この追放の主導者は理性そのものである。」De malorum origine. AA I, 1. S.86.］。そこでこの自我の自己定立の作用を『悪の起源』の視圏の内に置き直し、それを人間的理性の歴史の主体として捉え直してみると、この自我の自己定立の作用はまず第一に自然との統一を前提し、第二に自己をかかるものとして自覚するまで、必然的に神話的理性の時代を経ざるをえないからである。

この〈自然との統一における理性〉と〈神話的理性〉というのは『悪の起源』の視圏を構成する不可欠の契機であると思われる。或いは、『悪の起源』をシェリングの哲学的思索の出発点と解しうるとすると、彼の哲学的思索のプログラムの内には、自然と神話の契機が必然的なものとして最初から組み込まれている、と言ってもよいかもしれない。じっさい『悪の起源』の翌年に『神話論』が、さらに又『哲学一般の形式の可能性』と平行する形で、彼の最初の自然哲学的著作と言うべき『ティマイオス註解』が執筆されているが、われわれの考えが間違いでなければ、これらの著作は決して孤立しているのではなく、全体として『悪の起源』の視圏の更なる展開という意義を有しているのである。

周知のように、『哲学一般の形式の可能性』はシェリングのフィヒテとの思想的邂逅の最初の記録でもある。しかしこの邂逅の本質は必ずしも十分に明らかにされていない。だとすると一度、次のように反省してみてもよいのではないか。すなわち、その原因の一端は、われわれ研究者たちの視野が予め狭められていることにありはしないか、と。つまり『哲学一般の形式の可能性』が『悪の起源』の視圏の内で、同時に『神話論』や『ティマイオス註解』との連関において考察されていない、ということが、彼らの邂逅の実相を見えにくくさせているのではないか、と。

われわれはもちろんこの反省を自ら実践するつもりでいる。この論攷はかかる反省の最初の試みなのである。

第三章　歴史的理性の生成
――シェリング『悪の起源』における神話解釈の意義――

一　邂逅

（１）『知識学の概念』

ヨハン・ゴットリープ・フィヒテ――この貧困のどん底にありながら、あてもない精神的彷徨を続けていた青年にとって、一七九〇年夏のカント哲学との邂逅は、魂を根底から震撼させ、彼が本来歩むべき道を照らし出す、決定的出来事であった。爾来、彼は哲学者としての自己の使命を見失うことはなかった。

哲学者としてのフィヒテの生涯において、これが曙光の射し初める時期であるとするなら、一七九三年から九四年にかけての冬は、その日輪がまさに天頂へと駆け上がらんとする時期であったと言えるかもしれない。というのも、この時期、対外的にはラインホルトの後任としてイェーナ大学に招聘される、という話が持ち上がったからであるが、のみならず内面的には、彼の哲学体系の根本原理が発見された時期に当たっているからである。したがって、イェーナではこの新しい体系が講義されることになるが、それはフィヒテにとっても望ましいことであった。(1) 或る友人によって、前もって講義のプログラムを出版してはどうか、との提案がなされたとき、それを即座に受け容れたのも、これと全く同じ理由による。(2) 折しもヨハン・カスパール・ラーヴァーター邸にて、チューリヒの聖職者や政治家を前に、批判哲学について講義を行う機会が与えられたことで、同年の二月の半ばから四月の終りにかけて行われた、この講義が、結果的には、このプログラムが精錬される場となった(3)。原稿は、チューリヒからイェーナへと旅立つ間際になって漸く、ワイマールの出版社に送付される。刷り上がったプログラム——それは『知識学の概念』と題されていた——をワイマールで受け取り、それを携えてフィヒテはイェーナの教壇に登ったのである。

これが、自我の自己定立という根源的作用から人間的知識の一切を導出せんとする、フィヒテの新しい体系、すなわち知識学 Wissenschaftslehre が広く一般の人々の目に触れた始まりであった。

(2)『哲学一般の形式の可能性』

チューリヒからイェーナへと向かう旅の途次、フィヒテはテュービンゲンに立ち寄っている。その頃、衆目を一身に集めていた新進の哲学者を迎えて、この小さな街は騒然としていた。当地の学者による煩わしいまでの歓待について、フィヒテは妻宛の書簡の中で報告している(4)。

テュービンゲン滞在時のフィヒテの言動は、当時テュービンゲン・シュティフトに在籍していた一人の神学生の心に強烈な印象を残した(5)。もっとも、このとき彼、すなわちフリードリヒ・ヴィルヘルム・ヨーゼフ・シェリングが、フィヒテと個人的に言葉を交わす機会はなかったらしい(6)。だが、この日の余韻冷めやらぬうち、この若者はフィヒテの『知識学の概念』を手にする。その内容に触発されて、彼は一気に『哲学一般の形式の可能性』を書き上げる。この小著は一通の書簡を添えて、フィヒテのもとに送られるが、この時点で、彼が『哲学一般の形式の可能性』をどのように受けとめていたのか、知ることはできない。というのも、これに応えてフィヒテは

『全知識学の基礎』の前半部を送ったものの、そこには手紙は添えられていなかったからである。(7)

しかしながら『知識学の概念』は一七九八年に版を重ねている。字句に若干の変更が加えられ、新たに序文が書き下ろされたが、そのなかでフィヒテは初版刊行時における世間の反応を、つまり、知識学が嘲笑と拒絶とをもって迎えられたことを回顧している。この事実を後世に伝えんがために、彼は二つの書評を収録したが、その仕方には彼の、たんなる落胆にとどまらない感情が忠実に反映されている。若い世代が知識学の立場に熱狂的に賛意を表明した、ということが、胸の片隅に微かな希望の灯を点したのである。この付録の第一番目のものとして、自らの『知識学の概念』へのではなく、シェリングの『哲学一般の形式の可能性』についての書評を収録する、という、一見奇妙な振る舞いは、こうした事情を踏まえていないと、理解できない。読者の困惑を予想して、次のような断り書きが付け加えられたが、その文言の向こうには、朧気ながら、先の問いに対する答えが透けて見える。

この論評は、直接に私の著書に関するものではないにしても、私の体系においても支配的である同じ哲学的思惟の仕方に向けられている。それゆえに私の体系の受容史についての一つの文書と言えるのである。(8)

フィヒテはこう考えていたのではあるまいか。『哲学一般の形式の可能性』は『知識学の概念』と運命を共にし、酷評という試練を堪え忍ばなければならなかったが、それもこの著作が知識学の本質を的確に把握していればこそのことだったのである、と。一八〇一年、つまり、二人の思想的決別が回避できないものとなりつつあった頃になっても、依然としてフィヒテは、この著作を彼自身の超越論的思惟の立場を理解するための入門書とし

て推奨することを止めなかった。(9)

ところが、このように知識学の創始者によって高い評価を与えられた著作が完成するまで、可能な限り長い期間を想定したとしても、シェリングが『知識学の概念』を手にしてから、半年にも満たない。(10)知識学の本質が当時のドイツ哲学界の重鎮たちに悉く誤認されたことを想起するとき、知識学の真価を瞬時に洞察しえたシェリングの先見の明は見誤るべくもない。しかし、こうした素早い反応をたんに彼の天才だけに還元してしまうことができるだろうか。むしろわれわれは、これを可能にしているものとして、フィヒテが自説を展開しうるようになるまでに積み重ねてきたのと、少なくとも同じだけの批判哲学についての研鑽を、シェリングのために想定すべきなのではあるまいか。

(3) 前史

現にシェリングの著作の冒頭には、見過ごしてしまいそうな仕方ではあるが、しかし断固たる口調で、ここで述べられているのがフィヒテの著作のたんなる模倣ではない、ということが主張されている。(11)もちろん、これは断言の域を一歩も出ていない。しかし、九〇年秋にシュティフト——学生たちを最先端の哲学的議論の内へと引きずり込まずにはおかない一種独特の雰囲気が建物全体を浸していた——に入学して程なく、シェリングは『純粋理性批判』に接し、(12)九二年の秋にはすでに『哲学一般の形式の可能性』との内的連関を推測せしめる表題を有する二つの小論を書き上げている。(13)この事実を考慮に入れると、われわれは必要以上に疑いを逞しくしなくてもよいのではないか。つまり『哲学一般の形式の可能性』を、彼がシュティフト入学直後から取り組んできた批判哲学的研究の集大成と見なしても、差し支えないのではないか。——もっとも、だからといって、シュティフト時代のシェリングには余力など残っていない、と考えるならば、われわれは彼の才能をあまりに低く見積もっていることになるのだけれども。

二　シュティフト

(1)　文献学的研究から批判哲学的研究へ

「ヘブライ人」——シュティフト時代の父がそのように綽名されていたことを、息子カール・フリードリヒ・アウグスト・シェリングが報告している。[14] この点でフリードリヒ・ヴィルヘルム・ヨーゼフ・シェリングの体には、東洋学者の父ヨーゼフ・フリードリヒ・シェリングの体に流れていたのと同じ血が流れている。すなわち、彼は初め新旧約聖書・古代哲学についての、いわゆる文献学的な仕事に従事していたのである。

シュティフト時代のシェリングの業績についての完全な概観は、最近になってやっとミヒャエル・フランツによって与えられたが、それによると彼の仕事は大きく二つの部門に分けられる。[15] つまり、一方には、すでに見たカントからラインホルト、フィヒテへと至る、広い意味での批判哲学に関する研究の系列が見出されるが、他方では、これとは別に、いわゆる文献学的な研究の系列が見出されるのである。前者の系列に属する仕事に比して、後者の系列に属する仕事の分量が圧倒的に多いことに、まず驚かされるが、たんに量の観点だけでなく、時の観点をも導入すると、興味深いことに、これらの二つの系列には、時間の経過と共に、明らかな重心の移動が見られる。つまり、シェリングの文献学的研究は——それが一七九二年の『悪の起源』と、その続編とも言うべき『神話論』へと結実した後——悉く断片に止まり、九三年から九四年にかけて次第に批判哲学に関する研究へと場所を譲っていき、終いには、この系列は『哲学一般の形式の可能性』を皮切りに矢継ぎ早に発表される批判哲学的著作の陰で、完全に途絶してしまうのである。

シェリングは一七九五年の一月六日付のヘーゲル宛書簡で、主として当時彼が従事していた文献学的仕事との関係においてではあるが、次のように述べている。

僕の神学的仕事については君に多くを報告することはできない。一年前から、それは僕にとっては、副次的と言ってもよいものになってしまった。それまで唯一僕の関心を惹いていたものと言えば、旧新約聖書と原始キリスト教時代の精神とに関する歴史的研究〔…〕であるが、これもしばらく前から中断したままだ。彼、の時代の進行がたえず彼を捕え、巻き込み、押し流そうとしているときに、いったい誰が古代の塵埃の中に埋もれていようとするだろうか。僕はいま哲学に生きているのだ。(16)

（2）フールマンスの見解

この重心移動がシェリングの思惟の歩みにおいていかなる意味を有しているのか、という問いに、これをもって彼の真に哲学的と呼べる思索が開始されるのである、と答えるのは、それ自体としては、不可能ではない。しかし、シェリングの書いたもの、特に『悪の起源』の内容が、そうした解答を許すだろうか。次のように述べるとき、たしかにホルスト・フールマンスには、この種の疑念が萌していたのである。

この仕事によってすでに最初期のシェリングに極めて重要なことが生起している。しかし、若きシェリングがまず文献学的なもの、故に「哲学以前のもの」に従事し、後に初めて本来的に哲学的なものに従事するようになった、と言えるなどと思い込むなら、これは容易く見過ごされてしまうのである。(17)

では、かの文献学的仕事が哲学以前のものではないとすると、その内に見出される哲学的なものとは、いったい何なのか。この箇所にフールマンスは、次のような脚注を附している。

シェリングは最初「学識ある東洋学者への道を順調に歩んでいた」(25)という文が、プリットの著作にも見出される。こうした文は無下に否定されるべきでないが、次のことは看過されるべきでない。シェリングはたしかに東洋学的研究から出発しているとしても、すぐさま純粋に文献学的なものを突き破り、啓蒙的思惟がちょうど旧約聖書研究という地盤に立てた大きな問いに直面しているのである。こうしてシェリングの思惟は初めから直ちに哲学的なもの――それは大きなテーマにおいて世界観的なものと常に不可分なのであるが――へ達していたのであり、それゆえ、ここでシェリングは極めて有機的な道を歩んでいるのである。しかし同時に、ここでは純然たる聖書批判から極めて重要な仕方で――しかもここで明らかになる根本動向が二度と抛擲されなかったという仕方で――歴史という広がりがシェリングに開示された、ということも、看過されるべきでない。今では聖書は単純に霊感に還元されないし、またそれは完成した形で「天から到来したもの」と考えられてもいない。聖書は歴史の内で生じたもの、生い育ったものと解され、これによって歴史は河の流れの如きものとして、或いは、人類が神話と予感から精神へと上昇するプロセスとして、要するに、生成しつつあるものとして、捉えられたのである。したがって、この意味で哲学的なものがすでに文献学的なものの内に一緒に与えられていたのである。こうして啓蒙的見解（レッシングなど）の深化としてのヘルダーの歴史理解が極めて具体的な領域で、何の雑作もなくシェリングに開示されたのであるが、まさにこのことによって、この歴史理解の正しさが証明されることにもなったのである。(18)

要するに、フールマンスの考えでは、シェリングの文献学的仕事の内に見出される哲学的なものとは、聖書解釈によって開示される、人類が神話と予感から精神へと上昇するプロセスとしての歴史という、一種の歴史理解に他ならない。しかし彼の主張が説得的なものとなるには、このように脚注という形で、いわば、ついでに触れられている内容が一層詳細に展開される必要がある。

(3) ヤーコプスの見解

現在もなお進行中の歴史・批判版全集の編纂、シェリング在籍時のテュービンゲン・シュティフト研究などの基礎的作業を踏まえて、フールマンスの脚注に含まれていた萌芽を更に展開させたのが、ヴィルヘルム・G・ヤーコプスである。彼はシェリングの文献学的仕事の核心を歴史哲学の構築ということの内に見、その内的構造と歴史的由来とを明らかにしようとした。

ヤーコプスによると――『悪の起源』の内に集約的に現れている――シェリングの文献学的仕事の実質的成果は、歴史が理性の発展として捉えられたことにある。歴史が理性の発展として捉えられることによって、それはたんなる偶然的進行としてではなく、理性の諸原理の必然的連関として――要するに、理性の体系として――解されることになった。この体系としての歴史は経験的に確証されるのではなく、或る程度はア・プリオリに考えられ、経験的な歴史考察の導きの糸となりうるようなものである。しかし、この歴史の発展は、それが内的必然性にしたがって生起する限り、確固たる出発点と終点を有していなければならない。つまり、この理性の歴史は自然状態、すなわち、理性の痕跡のない純然たる自然のみの状態を出発点とし、理性と自然（感性）との葛藤を経て、最終的には完全なる理性状態、すなわち、理性の法則が完全に支配する状態へと至る、そのような発展なのである。ただし、完全なる理性状態と言っても、それは理性のみの状態ではない。自然は除去されず、理性に従属させられるだけだからである。しかし、このとき理性はその立法において自由であるのみならず、その実現においても自由となる。つまり、理性が命ずることは、そのまま生起するのである。したがって、完全なる理性状態が、最高度の自由の状態であるとすると、純粋な自然状態は、必然性の状態、自由に対して言えば、不自由の状態である。その限りにおいて理性の歴史は、不自由から最高度の自由への発展としても特徴づけられるのである。

ヤーコプスのシェリング理解は、彼の「理性のプロセスとしての歴史」[19]という言葉の内に端的に要約されている。彼によると、ここでは立法的理性（カント）と聴き取られた理性（ヘルダー）という二つの思想が――要するに、理性の原理と理性の生成という二つの思想が――結合されている。ここで理性の生成とはその歴史に他ならず、この歴史がその原理において考えられているのだから、ここでシェリングはカントの立法的理性をヘルダー的に生成するものとして思惟しようとしているのである。

三　歴史的理性

（1）二つの系列の統一的理解

ヤーコプスがフールマンスの主張を引き継いで、それを詳細に展開していく過程を辿ることによって、すでにシェリングの思惟の構造の解明に向けて、重要な一歩が踏み出されている。というのも、以前には、一方では批判哲学的研究の系列があり、この系列に、これとは全く異質の文献学的研究の系列が対峙している、と考えられていたのに、今では、この文献学的研究は、その本質において歴史哲学的考察であることが、明らかになっているからである。つまり、ここでは、これら二つの系列が共に哲学的考察であることが明らかになっているのであるが、だとすると一見異質に見える二つの系列は、それらが共に哲学的考察であるという点で、互いに類縁性を有していることになる。しかし、もし二つの系列に実際に類縁性が見出されるとすると、これら二つの系列をシェリングの思惟において統一的に理解することも、不可能ではないかもしれない。そして、そうした可能性が示唆されているなら、われわれとしても、それを追求しないわけにはいかない。というのも、われわれはすでに途上にあるからであり、この道を突き進むことによって最後には、初期シェリングの思惟を統一的に見渡しうる地点にまで到達しうるかもしれないからである。

（2）歴史哲学から歴史的理性へ

しかしそのためには、このフールマンスからヤーコプスへと受け継がれ、発展させられてきた見解を継承しつつも、同時にそこに一つの――たしかに微妙ではあるが、しかし重要な――変更を付け加える必要がある。すなわち、この見解では、シェリングの文献学的仕事の成果は一種の歴史哲学の構築の内に見られている。しかし、それは、要するに、彼の文献学的仕事の成果が専らその客観の方面からのみ見られている、ということに他ならない。これに対し、われわれはむしろ主観の方面に目を向けたいと思う。つまり、われわれは視点をシェリングの主観の内に移し、歴史哲学の構築がなされている場合に彼の思惟においていかなることが生起しているのか、ということに着目し、そこを起点として全体を見直したいと思うのである。

そうすると、われわれは彼の文献学的仕事の核心を歴史哲学の構築の内に見る、というよりは、彼の思惟において歴史的理性の立場が成立する、ということの内に、言い換えると、彼の思惟において理性が自己を歴史的なものとして自覚する、ということの内に見ることになる。このとき歴史哲学は、この歴史的理性の意識内容としての自己の歴史の描出が、それが歴史的理性の意識内容である、ということを捨象されて、取り出されたものでしかない。或いは、次のように言うべきかもしれない。つまり、ここでわれわれが理性を歴史的と呼ぶとき、その意味は、その理性がヤーコプスによって素描される歴史哲学を自己の意識内容としている、ということなのである、と。

だが、これは具体的には、一体いかなることを意味しているのか。また、かかる観点を採ることによって、われわれは本当にシェリングの思惟を統一的に把握することができるのであろうか。

（3）　歴史的理性と批判哲学(20)

まずわれわれは――『悪の起源』冒頭における著者の言葉にしたがって(21)――理性の自覚性に目を向けなけれ

ばならない。つまり、理性の歴史には、理性がその目標を自覚的に達成する、ということが、本質的契機として組み込まれているのである。というのも、理性が意識的に、意図的に、この歴史の目標を実現するのでないなら、つまり、たんに盲目的に、自動的に、この目標に至り着いてしまうなら、これは理性の――すなわち自由の――歴史の名には値しないからである。それゆえ、理性と自然（感性）との葛藤は、理性の歴史を完成に向けて促進させる動因となるだけでなく、同時に、人間精神の内に禍悪の意味への問いを惹起し、それを媒介として理性の目を自己自身へ向けさせる原因ともなる。しかし、この省察は自らの内で完結しているのではない。それは他に真の目的を有し、そのたんなる手段でしかないのである。つまり、この理性の自己省察は、第一に、それに基づいて理性の歴史を描出し、自己の由来と使命とを自覚する、ということを、第二に、この認識に基づいて行為へと移行し、自己の歴史的使命を実現する、ということを目的としているのである。

さて、かの理性の歴史において、自然の内に理性が目覚め、感性との葛藤の内に入って以来、理性の自己反省への道も開かれることになったのだが、無論、理性は最初から自己の歴史を完全な形で描けるというわけではない。つまり、理性は、それ自体としては、歴史的なものであるとしても、理性自身にとっては、必ずしも最初からそうであるというわけにはいかないのである。理性が自己を歴史的なものとして自覚するためには、自己省察の媒介が不可欠であり、しかもこの自己省察が或る程度の成熟を遂げてからでないと、理性は自己を歴史的なものとして自覚することはできない。したがって、シェリングの思惟において歴史的理性の立場が成立するなら、このことは理性の自己省察が決定的段階に入ったことを、つまり、自由をその本質とする理性が自己自身へと完全に向き直り、自己の根源にまで透徹し、そこから自己を体系的連関において見渡すことができる段階に入った、ということを意味しているのである。

ところで、言うまでもなく、理性はこれをカントの批判哲学において果たすのであり、歴史的理性の立場は批判哲学の成果を自己の前提としている。それゆえ、歴史的理性は批判哲学によって開始される時代をみずからの時代として生成することになる。つまり、それは、純然たる自然状態の内に産み落とされて以来、経てきた時を回顧しつつ、また、いまだ踏破され尽くしていない未来を見やりながら、自己を歴史的なものとして自覚するに至るのである。——このとき、かの歴史哲学は理性の意識内容という本来の姿に引き戻されているのである。

(4) 批判哲学の完成

このようにしてシェリングの思惟において自己を歴史的なものとして自覚した理性は、自らの最終的目的を理性の完全支配の内に——シェリング自身の言葉では「理性の最高の独裁的支配[22]」の内に——見据えているのであるが、この理性は直ちに、この目的の実現に向けて歩み出せるというわけではない。そのための準備が十分ではないからである。つまり、この目的の実現に着手する前に、それに先だって理性は自己の根源に透徹し、そこから自己を体系的連関において把握していなければならないのに、カントの理性批判は、それを完全な仕方で成し遂げているわけではないのである。つまり、それは理性の体系的連関を、その究極的根拠から展開することはできなかったのである。したがって、この批判が完全な体系へと高められない限り、目的の実現に向けて歩み出すことはできない。——これが、自己を歴史的なものとして自覚した理性が眼前に見出した状況であった。

この批判の完成へ向けての第一歩はすでにラインホルトの表象能力の理論によって歩み出されていた。しかしその後、『悪の起源』から『哲学一般の形式の可能性』へと至る間に状況は一変する。つまり、エネジデムスを初めとする他の哲学者たちの吟味にかけられることによって、このラインホルトの表象能力の理論そのものが更なる根拠づけを必要としていることが、明らかになったのである。この窮状を打破するために登場したのが、フィヒテの知識学であった。それは人間の知の究極原理として自我の原理を掲げ——それによってラインホルトの表象能力の理論を根拠づけるだけでなく——そこから人間的知識の一切を体系的に展開しようとしたのである。

『哲学一般の形式の可能性』におけるシェリングの思索は明確にこの地点、フィヒテが体系的連関の叙述へ向けて自らの知識学のプランを掲げた地点に限定されている。つまり、ここでシェリングはフィヒテと共に、知の最終的根拠づけというその課題を自ら引き受けようとしているのである。しかし、このときシェリングの思惟は、おそらくフィヒテの視野の内には入っていないような視圏の内を動いている。というのも、この著作では、フィヒテが自らの知識学の課題としているのと同一の課題が、すべての哲学的努力の完成と解され、その目的が全歴史の完成という終極の内に見据えられているからである。[23] つまり、フィヒテの場合には、たかだかカント哲学以後の哲学的状況の内でしか捉えられていない問題[24]が、シェリングによって、この歴史的理性の立場から、理性の歴史という広がりの中で、人間的理性そのものに課せられている本来的課題として捉えられ、引き受けられ、遂行されているのである。

（5）『悪の起源』から『哲学一般の形式の可能性』へ

『悪の起源』において、たんにそれ自体として歴史的であるにすぎない理性は、批判哲学における自己省察の成果を背景として、それ自身にとっても歴史的なもの、つまり、われわれの意味における歴史的理性となる。他方『哲学一般の形式の可能性』においては、この自己を歴史的なものとして自覚した理性が、この自己省察がその歴史の目的を達成しうるためには十分ではない、という現実に直面し、それを完全なものへと仕上げようとしている。前者において批判哲学的テーマは、理性が自己を歴史的なものとして自覚するための前提でしかない。その意味で、このテーマは周辺に退いているが、後者においては、この同じテーマが歴史的理性が取り組むべき当面の課題として、考察の中心へと現れ出てきている。それゆえ、このテーマに着目する限り、ここにはたしかにダイナミックな変化が見出される。しかし、いずれにしても、このときこれらの課題を遂行している主体は、歴史的理性以外の何ものでもない。したがって『悪の起源』から『哲学一般の形式の可能性』へとシェリングの思惟が進んでいくとき、そこでは或る思惟の立場から、それとは全く異なる他の思惟の立場への移動というようなことが生じているのではない。むしろ、この思惟は歴史的理性の立場に止まり、その内部で――こう言ってもよいなら――この歴史的理性そのものが持続的進展を遂げているのである。その限りにおいて、われわれは『悪の起源』と『哲学一般の形式の可能性』との間に張り渡されている思惟の基本的立場を、歴史的理性の立場を基底としている同一のものと見なすことができるのである。

しかし、歴史的理性ということだけで、この時期のシェリングの思惟の基本的立場が十分に特徴づけられた、と言いうるであろうか。もしかすると、たんなる歴史的理性という特徴づけにとどまる限り、彼の思惟は未だ――他の類似の歴史的思惟の立場に決して還元されないような――その固有性において捉えられていないのではあるまいか。

四　神話的理性

（1）『悪の起源』における理性の自己省察

このことを吟味するには、自己を歴史的なものとして自覚するために理性が自己省察というプロセスを経なければならない、という事実が想起されるべきである。というのも、この自己省察は歴史的理性の立場が成立するための不可欠の前提をなし、その限りにおいて、この立場から決して分離しえない、その一部をなしている。しかし、もしそうであるとするなら、このプロセスも含めて歴史的理性の立場を理解しないままに、この立場を、少なくとも十全に理解したとは言えないからである。

こうした観点から、われわれはここで、シェリングの歴史的理性の立場を、それへと至るプロセスをも含めて理解したいのであるが、『悪の起源』の論述を逐語的に辿ることはしない。つまり、ここでもまた視線は専ら、このプロセスを辿るとき彼の思惟の内でいかなる事態が生じているか、ということに注がれるのである。

（2）　神話解釈としての理性の自己省察

ところで、このプロセスはシェリングによって創世記第三章の批判的かつ哲学的解釈として定式化されている。[25]つまり、彼の思惟において、理性は、かかる特殊的形態において理性の自己省察を遂行し、自己を歴史的なものとして自覚するに至るのである。だが、創世記第三章を批判的かつ哲学的に解釈する、とは、一体いかなる事を意味しているのだろうか。

まず肝に銘じておかなければならないのは、このとき創世記第三章が神話――厳密には、神話的な哲学的学説――と解されている、ということである。これが哲学的学説である、というのは、カントの理性批判などと同様に、理性の歴史における理性の自己省察の成果である、ということを意味している。しかし、それが神話的である、というのは、理性と感性の葛藤の時代にあって、理性に対して感性が圧倒的に優勢であった頃のものである、ということを意味している。このことによって、この理性の自己省察は抽象的概念ではなく、具体的形象を用いる思惟によって遂行され、それによって表現される。創世記第三章とは、この意味における神話的な哲学的学説の現存する最古のもの、「人間的理性の最古の文書[26]」に他ならないのである。

しかし、かかる思惟の様式の隔たりの故に、創世記第三章の解釈は、単純に哲学的な解釈にとどまることはできず、それには批判的解釈が先行しなければならない。つまり、一八世紀の理性は、この神話的な哲学的学説の内容を再獲得し、その不完全な自己省察を一八世紀の立場から補い、完全なものへと仕上げつつ、歴史的理性の立場へ到達するのであるが、そのためにはこの理性はそもそも、この神話的な哲学的学説の内容を自らのものとしうるのでなければならない。言い換えると、それを解釈しうるような地平が切り開かれていなければならないのである。

しかし問題は、理性がこの神話的な哲学的学説の内容を自らのものとなしうるようなものとなるとき、シェリングの思惟において、すなわち、この理性そのものの内でいかなる事態が生じているのか、ということである。それは神話解釈という言葉だけで、それ以上の何らの解明の必要もなしに直ちに了解される、というような単純な事態ではない。

(3) 思惟の神話的次元の発掘と統合

創世記第三章という神話的な哲学的学説の内容を再獲得する、ということは、抽象的概念を用いて思索する者が形象的言語によって表現されている哲学的学説を自己のものとする、ということである。しかし、ここで注意しなければならないのは、神話的な哲学的学説における神話的なものは哲学的学説を覆う外皮のようなものではない、ということ、言いかえると、形象的言語によって表現されている哲学的学説はこの表現と切り離しえないような内実を有している、ということである。それゆえ、神話的な哲学的学説における神話的なものと哲学的学説とを単純に分離しうると考えて、この学説に接近するなら、その意味は手をすり抜けてしまう。シェリングが、いわゆるアレゴーリッシュな解釈に激しく抵抗する、というのは、ここに理由がある。(27)

では、一体シェリングはどのようにしてこの神話的な哲学的学説の内容をわが物とするのであろうか。アレゴーリッシュな解釈が採用されないなら、神話的な哲学的学説が全体として現代の哲学的学説から独立した固有のものである、ということが承認されていなければならない。もっとも、このとき両者を繋いでいるのは、一八世紀の理性が神話時代を経てきたことによって、初めてかかるものとして存立している、ということである。しかし、一八世紀の理性が神話を解釈する、ということは、両者が互いに全体として異なったものである限り、この理性にとっては、自己自身を全体として抛擲する、ということを意味していなければならない。言いかえると、解釈は、理性が神話をたんに自己の立場に解消する、という一方向的なものではなく、同時に理性が自己の内に神話的次元を発掘する、という双方向的なものでなければならない。その限りにおいて、神話的な哲学的学説を神話的なものとして承認しつつ、しかもその内容を概念的言語に翻訳する、ということは、一八世紀の理性が自己の内に神話的次元を取り戻すことを、つまり、神話的思惟の次元を発掘し、自らのものとして自己に統合することを意味している、と考えられなければならないのである。——だが、これは一体いかなることを意味しているのか。

(4) 神話と哲学

このとき何よりもまずわれわれは、神話的思惟が哲学的思惟に対して有している二重の関係に留意しなければならない。つまり、哲学的思惟は——一切の人間精神の所産がそうであるように——神話的思惟を母胎としている。それゆえ、哲学的思惟はかつては神話的思惟だったのであり、この思惟の内で育まれる、ということがなかったら、哲学的思惟はそもそも哲学的思惟とはなりえなかったのである。しかし、自らの神話的思惟の時代を克服してしまい、それを徹底的に過去のものとしてしまわない限り、この思惟は真に哲学的な思惟になりえなかった、ということも、たしかである。

ところが、一般的に見ても、つまり、哲学史にその名を刻んでいる幾つかの哲学的立場を見渡してみても、哲学的思惟が神話的思惟を自己に対してこのような二重の関係にあるものとして把握しうることは、非常に稀なことである。それはあたかも、哲学的思惟は神話的思惟から生い育ったものであるにもかかわらず、一度そこから自立を遂げてしまうと、哲学的思惟にとって神話的思惟がいかなるものなのか、ということを理解できなくなるかのようである。かくして哲学的思惟は神話的思惟をその内に何ら本質的なものを蔵していないたんなる〈仮象〉と見なすか、或いは、せいぜいのところ、アレゴーリッシュな解釈が試みられる場合のように、未成熟な哲学的思惟と見なすにすぎない。しかし、前者の場合には、二つの思惟の同一性が、また後者の場合には、差異性が見過ごされてしまっているのである。つまり、このような仕方では、神話的思惟は哲学的思惟に対してかの二

重の関係にあるものとしては捉えられていないのである。(28)

これに対してシェリングの思惟の内には、神話的思惟をこの二重の関係において捉える一つの方法が示されている。というのも、ここでシェリングは、神話的思惟を、ただたんに過ぎ去ってしまったもの、としてではなく、現在の内に生きて働いているような過去として、すなわち、この哲学的思惟を担いつづけるもの、要するに、それの根底 Grund として、自己の内に承認しようとしているからである。

(5) 神話的・歴史的理性

ところが、このようにして哲学的思惟が神話的思惟を自己の根底として有するものへと変貌を遂げるとき、それによって哲学的思惟が初めて創世記第三章の内容を自らのものとしうるようになる、そうした地平が開かれる。当にこの地平において、哲学的思惟は、過去の自己の自己省察の不完全性を補いつつ、自己省察を遂行し、自己を歴史的なものとして自覚するに至るのである。しかし、神話的思惟の次元を自己の根底としている理性と自己を歴史的なものとして自覚する理性とは別の理性ではない。したがって、自己を歴史的なものとして自覚するとき、まさにこの歴史的理性そのものが、神話時代を自己の根底として有するようなものとして生成するのである。だとすると、歴史的理性ということだけでは、シェリングの思惟において生成する歴史的理性の立場を十全に特徴づけた、とは言えないのである。つまり、われわれは、たんなる歴史的理性という特徴づけを越えて、神話時代を自己の根底として有している、という、その内的構造を正確に捉えて初めて、この歴史的理性の立場を、その固有性において捉えることになるのである。

だが、神話時代を自己の根底として有する歴史的理性が成立していく、その運動の全体をこのように捉えた上で、われわれはもう一度、この全体的運動の最基底をなしている運動を、つまり、哲学的思惟が神話的なものへと自己を解放し、それをあくまで神話的なものとして、すなわち、自らの根底として自己に統合する、という運動を熟視しなければならない。

五　シェリング的思惟の構造

（1）思惟の質

すると、ここには、シェリングの〈思惟の質〉とでも言うべきものが現前している、とは言えないだろうか。[29]
つまり、自己を神話的なものへと解放し、それを神話的なものとして自らの内部に取り込む、という、この運動をとおして彼の思惟は自らの本質を、すなわち、自己自身を産出し、自己自身を担うものでありながら、一旦そうした構造が成立した後では、自己とは異質なものとして振る舞うもの、その意味で決して自己に解消されないもの、そうしたものに自己自身が根ざしている、ということを自覚し、それらを全体として把捉しうるものである、という本質を、現示しているのではないか。――だが、もしそうしたことが言えるなら、このときわれわれは、シェリングの思惟を最も内側から眺めうる地点に立っている、ということになるのである。

（2）自然と自我

もちろん、たんに『哲学一般の形式の可能性』にのみ目を向けている限り、こうした思惟の本質的動向は見えてこない。あくまでも、それはこの著作の奥底に潜んでいるからである。しかしこの動向は、それが彼にとって本質的なものである以上、早晩目に見えるかたちとなってあらわれざるをえない。現にわれわれは、その最初の噴出を彼の自然哲学の内に目撃することになる。自然哲学の構想においては、自然の産出活動が自我の自己定立の根底として——後の彼の言い回しを用いるなら——その「超越論的過去」[30]として構成される。しかるに、このとき両者は互いに区別されるだけでなく、補完し合うことによって一つの体系をなしているのである。『知識学の概念』第二版が出版されたときには、この構想は、すでにシェリングの内で次第に具体的な形をとりつつあったのであるが、一七九九年の著作の内には、それの明確な表明が見出される。

さて、実的なもの（das Reele）を理的なもの（das Ideele）に従属させることが超越論的哲学の課題であるとすると、これとは逆に、理的なものを実的なものから説明するということが自然哲学の課題となる。それゆえ、二つの学は、その課題が反対の方向を有している限りにおいてのみ区別される、一つの学である。そのうえ、これら二つの方向は等しく可能というだけでなく、必然でもあるので、それらは知の体系において等しい必然性を有しているのである。[31]

このとき明らかに、哲学的思惟に対する神話的思惟の関係が、いわば自我の底を突き破って、自我に対する自然の関係の内に反復されている。つまり、このとき自然は自我の自己定立にとって——神話的思惟が哲学的思惟にとってそうであったように——自己を育んできた母胎でありながら、そこから自立を遂げてしまった後では、自己の外部に他者（＝非我）として見出されるが、しかし実際はそうではないものとして、つまり、いまもなお自己を担い続けている、その生ける根底として構成されているのである。

（3）課　題

無論、自我の自己定立を究極的なものと見なし、その背後に何ものも認めようとしない者にとっては、いかなるものであろうと、知識学を補完するものなど考えられるはずもない。仮にそのようなものが主張されたとすると、それは知識学の立場を誤解したものとして斥けられなければならない。

しかしながら、いまここでシェリングとフィヒテの〈巨人族の闘い〉とも称される壮絶な哲学的論争の内に入り込んでいくことはできない。そのようなことをすれば、われわれは性急の誹りを免れまい。むしろわれわれは、ひとまずここで足を止め、最後に示唆されていることを、つまり、神話解釈の内に現れているシェリングの思惟の根本的動向が、歴史的理性の立場を切り開くものであるのみならず、彼の自然哲学の——すなわち、自我の超越論的過去としての自然という構想の——根底にも存するものである、という事態を熟慮しなければならない。つまり、われわれは、初期シェリングの思索において神話の問題と自然の問題とがいかなる仕方で互いに連関し合っているのか、ということを、徹底的に究明しなければならず、そうした基礎的考察を一つ一つ積み重ねた後でなければ、たとえかの論争の内に入り込んでいったとしても、それをその本質において捉えることなどできはしないのではあるまいか。

註

（1）Vgl. Fichte, J. G.: *J. G. Fichte - Gesamtausgabe der Bayerischen Akademie der Wissenschaften.* Hrsg. v. R. Lauth u. H. Jacob. Bd. I, 2, Stuttgart-Bad Cannstatt 1965 (= GA I, 2), Begriff der Wissenschaftslehre. S. 98. „Ein Lehrer der Philosophie muß ein wenigstens für ihm selbst völlig haltbares System haben.“

（2）Vgl. Fichte an Böttiger am 1. 3. 1794. „Sie gaben mir den Rath durch ein deutsches Programm meine Vorlesung anzukündigen, den ich sehr goutire. Materialien dazu hätte ich fast fertig liegen. Ich würde geradezu einige Vorlesungen über den Begriff der Philosophie, und die ersten Grundsätze derselben, die ich einigen der ersten Geistlichen und Staatsmänner Zürichs, Lavater an ihrer Spitze, jetzt lese, und welche zugleich eine Uebersicht meines neuen Systems geben, zu diesem Behuf abdruken laßen." Vgl. auch Begriff der Wissenschaftslehre. GA I, 2, S.110. „Die erste Absicht dieser Blätter war die, die studierenden Jünglinge der hohen Schule, auf welche der Verfasser gerufen ist, in den Stand zu setzen, zu urtheilen, ob sie sich seiner Führung auf dem Wege der ersten unter den Wissenschaften anvertrauen, und ob sie hoffen dürfen, daß er so viel Licht über dieselbe zu verbreiten vermöge, als sie bedürfen, um ihn ohne gefährliches Straucheln zu gehen ..."

(3) Vgl. Fichte an Gottlieb Hufeland am 8. 3. 1794. „Sie[= diese Schrift] wird den Begriff der Philosophie auf eine ganz neue Art aufstellen; und die Grundsätze derselben bis zum Reinholdischen Sätze des Bewußtseyns, deßen Beweis sie geben wird, entwikeln; vielleicht auch die ersten Grundsätze einer ganz neuen praktischen Philosophie aufstellen. Ich lese seit einiger Zeit einigen der ersten Staatsmänner, u. Geistlichen von Zürich Vorlesungen über die gesammte Philosophie, und daher schon diese Dinge mehr als einmal überdenken mußen." Vgl. auch Fichte, J. G.: *Züricher Vorlesungen über den Begriff der Wissenschaftslehre : Februar 1794 ; Nachschrift Lavater ; Beilage aus Jens Baggesens Nachlass : Exzerpt aus der Abschrift von Fichtes Züricher Vorlesungen.* Hrsg. v. Erich Fuchs. -Neuried : Ars Una, 1996, S. 7 -51.

(4) Vgl. Fichte an seine Gattin am 3. 5. 1794. „Zu Tübingen brachte ich den gestrigen Nachmittag unter immer sich erneuernder, und vermehrender Gesellschaft zu. Man erwartet daselbst Dich zu sehen, u. macht sich ein Fest daraus..." Vgl. auch Fichte an Johanna Rahn am 12. 6. 1793. Tübingen. „Diesen Augenblik erst, Theuerste Freundin meines Herzens, eine Stunde vor Abgang der Post, bin ich so glüklich, mich von den vielen Ehrenbezeugungen, die mir hier lästig sind, weil sie mich abhalten, mich im Geiste mit Dir zu beschäftigen, auf eine kurze Zeit loszureiß en, u. zu diesem Papier, das durch Deine Hände gehen wird, zu fliegen."

(5) Vgl. Schelling an Hegel am 6. 1. 1795. „Fichte, als er das letzte Mal hier war, sagte, man müsse den Genius des Sokrates haben, um in Kant einzudringen. Ich finde es täglich wahrer. ... Fichte wird die Philosophie auf eine Höhe heben, vor der selbst die meisten der bisherigen Kantianer schwindeln werden..."

(6) Vgl. Schelling, F. W. J.: *Friedrich Wilhelm Joseph Schelling. Historisch-kritische Ausgabe.* Reihe I, Werke I. Hrsg. v. W. G. Jacobs,

J. Janzten und W. Schieche, Stuttgart-Bad Cannstatt 1976 (= AA I, 1), Editorischer Bericht, S. 251.

(7) Vgl. Editorischer Bericht. AA I, 1, S. 253.

(8) Begriff der Wissenschaftslehre. GA I, 2, S. 165, Anm.

(9) Vgl. Fichte an Friedr. Johannsen am 31. 1. 1801. „Meine gedruckte Wißenschaftslehre trägt zu viele Spuren des Zeitraums, in dem sie geschrieben, und der Manier zu philosophiren, der sie der Zeit nach folgte. Sie wird dadurch undeutlicher, als eine Darstellung des transzendentalen Idealismus zu seyn bedarf. Weit mehr sind zu empfehlen die ersten Hauptstücke meines Naturrechts und meiner Sittenlehre (besonders die letztere), meine Aufsätze im philosophischen Journal, sowie die Schellingischen, und überhaupt alle Schriften Schellings, ...“

(10) Vgl. Editorischer Bericht. AA I, 1, S. 250, 252.

(11) Vgl. Form der Philosophie. AA I, 1, S. 265. „Die Gedanken, welche in gegenwärtiger Abhandlung ausgeführt sind, wurden, nachdem sie der Verfasser einige Zeit schon mit sich herum getragen hatte, durch die neuesten Erscheinungen in der philosophischen Welt, auf's neue in ihm rege gemacht. Er wurde auf sie schon durch das Studium der Kritik der reinen Vernunft selbst geleitet, ... “

(12) Vgl. Plitt, G. L.: *Aus Schellings Leben. In Briefen.* Bd.1 (= Plitt I). Leipzig 1870, S. 27. „Neben seinen fleißigen alttestamentlichen Arbeiten hatte übrigens Schelling, bald nachdem er die Universität bezogen hatte, sich auch an Kant gemacht; er bediente sich beim ersten Studium der Kritik der reinen Vernunft des Schulzeschen Auszugs, den er auch später Anfängern empfahl; in seinem Examplar sthehen unter seinem Namen und der Jahreszahl 1791 die Worte: abs. pr. d. 23. Mart. ej. Da hatte er also Kants Kritik zum erstmal gelesen.“

(13) Vgl. Jacobs, Wilhelm G.: *Zwischen Revolution und Orthodoxie? Schelling und seine Freunde im Stift und an der Universität Tübingen. Text und Untersuchungen.* Stuttgart-Bad Cannstatt 1989, Anhang, Die Specimina von 1785 bis 1795, S. 284. „I Schelling, Friedrich Wilhelm Joseph v. eine eigene Dissertation unter Schnurrer. 1. Über Möglichkeit einer Philosophie ohne Beinamen, nebst einigen Bemerkungen über die Reinholdische Elementarphilosophie. 2. Über die Uebereinstimmung der Critik der theoretischen und praktischen Vernunft, besonders in Bezug auf den Gebrauch der Categorien, und der Realisirung der Idee einer intelligibeln Welt durch ein Factum in der letzteren.“

(14) Vgl. Plitt I, S. 30.

(15) Vgl. Franz, M.: *Schellings Tübinger Platon-Studien.* Göttingen 1996, S. 153ff.

(16) Schelling an Hegel am 6. 1. 1795.

(17) Fuhrmans, H.: *F. W. J. Schelling. Briefe und Dokumente.* Bd.1 (= BuD I), Bonn 1962, S. 23.

(18) BuD I, S. 23. Anm. 21.

(19) Vgl. Jacobs, Wilhelm G.: „Geschichte als Prozeß der Vernunft“ in : *Schelling. Einführung in seine Philosophie.* Hrsg. v. H. M. Baumgartner. Freiburg/München 1975, S. 39.

(20) 本節および次節の内容に関しては、第二章「シェリング哲学の出発点――人間的理性の起源と歴史の構成」を参照されたい。

(21) De malorum origine. AA I, 1, S. 63. „Quaenam sint malorum humanorum origines, quaeque eorum prima initia fuerint, ut ipsius rationis plurimum interest disquirere, ita sapientissimos ab antiquissimis inde temporibus homines de hoc solicitos fuisse, omnes omnium temporum historiae declarant.“

(22) De malorum origine. AA I, 1, S. 97f.

(23) Vgl. Form der Philosophie. AA I, 1, S. 299f.

(24) Vgl. Begriff der Wissenschaftslehre. GA I, 2, S.109ff.

(25) Vgl. De malorum origine. AA I, 1, S. 63f.

(26) De malorum origine. AA I, 1, S. 93.

(27) Vgl. Über Mythen. AA I, 1, S.243, Anm. T.

(28) Vgl. Cassirer, E.: *Die Philosophie der symbolischen Formen.* Teil. 2. Das mytische Denken. 9., unverand. Aufl. Sonderausg. Darmstadt 1997, VIIf., S. 4.

(29) 辻村公一「ドイツ観念論――絶對知の問題」『ドイツ観念論斷想 I』創文社、一九九三年、一二一頁以下を参照されたい。「このやうな展開を遂げたシェリング哲學の根本性格は、一口に言えば「神話の哲學」として特徴づけられうるであらう。その標題は、そのやうに名づけられてゐる彼の最後期の思想の立場と内容との表示に留まらず、更に亦彼の「哲学」が『創世記』の既述の「神話」から出て「神話の哲學」と「啓示の哲學」に歸る中間段階であることを意味するのみならず、その中間を上述の如き仕方で遍歴した彼の「學としての哲學」がその根本に於て一貫して未だそして最早哲學に非らざる「神話」的なものに深く根を下ろし、そこからそれとの葛藤として成立してゐることを、示してゐる。」

（30） Schelling, F. W. J. :*F. W. J. Schellings sämmtliche Werke.* Hrsg. v. K. F. A. Schelling. Abt. 1. Bd. X. Stuttgart-Augsburg 1861, Zur Geschichte der neueren Philosophie, S. 93.

（31） Schelling, F. W. J. : *Einleitung zu seinem Entwurf eines Systems der Naturphilosophie. Oder über den Begriff der speculativen Physik und die innere Organisation eines Systems dieser Wissenschaft.* Hrsg. v. W. G. Jacobs, Stuttgart 1988, §1 Was wir Naturphilosophie nennen ist eine im System des Wissens notwendige Wissenschaft, S 20f.

第四章　神の内なる自然

――シェリング哲学の第二の端緒として――

一　序　論

(1)　ヘーゲルと哲学史

たとえそれがいかに眩くとも、また、いかに遠くにまで及んでいようとも、ザクセン＝ヴァイマール大公国第二の都市イェーナが、ドイツの精神的世界の中心として光芒を放っていたのは、ほんの束の間であった。しかし、このように一瞬にも等しいその眩暈のような焼尽のなかにも敢えて盛衰が見分けられるべきであるとするならば、僅かばかりの遺産を手にし、フランクフルトでの家庭教師の地位を棄て、かの地へとヘーゲルが赴いたとき、それはたしかに同時にその衰滅の始まりの時にもあたっていた。ヘーゲルは一八〇一年の一月から約六年間、イェーナにとどまることになるが、それはかの地における――有名な彼のシェリング宛書簡(1)の言葉を借用するならば――literarischer Saus が醒めていくなかにあって、しだいに彼の自立した哲学者としての姿が現れてくるという、そうした過程でもあった。けれども、はたしてそれだけのことであったか。そうではあるまい。しかもそうでなかったということ、つまり、この過程がさらに同時に、ヘーゲルが、自分がその内へと登場しみずから王として君臨すべき舞台を、すなわち絶対的精神の必然的展開としての哲学史という舞台をしつらえていくという、ある。

そうした過程でもあったということが、彼の哲学者としての経歴の始まりを際立って特異なものとしているのである。

イェーナにおける最初の仕事であるばかりか、そもそも哲学者としてのヘーゲルの最初の著述でもある『フィヒテとシェリングの哲学体系の差違』の内に、われわれが見出すのは、この二重の企ての発端以外の何ものでもない。このなかでヘーゲルは、ここで取り上げられている当人たちも含めて、他の人々が敢えて指摘しようとしないことを、すなわちまさしく「フィヒテとシェリングの哲学体系の差違」を明るみにもたらそうとする。――ヘーゲルによれば、フィヒテとシェリングはカントによって開始された哲学革命を継続する真正の後継者であり、そのような人物として処遇されねばならない。しかし両者の間には看過されることのできない差違が存している。なるほどカントにおいても「主観と客観との同一性」(「同一性と非同一性との同一性」)という原理は見出されているが、それが全哲学の原理として据えられていたのではない。これを果たしたのは他ならぬフィヒテである。彼の知識学において、純粋思惟が「自我=自我」という形態において把握され、その内に哲学の原理が看取されたということは、「主観と客観との同一性」が哲学の原理として据えられたことを意味している。しかしこの同一性は主観的なそれにすぎない。だからこそ、この自我は客観的世界との克服不可能な対立の内に巻き込まれ、「自我=自我」は「自我は自我と等しくあるべきである」という原理へと転化し、自己を貫徹しえないのである。しかるに――とヘーゲルは言うのであるが――「主観的な主観―客観に対し、自然哲学において客観的な主観―客観を対立させ、両者を主観より高次のものにおいて結合されているものとして提示」しているという点において、シェリングの体系はフィヒテのそれから区別されるのである(2)。――したがって両者の相違を指摘するとは言われているものの、そこに見て取られているのは、実際には一方が他方をみずからの一つの契機へと解消することと、後のヘーゲルの言葉を用いるならば「止揚《アウフヘーベン》」である。それゆえ、フィヒテとシェリングの哲学体系の差違を指摘することによってヘーゲルが行っているのは、両者のたんなる区別というよりも、むしろカント以後のドイツにおける混沌とした思想状況の内への一つの秩序の、つまりカントからフィヒテを経てシェリングへと至る相次ぐ止揚の過程という秩序の導入であったように思われるのである。

無論、自立した哲学者としての彼が、みずからがしつらえたこの舞台の上にその幕をひく最後の人物として登場するためには、この企ては着手点でしかない。イェーナ期を締めくくる『精神の現象学』の冒頭、いわば満を持してヘーゲルはシェリングが、彼自身がシェリングの内に認めたと思った企てを完遂していないことを厳しく告発する。彼は、絶対者の理解の抽象性と形式主義とをもって、シェリングが、時代の要請する哲学的使命を見失い、それから逸脱してしまっていることの證示とし、彼のいわゆる「哲学の欲求」をみずから満たそうとする。いわばヘーゲルは、シェリングに一つの場所を割り当てることによって、みずからの占めるべき場所を解放するのである。

（２）ヘーゲルの哲学史における『人間的自由の本質』

もっともヘーゲルのこの一八〇七年の著作は、当時の哲学状況を一変させうる力をその内に蔵していたとはいえ、即座にそれを発動しえたわけではなかった。この著作が哲学におけるシェリングの時代を終結させ、哲学を全体として新しい段階へと導くものであることが気づかれるまでには、しばし時を要した。そのためヘーゲル哲学の興隆の始まりは、奇しくもシェリングの『人間的自由の本質』の公刊と重なり合うことになる。シェリングのこの著作が、ヘーゲルないしはヘーゲル主義者たちの目に、かつての時代の寵児が放つ天才の輝きの最後の残光のように映じたとしても、不思議はない。というのも、このあとシェリングの思索は、ちょうどフィヒテの場合と同じように、暗渠となってわれわれの前からはその姿を消してしまうのであるから。

そういうわけであるから、この著作がヘーゲルの描く哲学史においてどのように位置づけられることになるかは、あらかじめ或る程度見当がつく。ヘーゲルが哲学史を最終的にいかように理解していたかはその『哲学史講義』に明らかであるが、まさにその終りの方で、ヘーゲルは「シェリング哲学はなおその発展の努力を続けつつあるものと見られ、いまだ充分成熟した成果を結ばざるものである」と述べてはいる。だがそれは「その諸部門において組織化された全体」となっているか否か、ということに関して言われているにすぎず、シェリング哲学の一般的理念に関しては、その発展の余地を認めているわけではないのである。(3) もっともさもなければヘーゲルは彼自身の哲学における哲学史の完結について語ることはできなかったであろう。こうしてシェリングの『人間的自由の本質』に関してヘーゲルが残しているのは、ただ次の数語だけでしかない。

なるほどシェリングは後期になって、深い思弁をたたえた自由についての特別な論考を公にはしたが、それはそれだけ孤立していて、この一点にだけ関係するのみに終る。しかし哲学においては個別的問題だけが発展を見ることはありえないのである。(4)

この言葉の意味については、もはや説明は不要であろう。この著作はヘーゲルの目にとまっていたとはいえ、彼の描き出す哲学史の内に、それの占めるべき場所は残されていなかったのである。

しかし、そのことはいったい何を意味しているのであろうか。それは、例えば、一八〇九年以後のシェリングの思索がもはやヘーゲルの描く哲学史の内に占めるべき場所をもたず、そこから決定的に締め出されている、というようなことを意味するにすぎないのであろうか。

二 『私の哲学体系の叙述』から『人間的自由の本質』へ

(1) シェリングの主張

一八〇九年の『人間的自由の本質』の〈前書き(Vorrede)〉[5]においてシェリングは、ヘーゲルが『精神の現象学』において企てたのと或る意味で同じことを、つまり、彼自身のいわゆる「同一哲学」の立場を回顧するとともに、それと一八〇九年の著作との関係についての——この立場そのものの創始者の見地からの——反省を試みている。しかし反省と言っても、その内実は必ずしも直ちにかつての立場に対する自己批判を意味するわけではない。というのも、彼が述べているのは、例えば、次のようなことだからである。

著者は彼の体系の最初の一般的叙述を（思弁的物理学雑誌の内に）公にしたが、その継続は遺憾ながら種々の外的事情によって中断されてしまい、その後はたんに自然哲学的研究のみに限ってきた。また『哲学と宗教』の述作において端緒を開いたものの、その端緒も叙述の仕方のまずさのために不明瞭であるを免れず、その後では今のこの論文が、著者が哲学の理的部門についての彼の考えを充分なる明確さをもって提示した最初のものである。それゆえ、もしあの最初の叙述が若干の重要さをもっていたと言えるならば、著者はまずこの論文をその叙述に並ぶものとしてそれに添えねばならない。というのは、この論文はすでにその対象の性質からいって当然、体系の全体に対して、すべてのいっそう局部的な叙述よりもより深い開明を含んでいるからである[6]。

「彼の体系の最初の一般的叙述」とは『私の哲学体系の叙述』のことである。したがって、ここでシェリングは一八〇九年の著作を、その間に著された膨大な著作群——一見したところ、彼の思惟の展開にとって有する重要性という観点から見て、これらの著作に勝るとも劣らないように思われる諸著作[7]——を一挙に跳び越え、一八〇一年の『私の哲学体系の叙述』に関係づけ、その叙述を継続するもの、と主張しているのである。しかし、われわれはこの言葉をそのまま肯うことができるであろうか。

(2) 絶対者の内的一元性と内的二元性

たしかに『私の哲学体系の叙述』の叙述は、シェリングの言う体系の「理的部門」に至る以前に「実的部門」の——つまり自然哲学の——只中で中断してしまっていた。また『人間的自由の本質』の叙述が体系の「理的部門」にまで及び、考察の重点がこの部門の中核とも言うべき人間の道徳的行為とそれが織りなす歴史の世界とに置かれている、というのも間違いではない。それゆえ、なるほどその限りにおいては、体系の叙述が一つの領域から他のもう一つの領域に移行しただけにすぎない、と言えるのかもしれない。

だが、この移行は同じ一つの体系の内部での移行であり、その意味における叙述の継続なのであろうか。先の引用におけるシェリングの口振りでは、そのようであった。にもかかわらず、『私の哲学体系の叙述』から『人間的自由の本質』へと一歩足を踏み入れると、あたかも全く別の風景のなかに入り込んでしまったかのような印象をうける。最も根本的な点に関して両者は齟齬をきたしていて、これが同じ一つの体系の叙述であるなどとは、信じられないのである。

実際、われわれが『人間的自由の本質』の〈研究（Untersuchung）〉(8)の劈頭に見出すのは、それが全体として基づいている根本的な区別に関する、彼の次のような発言なのである。

神の以前、または、以外には何ものもないのであるから、神はその実存の根底を自己自身の内に有していなければならない。これはすべての哲学の言うことである。だが、彼らがこの根底について語るのはたんなる概念としてであり、これを何か実的な現実在的なものとしているのではない。神の実存のこの根底は神が自己の内に有するものではあるが、それは絶対的に見られた神、すなわち実存する限りの神ではない。なぜならば、それは言うまでもなく、たんに神の実存の根底にすぎない。それは自然——すなわち神の内なる自然である。神と離し得ざるものではあるが、しかもなお区別ある存在者である。(9)

この箇所を念頭に置きながら『私の哲学体系の叙述』の内容を回顧してみると、この著作は、理性とは主観と客観の無差別である限りにおける理性、すなわち絶対的な理性である、という宣言で幕を開けていた。次いで〈第二節〉に至ると、この理性は端的に絶対者と言い換えられるとともに、このような絶対者の立場に立脚しない哲学は哲学でない、と告げられる。(10)そして、この絶対者としての「理性の他には何もなく、一切は理性の内にある」という命題を間に挟み、〈第三節〉では、さらに次のように語られていたのであった。

§3　理性は端的に一であり、端的に自分自身と等しい。なぜならば、理性が端的に一でないとすると、理性の存在のために理性自身とは別の根拠がさらに存在しなければなるまい。というのも、理性自身は自分自身の存在の根拠だけを含み、或る別の理性の存在の根拠を含まないからである。そうすると、理性は絶対的でない、ということになろうが、これは前提に反する。故に、理性は絶対的な意味において一である。あるいは、第二の部分の反対、つまり、理性は自分自身と不等であるとしよう。そうすると、理性を自分自身と不等たらしめているものは、理性の他には何も存在しない以上（§2）、やはり再び理性の内に定立されていなければならず、それゆえ、理性の本質を表現していなければならない。しかるにさらに、一切は、それが理性の本質を表現するものによってのみ、自体的なのである以上（§1）、理性を自分自身と不等たらしめているものも自体的には、つまり、理性そのものとの関係では、再び理性と等しく、理性と一つであろう。故に、理性は（ad extra というだけではなく ad intra にも、あるいは）自分自身の内でも、一であり、換言すれば、理性は端的に自分自身と等しい。(11)

さて後者から前者へと至る、つまり『私の哲学体系の叙述』における〈絶対者の内的一性の思想〉から『人間的自由の本質』における〈絶対者の内的二元性の思想〉へと至る、どのような連続的な道が考えられるというのであろうか。しかも、これらの思想は各著作においてまさにその基幹を形づくるものであるのだから、もしシェリングの主張するように、『人間的自由の本質』が『私の哲学体系の叙述』において提示されているのと同一の体系の叙述の継続であるとすると、これらを迂回し、前者から後者へと至ることはできない。それどころか、絶対者の内的二元性の思想は、絶対者の内的一性の思想の、まさにその内にこそ見出されなければならない、と思われるのである。

（３）《実存》と《根底》の区別の起源

もちろん、シェリング自身は些かの躊躇いもなしに、そのように主張するのである。神の内的二元性の思想を語る直前には、次のように言われている。

われわれの時代の自然哲学が初めて学の内で、実存する限りの存在者とたんに実存の根底である限りの存在者との間に区別を立てた。この区別は自然哲学の最初の学的叙述がなされた時にすでに立てられたものである。自然哲学が最も明確にスピノザの道から逸れているのはまさにこの点にあるにも拘わらず、しかもドイツでは今の時代になるまで、その形而上学的諸原則がスピノザの諸原則と同様であると主張されて怪しまれなかった。そしてまさにこの区別が、同時に自然と神との最も明確な区別を招致するものであるのに、そんなことには頓着なく、自然哲学は神を自然と混同するといって糾弾された。今なしつつある研究が基づいているのも、やはりこの区別なのであるから、この際それの解明のために、次のことを言っておくことにしよう。神の以前または以外には何ものもないのであるから、〔…〕[12]

この箇所から、われわれは次の二つのことを、つまり、（１）シェリングが「今なしつつある研究が基づいている」区別、すなわち実存する限りの存在者とたんに実存の根底である限りの存在者との区別の起源を「自然哲学の最初の学的叙述」すなわち『私の哲学体系の叙述』の内に求めるとともに、(2)この区別が『人間的自由の本質』において絶対者の内的二元性を招致すると考えている、ということを理解する。

だがここでもわれわれは躓かざるをえない。なぜならば、このような仕方でシェリングが神の内的二元性の思想の起源を『私の哲学体系の叙述』の内に求めるとき、それが、先にわれわれが挙げた要件を満たしていないのではないか、という疑念が湧き起こるからである。というのも、この区別はいわゆる勢位《ポテンツ》の区別(観念的なものと実在的なものの各々の優勢)である。なるほど絶対的なものは、この種の区別に基づく諸々の差違が措定されない限りは actualiter に存在しない、と言われている。[13] とはいえ、これらの差違は絶対的なものそのものに関して定立されているのではない。それは絶対的なものから分離されたもの、個別的なものに関して定立されているにすぎず、その場合にも——すなわち、こうした差違に関係づけられて見られる場合でも——絶対的なものは、あくまでもそれらすべての無差別として規定されているからである。[14] つまり、シェリングの言うように、実存者とその根底という区別は『私の哲学体系の叙述』の内に見出されるとしても、さらにまた、この区別は、それが絶対的理性における諸事物の秩序を言い表すものであるという、その限りにおいて同一哲学の根本思想の一つの柱をなしているとしても、この区別は、それ自体は無であるような区別にすぎず、絶対的理性そのものはあくまで自己自身との純粋な同一性の内にとどまっているのである。[15]

(4) ブフハイムの見解

こうした事態に直面して、『人間的自由の本質』におけるシェリングの言明を、本来は何らの一貫性も存在しないところにそれを主張しようとするたんなる強弁と見なし、無視する、という態度をとるのは容易い。その場合、そうした態度の背後にあってそれを支えているのは周知の《プロテウス＝シェリング》という通念であり、さらにそうした印象を与えかねないシェリング自身の著作の主題上の目まぐるしい変転であると考えられる。しかるに他方では、これらの著作を手にとって実際にそれと取り組んでみると、かくも長きに亘って展開されてきた思索の内にも何らかの一貫したものが感じ取られる、というのも事実なのである。おそらくこうした実感に支えられ、促されて、先のような通念を疑問視し、シェリングの思惟の展開の内に連続性と一貫性を見出すことによって、この直感に裏づけを与えようとする努力が、前世紀後半以後のシェリング研究を貫いて存続してきたのであった(16)。

それに相応する形で、今われわれが問題としている――『私の哲学体系の叙述』と『人間的自由の本質』との間に連続性を主張する――シェリングの言葉も無下には否定されなくなってきているようではある(17)。しかし、それにしてもその意味を洞察するまでには至っていないと言わねばならない。というのも、近年この問題に最も深く立ち入って考察を加えたのは、トーマス・ブフハイム（Thomas Buchheim）であろうが、その彼にしても両者の連続性を主張するシェリングの言葉を文字通りに受け止めることに対しては、疑問を呈せざるをえなかったからである。彼ですら――実存する限りの存在者とたんに実存の根底である限りの存在者との区別の起源を『私の哲学体系の叙述』の内に求めるともに、この区別が『人間的自由の本質』において絶対者の内的二元性を招致すると主張する――シェリングの言葉を文字通りの意味で受け取ることはできないとし、シェリングが語っているのとは別の意味において――つまり、『私の哲学体系の叙述』の内に『人間的自由の本質』において成就される〈世界からの神の切り離しの試み〉の始まりを見る、というような仕方で――両者の連続性を確証しようとしているのである(18)。

しかしこれでは、その言い回しをいわば和らげるような仕方でしか、シェリングの言葉を理解できていない、ということになるのではないか。むしろ、シェリングの言わんとするところをその全幅の意味において受け取り、『人間的自由の本質』を『私の哲学体系の叙述』の中断された叙述の、文字通りの継続として理解することはできないのであろうか。『人間的自由の本質』において論じられているのが、『私の哲学体系の叙述』において提示されていた体系にとってたんなる周辺的な問題であるというならいざしらず、それが、この体系にとって枢要な、中心的な事柄であるというのであれば——しかもその重要性がより大きければ大きいほど——その問題が主題化されるに伴い（ちょうど詩や音楽の場合に、一つの重要な詩句やフレーズの出現がそうした効果を引き起こすように）体系そのものに関するこれまでの一切の意味づけが変更され、それの相貌が一変してしまうということも、それ自体としては、充分にありうることなのではないだろうか。

三　絶対的理性の自覚の深化

（1）二段階の対立の出現と廃棄

このようにして現段階では、『私の哲学体系の叙述』における〈絶対者の内的一性の思想〉から『人間的自由の本質』における〈絶対者の内的二元性の思想〉へと至る通路は、依然として見出されないままであると言わざるをえない。だが、それにしても何か手懸かりはないのだろうか。そもそもシェリング自身はそれについて何も語っていないのであろうか。というのも、もしシェリングが彼の思惟の道におけるこの著作の重要性に無自覚でないならば、そのことについての反省もまた、しかるべき場所でなされなければならないように思われるからである。例えば、われわれは〈前書き〉の『人間的自由の本質』に関する部分を、そのような箇所の一つと見なすことはできないであろうか

精神的な自然存在の本質としては、まず理性と思惟と認識が数えられるから、自然と精神との対立は初めは当然この側面から考察された。たんに人間的なる理性に対する固き信仰、一切の思惟や認識は完全に主観的であり、他方自然には全然理性も思想もないという確信、これに加うるに、カントによって再び目醒まされた力動的なるものも、再び高次の機械的なるものに移り行くにとどまり、それと精神的なるものとの同一性においては毫も認められなかったために、あまねく支配している機械論的な考え方、これらのものは考察のかかる歩みを正当づける充分の理由を与える。が、今では対立のかの根は引き抜かれている。そして、よりよき認識への一般的進歩は、より正しい洞察を確保するであろう。われわれはそれに委せて安んじてよい。今やより高いあるいはむしろ真の対立が、すなわち必然と自由との対立が、現れいずるべき時である。そしてこの対立とともに初めて哲学の最内奥の中心点も考察に上ってくるのである。(19)

ここでは、『人間的自由の本質』の全探求がその内を動いている境位《エレメント》、この著作に至って「体系」の根幹をなすものとして初めて導入された、神ないし絶対者の内的二元性の思想へと至るプロセスが、二段階の対立の出現——とその廃棄——の過程として回顧的に語られている。つまり第一段落では、フィヒテの主観的観念論の立場に対していわゆる客観的観念論の、さらには同一哲学の立場が切り開かれていくプロセスが「自然と精神の対立」の廃棄の過程として回顧されている。さらに第二段落に至ると、その対立の廃棄の後に、体系の最内奥の中

心点にかかわる新しい対立、この「高次の」、「真の」と呼ばれている「自由と必然性との対立」が出現している、と語られている。

　さてこれら二つのプロセス、この第一の対立の廃棄から第二の対立の出現へと至るそれと、『私の哲学体系の叙述』における〈絶対者の内的一性の思想〉から『人間的自由の本質』における〈絶対者の内的二元性の思想〉へと至るそれとは、当然、何らかの意味で連関を有しているのでなければならないように思われる。こうしてここにおいて前者のプロセスを軸として後者のプロセスを理解していくということが、当面の課題としてわれわれの前に立ち現れてくるのである。

（2）シェリングの説明

けれども、われわれがそうした課題をあらためて立てるまでもなく、両者の連関については、シェリング自身がすでに説明を与えていたのではなかったか。『人間的自由の本質』の〈序言（Einleitung）〉[20]に相当する部分では、おおよそ次のようなことが言われていた。

　——ここで新たに問題とされている〈自由〉は、それがことさらに人間的と言われていることからも推察されるように、精神と自然に共通の本質として考えられた場合の〈自由〉とは、もはや必ずしも同一の意味ではない。先には、自己を自己自身によって定立する、という意味での自由、〈自発性の自由〉が考えられていた。しかるにここで新たに問題となっているのは〈善と悪の能力としての自由〉である。まさにここにおいてこの神の善なる意志が、われわれの自由意志がそれに従うべきであった意志として、われわれの自由意志に対して、それに対立する道徳的な「必然性」として姿を現すのである。ところが他方において、絶対者への被制約者の依存という意味での「神への世界の内在」という思想、すなわち「万有在神論《パンテイスムス》」——もっともここで考えられているのは、唯一の神の自由意志の下に幾多の被造的な自由意志が包摂されているというような形態の汎神論、すなわち「自由の汎神論」であるのだが——を廃棄することはできない。さてあらゆる存在の根源である神という思想を放棄することができず、二元論的な立場を採りえないとなると、われわれはいわゆる「弁神論」の問題、すなわち、もしわれわれ人間に悪をなしうる自由があるとするならば、いかにしてそれが最善の神の意志と両立しうるのか、という問題に突き当たらざるをえない。こうした困難を前にして、それを回避しようとすると、神でありながらも神そのものではないところに、われわれの意志の根拠が求められざるをえない。「というのも、自由は悪への能力なのであるから、それは神から独立の根を持つのでなければならないからである。」[21]——

人間の悪が問題となってくるが故に、それに応じて、いわばそれが要請するものとして神の内なる二元性という思想が導入されなければならないという、このような説明によっても〈新たなる対立の出現〉と〈神の内的二元性の思想〉との連関が或る程度まで理解できることは否定しえない。けれども、いったいこれは先の対立の出現（hervortreten）の説明なのであろうか。これはむしろ、すでに『人間的自由の本質』の境位《エレメント》が成立してしまった後での、対立の出現と神の二元性との間の論理的な脈絡についての、いわばたんなる事後的な説明にすぎないように思われる。しかし、われわれが求めているのはこうしたものではない。われわれが知りたいのは、運動しつつあるシェリングの思惟の先端が『人間的自由の本質』の境位《エレメント》を切り開いていく、まさにその生成の現場なのである。したがってまた当然、精神と自然との対立という第一の廃棄の後で人間における善と悪への自由が問題とならざるをえないのはなぜなのか、ということも、われわれにとっては説明されるべき事柄となる。

（3） 予備的考察

まずは、予備的に次のようなことを考えてみる。

すでに見たように、かつて『私の哲学体系の叙述』の冒頭において、主観的なものと客観的なものとの無差別となった理性は、その限りにおいて、つまり、自己に対峙するものを持たない、と考えられている限りにおいて、絶対的理性と呼ばれていた。しかるに今、高次の対立が出現する、と言われているとき、この理性は自己に対置される何ものかを有している。だとすると、絶対的と呼ばれていた理性はもう前に言われていたのと同じ意味で無条件に絶対的である、と言うわけにはいかない。理性は、もしそれが自己に対峙するものを持つとするならば、もはや絶対者ではなく、むしろたんに一つの相対者にすぎない。

もちろんこの相対者にしても、全くの無ではありえない。さもなくば「対立」自体が消失してしまうからである。しかし、無ではないとすると、それは絶対者によって、それの内に存在しているのでなければならない。というのも、絶対者は、それが真に絶対者であるならば、あらゆる被制約者がそれに依存し、それによって存在を与えられているところのものでなければならないからである。それゆえ、理性に対して現れてくるものがあり、それが真の絶対者であるなら、この理性は絶対者の内で、絶対者そのものと同じ意味においては絶対者ではないものに根を有しているのでなければならない。

したがって理性に対して真の絶対者が自己に対峙するものとして現れてくる、ということは同時に、それがそれに対して現れてくる当のものの変質を、さらに絶対者そのものの構造の変質をも意味し、それらを必然的に伴わざるをえないように思われるのである。だとすると、われわれは真の絶対者が出現すること、理性が〈真の意味で絶対的であること〉を止めること、そして絶対者そのものの構造が変化すること、これらのことを一つの連動し合った出来事として理解しなければならないのではあるまいか。しかしもしこれらが一つの連動し合った出来事であるとするならば、それらのどの要素が変化したとしても、やはり同一の変化が生ずるのでなければならないであろう。

（4）　絶対的理性の自然性

それゆえ、たしかに先の引用（三-（1））を見る限りにおいては、対立の出現が他の二つの出来事に先行するかのように思われるのであるが、必ずしもそのように理解しなければならないというわけでもない。理性が自己を真の絶対者ではないと認識するが故に、自己から区別されたものとして絶対者が定立されるのだ、というように、シェリングの思惟の、言い換えると、絶対的理性の自覚の変化ないしは深化そのものを、これらの一連の出来事の起点をなすもの、その根本の動因と解することも可能である。そうした解釈を支持する箇所として、われわれは次の箇所を挙げることができる。

〔…〕それは自然——すなわち神の内なる自然である。神と離し得ざるものではあるが、しかもなお区別ある存在者である。この関係は、自然における重力と光との関係によって類比的に解明されうる。重力は光の永遠に暗い根底——それ自身現勢的には存在しないところの——としてこれに先行し、光（実存者）が登れば夜の内へ逃れ去る。光ですらもそれを閉じ籠めている封印を解くことはできない。それはまさにその故に絶対的同一性の純粋なる本質でもなければ、それの現勢的存在でもなく、それの自然から出てくるものにすぎない。言い換えれば、それは有る——すなわち特定の潜勢において見れば。というのは、重力との関係から見て実存するものとして現れるものも、やはりまた自体的には再び根底に属し、したがって自然一般は絶対的同一性の絶対的存在の彼岸に存するものの一切であるから。(22)

ここで語られているのは、『私の哲学体系の叙述』が途中で中断してしまっていたために充分に明瞭になっていなかったこと、すなわち、主観と客観との無差別となった理性が自然の最も低次の勢位《ポテンツ》から次第に上昇していくとき、そのプロセスが当の理性にとっていったいどのような内実を有しているのか、ということである。つまり、この勢位《ポテンツ》の上昇は、絶対的理性にとっては、自己の及びえない彼方に、それまでは自己と同一視されていた絶対者すなわち「絶対的同一性の絶対的存在」が自己自身とは区別されたものとして析出されてくるという、そのようなプロセスでもあるということが、ここでは言われているのである。しかしこのことは、裏を返して言うと、絶対的理性が「絶対的同一性の絶対的存在」とは区別されたものとして自己自身を自覚する、ということでもある。だがそうすると、このとき絶対的理性はみずからをいかなるものとして自覚しているのであろうか。»Natur im Allgemeinen ist daher alles, was jenseits des absoluten Seins der absoluten Identität liegt« という言葉は、そうした自覚の言葉と解されねばならない。すなわち以前、絶対的理性と呼ばれていたものは、今や「絶対的同一性の絶対的存在」そのものではなく、あくまでも「絶対的同一性の絶対的存在の彼岸」にとどまる「自然一般」であるということが、いわば〈絶対的理性の自然性〉とでもいうべきものが、理性自身に露わとなっているのである。

けれども絶対的理性が自己を自然に、すなわち「神の内なる自然」に由来するものであり、その限りにおいて真の絶対者ではないと自覚し、そしてこのことが同時に真の絶対者を定立するとともに、絶対者の内的二元性という構造上の変化を招来するのだとしても、そもそもいったいなぜ、絶対的理性が自己の自然性を自覚することが、真の絶対者を定立することにつながるのであろうか。ここにあるのは、絶対的理性が全体として「自然」であるならば、それは何ものかの自然でなければならない、という論理にすぎないのであろうか。

もしこれらの問いに即答できないのだとすると、おそらくわれわれは、絶対的理性が自己の自然性を自覚する、という事態についての十全な理解には、いまだ達していないのであろう。しかしこれらのことを根本から検討し直そうとすると、われわれはもはやこれまでのように、いきなりこの運動の終端に目を向けるのではなく、やはり最初に示唆されていたように（三-（1））、この運動を最初から辿り直してみるという必要に、つまり『私の哲学体系の叙述』における絶対的理性の立場の成立の場面にまで引き返し、最初の対立の出現と廃棄という事態から出発して、そこから再度この「高次の対立の出現」を考え直してみるという、そうした必要に迫られるのである。

四　シェリングの思惟の根本動向

（1）知識学に対する自然哲学の関係（A）――独立と補完

だが、こうした課題を掲げることによって、われわれはさらなる迂回を、ないしは後退を強いられることになる。というのも、たった今確認したように、シェリングの思惟の立場はその根本動向に即してそこから動的に捉えていくのでない限り、理解されえないというのが、われわれの基本的立場であったからである。だがたんにそればかりでない。『私の哲学体系の叙述』そのものには、超越論的哲学と自然哲学に関するそれ以前の著作もまた本来的に属している、ということは、この著作の»Vorerinnerung«においてシェリング自身が明言しており、[23] そうした事情は『人間的自由の本質』とそれに直接に先行する諸著作の関係とは本質的に異なっている、と考えられなければならないからである。したがってわれわれは、『私の哲学体系の叙述』の冒頭において人間的理性がいかなる立場に到達しているのか、ということを理解するために、それ以前の著作、具体的には一七九九年に発表された『自然哲学の体系草稿への緒論』にまでいったんひき返し、シェリングの思惟の歩みをあらためて辿り直し、その過程のなかで一八〇一年の著作がいかなるものとして現れてくるのか、検討してゆかざるをえないのである。

シェリングの自然哲学的著作は、彼のイェーナ招聘のきっかけ伴った『世界霊について』を始め、それ以前にも幾つか公にされている。しかし今ここでこの『自然哲学の体系草稿への緒論』という著作が、われわれにとって特別に重要な意味を持つのは、そこにおいて初めて明示的にフィヒテの知識学（「超越論的哲学」）の立場に対する自然哲学の関係が語られているからに他ならない。

この著作は、次のように始まっている。

知性は、二様に、すなわち、盲目的無意識的に産出的であるか、自由に意識的に産出的であるかのいずれかである。無意識的に産出的であるのは、世界直観の場合であり、意識的に産出的であるのは、理的世界の創造の場合である。

哲学は、無意識的活動を意識的活動と根源的に同一として、いわば意識的活動と同じ根から生まれたものと見なすことによって、この対立を廃棄する。〔…〕

哲学は、無意識的・実的活動を意識的・理的活動と同一と考えるので、そもそも哲学は、実的なものを余すところなく理的なものへと還元する、という傾向をもつ。これによって、いわゆる超越論的哲学が生ずる。〔…〕

この見解によると、自然はわれわれの悟性の有機的組織が可視的になったものに他ならないから、自然は規則と目的に適うものしか産みだしえない。自然は、そうしたものを産出するように強いられている。しかし、自然が規則に適ったものしか産みだしえず、しかも必然的にそうだとすると、自立的、実的と考えられる自然と自然の諸力の関係との内にも、規則と目的に適った所産の必然的起源が示されうるのでなければならない。故に、理的なものは反対にまた、実的なものから生じなければならず、実的なものから説明されなければならない。

さて超越論的哲学の課題が実的なものを理的なものへ従属させることだとすると、自然哲学の課題は反対に、実的なものから理的なものを説明することである。故に、二つの学は、課題の方向が反対であるということによってのみ相互に区別されるような、一つの学である。さらに二つの方向は等しく可能というだけでなく等しく必然でもあるので、両者は知の体系においても等しく必然なのである。(24)

知識学に対する自然哲学の関係が、ここでは、知の体系における両者の必然性という言葉によって表現されている。この言い回しの内には、次の二つのことが含意されているように思われる。まず第一に、自然哲学は完全に知識学の内に解消されてしまうのではないということ、つまり、自然哲学の知識学からの独立性ないしは自立性である。けれども、このように言うことは同時に、知識学はそれだけでは知の体系の全領域を包括するものではない、と主張することでもある。ところが、知識学は本来、人間的知識の全領域を――絶対的自我の自己定立という――一つの根本原理から導出する、ということを標榜していた。[25] したがって、ここでは、自然哲学の知識学からの独立性ないしは自立性と同時に、自然哲学による知識学の補完の必要性が、言い換えると、知識学が自己の掲げる理念を実現するためには決して自己自身だけでは充分ではなく、それを補完するものとして自然哲学を必要とする、ということが、主張されているのである。

このことはそれ自体としては、まさしくヘーゲルの主張するように、カント以後のドイツの観念論的思惟の展開における一つの巨大な変動を意味しているわけだが、今われわれが注視しようとしているシェリングの思惟の運動にとっては、どこまでもたんなる発端にすぎない。

（2）知識学に対する自然哲学の関係（B）――知性と自然の平行論

一八〇〇年の『超越論的観念論の体系』に至ると、知の体系における両者の必然性という両者の関係についての基本的主張に変化はないものの、そこにさらにいっそう踏み込んだ規定が付け加わる。超越論的哲学と自然哲学の、もしくは知性と自然の平行論 Parallelismus という主張である。[26]

この規定が、知の体系における両者の必然性という規定よりも、さらにいっそう踏み込んだ規定であるのは、それが知識学からの自然哲学の独立性・自立性とか、自然哲学による知識学の補完の必要性の主張にとどまらず、両者の諸モメント相互の対応関係が指摘されることで、それらが互いに内的に浸透し合い――現段階ではどちらがどちらへということではないけれども――一方が他方へ、他方が一方へと相互に流動し合うように見えるからである。

だがここで注意しなければならないのは、このように知性と自然との間に諸モメントの対応関係が指摘され、その結果一方のモメントが他方のモメントへ、逆にまた、他方が一方へと、相互に流動し合うように見えるとしても、この相互流動によって目指されているのは、さしあたっては一方の他方への完全なる還元以外の何ものでもない、ということである。こうした事態は『超越論的観念論の体系』を見るだけでは必ずしも充分に明らかであるとは言えないが、それに続いて著された『力動的過程の一般的演繹』、さらに『私の哲学体系の叙述』の直前に公表された『自然哲学の真の概念』では、こうした意図が、超越論的哲学に対する自然哲学の、あるいは知性に対する自然の »Primat« の思想という形で、はっきりと表明されている。

私は、私の『超越論的観念論の体系』で、たんなる自然学によっても導出されうる物質構成の三つのモメントに、自己意識の歴史の三つのモメントが対応している、ということを示した。私は、例えば自然ではまだ電気であったものが、知性ではすでに感覚にまで進んでいる、ということを、自然では物質として現れたものが知性では直観である、ということを示した。しかしこれはたんに自然の勢位《ポテンツ》の継続的上昇の結果なのである。というのも、実際すでにわれわれは、いわゆる死せる自然の内にこの上昇の始まりを見るからである。なぜならば、光は、観念論が全力で行うように、直観を解体し、再構成する全く理的な活動だからである。故に、自然哲学とは観念論を自然学的に説明し、ちょうどわれわれが人間の人格の内への観念論の出現を見るように、自然の限界には観念論が現れなければならない、ということを証明するものでもある。

哲学者たるものがこのことを見過ごしてしまうのは、彼が自分の客体をすでに最初から最高の勢位《ポテンツ》において自我として、意識を備えたものとして取り上げてしまうからに他ならない。ただ自然学者だけが、こうした錯覚の背後にまわることができる。[27]

哲学の対立する、等しく可能な方向である自然哲学と超越論的哲学が話題となっているために、いったいどちらにPrimatがあるのか、と問うた人がいた。無論、自然哲学である。というのも、自然哲学は観念論の立場そのものを初めて生みだし、故に、この立場に確固たる純粋に理論的な基礎を与えるからである。[28]

このようにして最初に、自然哲学が知識学に対して相対的に独立であり、それを補完するものであることが主張される。次に、それらの間に内的な相即性・相関性が指摘される。そしてこのことを介して最後には、自然哲学の方に根源性が認められ、それに根拠づけられることで初めて超越論的哲学が成立する、と主張される。そうすると、ここには一つの動勢が見出されないであろうか。

だがしかし、仮にもしそうしたものが見出されるとするならば、われわれはそれを見失わないように努めなければならない。自分自身の内にこの動勢を感じ、それが動き出すのを待たねばならない。その上で前方を、その目指す先を見据えなければならない。さもなければ、『私の哲学体系の叙述』の冒頭において語られる「思惟する者の捨象」という要請の意味と、それによって到達される絶対的理性の立場の内実は、間違いなく、捉え損ねられてしまうであろう。

五　『私の哲学体系の叙述』

（1）　思惟する者の捨象

そうするとわれわれは、フィヒテの知識学において自己自身を絶対的自我として把捉した人間的理性がここで新しい課題に直面し、それを遂行するように強いられているのを見出すことになる。つまり、なおもみずからを究極的なものとして主張するのではなく、真に根源的であるもの、自然へと、ただし対象＝非我としてのそれではなく、この自我自身がかつてそれであったし、今もなおそれを担い続けている自然、要するに、絶対的自我の「超越論的過去」(29)としての自然へとみずからを変貌させ、そうした次元から自己と世界とを構成的に導出する、という課題である。

しかし、そのためには思惟する者が捨象されなければならない。『私の哲学体系の叙述』の冒頭、そのようにシェリングは言うのである。

§1　定義。私は絶対的理性、つまり主観的なものと客観的なものとの全き無差別と考えられる限りでの理性を理性と呼ぶ。

こうした理性の語の使用について弁明すべき時では今はない。というのも私が理性の語に結びつけようとしている観念を一般に意識に呼び覚ますことだけが重要だからである。〔…〕したがって今なすべきことは、そもそもどうして理性をこのように思惟するようになるのか、ということを簡潔に示すことだけだが、それは哲学において主観的なものと客観的なものとの間に立てられ、したがって明らかに両者に対し無差別なものでなければならないようなものについての反省によるのである。このように理性を思惟することを私は無理にでもすべての人に求めなければならない。理性を絶対的なものとして思惟するには、したがって私が要求する立場に至るには、思惟する者を捨象しなければならない。この捨象を遂行する者にとっては理性は直ちに大抵の人の思い描くような主観的なものではなくなる。それどころか理性はもはや客観的なものとも考えられえない。というのも客観的なもの、思惟されるものは、思惟するものとの対立においてのみ可能となるが、思惟するものは今は完全に捨象されているからである。したがって、かの捨象によって理性は、ちょうど主観的なものと客観的なものとの無差別点に位置する真の自体となる。[30]

〈思惟する者の捨象〉とは、それゆえ、一つの浄化を意味している。それは、通常われわれが信じている区別――そこに含まれているのは何よりもまず、フィヒテにおいて見られるような自我と非我という区別なのだが、そうしたものを含むすべての区別――の消去に他ならない。このような〈捨象〉の遂行によって、換言すれば、いったん自己の勢位《ポテンツ》を零《ゼロ》にまで降下させることによって、かつての絶対的自我は、もはやたんなる主観でも客観でもない両者の無差別となる。その限りにおいてそれは、かつて「非我」として自己の外に見出されていた自然を自己自身の内に、未分の状態のままで包含している。このものがみずからに対立するものを何も持たない絶対的な理性と呼ばれているのは、まさにこの意味においてなのである。

したがって、のちにシェリングがそれを絶対者 das Absolute と言い換えることになるこの絶対的理性というのは、誤解を恐れずに言えば、〈自然〉そのものに他ならない。つまり、絶対的理性とは、無機的自然と有機的自然の一切の所産を、それ自身の内から産み出し、最後には知性にまで上昇するが、それにもかかわらず、まさにこれらのものの産出者であるが故に、それ自身は決してこれらの諸事物に尽くされることなく、いわばそれらと関わりなく、自己自身であり続けているもの、こうしたもののことに他ならないのである。伝統的な言葉を用いるならば、「あたかも何ものをも受け容れながらそれ自身は何ものでもない無限の海のようなものとして、あるいは、あらゆるものを育てはぐくみ成長させながらみずからは永遠に万物のもとにとどまる母なる大地のごときものとして」(31) 考えられる限りにおける〈第一質料〉、世界の »Principium materiale« に相当するものを、われわれはそれであると言うべきなのかもしれない。

（２）無差別への動勢

しかし〈思惟する者の捨象〉によって絶対的理性の立場に到達することは、この捨象を遂行する者にとってはたんなる出発点でしかない。先の引用に続けて、シェリングは次のように述べている。

> 哲学の立場は理性の立場であり、哲学の認識は自体的にある限りの事物の、換言すれば、理性においてある限りの事物の認識である。哲学の本性は〔…〕事物の内にそれが理性を表現しているものだけを見ることなのである。(32)

もちろんここで言われる認識はもはや対象の認識ではありえない。なぜならば、この認識は――とりあえず同一性の体系の「実的部門」の叙述に限って言うならば――絶対的理性そのものが原初の混沌ともいうべき状態から自然の所産を産み出していく過程を、いわばそれ自身の内で想起しつつ反復することを意味しているからである。とはいえ、もしわれわれがもっぱら絶対的理性の所産そのものにのみ注目するならば、この認識の真の意味は見失われざるをえない。というのも、今述べたように、この絶対的理性があらゆるものを、無機的自然や有機的自然ばかりでなく知性までをも、その内から産み出すのであるとすると、知性といえどもそれ自体としてはこの絶対的理性と別なものではないということになる。しかしそうだとすると、フィヒテ的な絶対的自我をして自己自身の捨象へと至らしめた、かの動勢――さしあたってはシェリングの思惟の内にこの思惟自身を導くものとして現れた動勢――もまた、この絶対的理性そのものの動勢でなければならないように思われるからである。そしてまた実際そうでなければならない。なぜならば、無機的自然と有機的自然の一切の所産をそれ自身の内から産み出し、最終的には知性にまで上昇するこの絶対的理性の運動は、それを否定する運動の抵抗を前提していない限り、そもそも何らかの所産へと達することなどありえないからである。つまり、能産的自然とも言うべきこの絶対的理性はこれら一切の差別を否定し、それを原初の混沌に他ならない「無差別」へと呑み込もうとする動向ないし力の存在の前提のもとでのみ、これらの所産を産み出し、それらの差異を定立しうるのである。

したがって、事物を「理性においてある」ように認識するということは、あらゆる事物をこの絶対的理性の所産として自己自身の内に捉えていくということなのではあるが、そこには、いわば重力にもなぞらえうるようなこの否定的な力が、常に感受されていなければならない。そしてまたその限りにおいて、そのつどの産出的な認識の底には、いつも無差別の次元が開かれていなければならず、それらはいわばこの無差別にまで届いていなければならないのである。

（３）　絶対的自我の変貌

ともあれ、このようにしてこの絶対的理性は、体系の「実的部門」の叙述を通して、自己の内に新しい区別を措定しつつ――言うまでもなくそれは、「非我」として自我との対立の内に捉えられた場合に見出されるのとは、全く別種の秩序を持つものとして自然が捉え直されていくプロセスでもある――最終的には、それが自然の全体の上にまで揚げられることによって再び、無制約的な自己措定という次元において、自己自身を見出す。もちろんこの〈再び〉は、それが〈再び〉である限りにおいて、たんなる反復ではありえない。むしろここにおいて初めて、無制約的自我の原理がその真実相においていかなるものであるのかが明らかになるのでなければならない。だがそうすると、思惟する者の捨象に始まる、同一性の体系における「実的部門」の叙述とは、その実質において見られるならば、フィヒテにおいて知識学の根本原理とされた絶対的自我が、つまり自己自身を無制約的に措定すると言われていた自我が、自己自身を変貌させていくプロセス以外の何ものでもないのである。

『人間的自由の本質』はまさしくこの地点から書かれている。したがって普通一般に解されているように、この著作は、自由の形式的概念の解明からその実在的概念の解明へと話が進展している、というような単純な構造を持っているのではない。その構成が明白に示しているように、自由の実在的概念が踏まえられた上で、自由の形式的概念の新しい解明へと論述は進展し、それはそのまま探求の最高点と言われている「無底 Ungrund」へと収斂していくのである。では、シェリングにおいて、その『人間的自由の本質』という境位《エレメント》において、理性は自己をいかなるものとして見出したのであるか。

六　絶対的理性の自然性

（1）　実在的自己定立

言うまでもなく、絶対的理性は自己を再び――それ自体が無制約的な自己定立そのものに他ならない――絶対的自我として、シェリングの言い方では、同時に悟性 Verstand であるような意志 Wille として見出すのである。しかしそれに尽きるのでもない。というのも、たしかに絶対的理性は自然の全階梯を経歴し終えたそのすえに、さらにもう一段勢位《ポテンツ》を上昇させることによって、このような〈悟性＝意志〉へと高まるのではあるが、しかしこの勢位《ポテンツ》の上昇は、自然が〈悟性＝意志〉としての知性 Intelligenz へと全面的に移行し、それに吸収されてしまう、ということを意味するわけではないからである。むしろ産出するもの（根底）は産出されるもの（実存者）よりも常に豊饒である。それゆえ、絶対的理性は自己を再び無制約的な自己定立そのものとして見出すにしても、それと同時に、それは、その底に自然を、まさに「万物において実在性の不可解なる基底をなすものであり、決して割り切れぬ剰余であり、最大の努力を以ってしても分解して悟性とすることができずして永遠に根底に残るもの」[33]として見出すことになるのである。

〈悟性＝意志〉はこのような自然から生まれたのである。しかしただ生まれたというだけではない。むしろたえず産み出されているのである。その意味においてこの自然は〈悟性＝意志〉と区別されはするものの、〈悟性＝意志〉自身に属するものとして見出されることになる。換言すれば、こうした自然、――すなわち、それ自身の内から〈悟性＝意志〉を産み出すが、完全に〈悟性＝意志〉へと移行してしまうことなく、いわば常にそれよりも遥かに豊饒なものとしてその根底にとどまるもの――、に担われている限りにおいて、〈悟性＝意志〉はこのようなものとして、つまり〈悟性＝意志〉として存立しうるのである。

ところでこのようにして〈悟性＝意志〉にとって自己の根底として現れるもの――それは、それの〈意欲 Wollen〉であると言われる。〈悟性＝意志〉はたんに〈悟性＝意志〉としてではなく、いわば【〈悟性＝意志〉／〈意欲〉】として存立しているのである。しかも【〈悟性＝意志〉／〈意欲〉】として存立しているということが、このものにとって、いわばあってもなくてもよい付随的なものではなく、その本質を構成しているということは、そうした構造を欠くならば、絶対的自我の本質と考えられた無制約的自己定立がそもそも成立しえない、ということから明らかとなる。シェリングは次のように述べている。

自我は、とフィヒテは言った、自我自身の行である、意識は自己定立である――しかも自我はこれと異なったものではなくして、まさに自己定立そのものである。この意識はしかし、それがたんに自我の自己把捉あるいは自己認識として考えられる限り、決して最初なるものではなくして、すべてのたんなる認識と同様、すでに本来的な存在を前提している。しかし認識以前に想定されるこの存在は認識でないからと言っても、存在なのでもない。それは実在的なる自己定立（reales Selbstsetzen）である。自己自身を化して或るものとなり、そしてあらゆる本質性の根底であり基底であるところの、根元的また根底的意欲（Ur-und Grundwollen）である。(34)

だが、この「実在的自己定立」はいかなる意味において絶対的自我の無制約的自己定立の基底であるのか。人間の叡智的本質があらゆる因果連関の外にあって、何らかの先行するものによって限定されてあることはできず、まさにそこに自由な行為というものが成立する、ということ、こうしたことは否定されない。しかし自由な行為は一つの限定された行為でなければならない。しかるに「絶対的に無限定なるものから限定されたものには、何らかの移り行きも存しない[35]」ように思われる。したがって絶対的自我は、すでにそれ自身の内で限定されていなければならない。もちろん外的な事物によってではない。それゆえ、叡智性一般の条件を満たしながら、なおかつ、自己自身をこれという特殊的なものへと限定する作用が絶対的自我そのものの内にあるのでなければならない。ところで実際、〈意欲〉は、それが絶対的理性そのものである限りにおいて、絶対的自我の捨象によって切り開かれた原初の混沌、一切の無差別の次元にまで届いていて、そこから発動するものであった。「意欲が根元存在である（**Wollen ist Ursein**）。そして意欲にのみ根元存在のすべての述語、すなわち根底なきこと（**Grundlosigkeit**）、永遠なること、時間からの独立、自己肯定、が妥当する[36]」。〈意欲〉のこのような作用に支えられていることによって【〈悟性＝意志〉／〈意欲〉】は全体として「無底的」な在り方をしているのである。

（2） 無底的意志

しかもさらに、このように【〈悟性＝意志〉／〈意欲〉】が全体として「無底的」な在り方をしている、ということによって（いわば絶対的理性が〈無底的意志〉＝【〈悟性＝意志〉／〈意欲〉】であるということによって）〈悟性＝意志〉と〈意欲〉との相互の区別が初めて根拠づけられる、とシェリングは主張する。

〔…〕実在的なるものと観念的なるもの、闇と光、あるいはそのほかこの両原理の言い表し方はどうであろうと、とにかくそれらは対立するものとしては、決して無底に述語されることはできない。しかし彼らが非対立なるものとして、すなわち分立（Disjunktion）において、また各自が各自だけで、それに述語されるということは毫も差し支えない。しかもそのこととともに、まさに二元性（原理の現実的な二儀）が定立されるのである。〔…〕もしそれが両者の絶対的同一性であるとすれば、それはただ同時に両者であるということができるのみであろう。そして両者は対立するものとしてそれに述語されねばならず、かくして自身再び一つのものであろう。それゆえ、「あれでもない―これでもない」（Weder - Noch）から、すなわち無差別から直接に二元性が生じてくる。〔…〕そして無差別なくしては、すなわち無底なくしては、原理の二儀もないであろう。それゆえ、人々の言ったごとく無底が区別を再び廃棄するのではなくて、むしろこれを定立し確証するのである。[37]

ここで主張されているのは、絶対的理性が自己自身を〈無底的意志〉＝【〈悟性＝意志〉／〈意欲〉】として見出したことによって、これまではそれ自体は無であるような区別とも見えかねなかった〈実存者〉と〈根底〉という区別一般が真なる区別として確証される、ということである。それゆえ、この点においてこの言明はすでにそれだけでもわれわれにとっては興味深いものである。けれども、われわれにとって遥かに興味深く考慮に値するのは、この主張が同時に、〈無底的意志〉のこれまでは言及されていなかった無底性の新しい本質規定を与えるものだ、ということなのである。つまり、〈無底的意志〉の無底性の意味として、ここでは「あれでもない―これでもない」という性格が指摘されているのであるが、この指摘によって〈このものの無制約的な自己定立の働きが、この〈意欲〉と〈悟性＝意志〉との関係にも及んでいる〉ということが、すなわち〈自己自身を限定するということが、両者の関係をそのままに保つか破棄するか、というそのつどの決断でもある〉ということが告げられているのである。さらに子細に見て行くことにしよう。

〈悟性＝意志〉が自然全体の上にまで揚げられている、ということは、すでに述べたが、このことによってそれは、いわば権利上は〈意欲〉の次元そのものを自分自身の外に見、それを意のままにしうるような、そうした立場に至っている。意のままにしうるとは、具体的に言えば、〈悟性＝意志〉と〈意欲〉の関係を逆倒しうる、というそうした自由が与えられている、ということである。こうした在り方をシェリングは「精神」と呼ぶのだが、その場合には〈意欲〉は特殊性を意欲するものとして、我性 Selbstheit と解されているのに対し、〈悟性＝意志〉は普遍性を意志するものとして、或る意味で神的なものと解されている。そして、みずからをして普遍意志にではなく、特殊意志に従わしめるところに、悪が成立すると見られるのである。もちろんこれもすでに見たように〈意欲〉すなわち我性そのものが直ちに悪なのではない。それがなければ〈悟性＝意志〉は〈悟性＝意志〉としても存立しえないからである。しかしそれは根底にとどまるべきものであり、このようなものを実存者の位置へ据える、ということが悪なのである。

ところがしかし〈意欲〉を根底としている〈悟性＝意志〉は、まさにこうした構造を持っている限りにおいて無底的であり、自由なのであるから、それは自己のこうした構造を破壊してしまうや否や、根底に対するこのような自由をも喪失してしまい、むしろ根底の意志に従属することになる。それゆえ、この〈意欲〉を根底としている〈悟性＝意志〉に課せられているのは、自分自身の意志によって実存者と根底の関係をそのままに維持する、ということなのである。

しかしながら、この課題は極めて困難なものとならざるをえない。というのも、先にわれわれは、〈悟性＝意志〉は勢位《ポテンツ》を高められた〈意欲〉である、ということを述べた。しかしそのことは、〈悟性＝意志〉の由来ないし素性が、結局のところは〈意欲〉である、ということ、そもそも我性であるものが「精神」という在り方をしているにすぎない、ということをも意味しうる。実際、われわれはここまで絶対的理性と呼ばれていたもの以外のものとは出会っていないのである。これが意味しているのは、〈意欲〉を根底とする〈悟性＝意志〉というような在り方をしている絶対的理性が、それ自身が〈意欲〉であるが故に、それを超えることによってそれを制御しうるような真の次元を有していない、ということである。ところで、まさにこのことが問題であるのは、この〈意欲〉を制御し、否定することが、絶対的理性にとってはそのまま自己自身を否定することにつながるからである。こういうわけで理性は、根底の意志を常に悪への促しと感じ、またそれに従わざるをえない。要するに、絶対的理性は権利上は、この〈意欲〉の次元そのものを意のままにしうるような、そうした立場に至っているわけであるが、事実上はそれを遂行することは至難の業なのである。この事態をシェリングは、次のように言い表したのであった。

神の意志は、一切のものを普遍化し、光との統一にまで揚げ、あるいはその内に止めておくことにある。根底の意志はしかし、あらゆるものを特殊化し、または被造物的となすことにある。その意志は不同等性のみを欲する。ただしそれも、かくして同等性がそれみずからに、またその意志自身に、感知されるものとなるためである。かくしてその意志は必然的に、超被造物的なるものとしての自由に対して反作用し、その自由の内に被造物的なるものへの嗜欲を呼び醒す。あたかも、高くそそり立つ頂きの上で目が眩んだ者に、いわば或るひそやかな声が顚落せよと呼ぶように思われるごとく、あるいは、古い物譚によれば堪えられないサ

イレンの歌が、通り過ぎる舟人を渦巻に引き込もうと深い底から響いてくるというがごとくである。(38)

(3) 真の絶対者の措定

ところでいまわれわれは、自己自身を精神として見出した絶対的理性は、根底の意志を常に悪への促しと感じ、またそれに従わざるをえない、と述べた。しかし「従わざるをえない」とはいかなることなのであろうか。それは理性をしてわれわれの前にどのようなものとして現出せしめることになるのであろうか。

このような問いを発することによってわれわれは、先に(三-(4))述べた絶対的理性が自己の〈自然性〉を自覚する、ということが、いったいいかなる事態を意味していたのか、ということ、さらにまた、この絶対的理性が自己の〈自然性〉を自覚するという事態が、なにゆえに自己から区別されたものとして、神と呼ばれる真の絶対者を措定することにつながるのか、ということを、つまり、その論理をわれわれは理解することになる。

まず第一の点から始めよう。絶対的理性が、我性が精神であるという在り方をしている、ということは、端的に言って、絶対的理性が、これまで自己自身がそれであった自然よりもいっそう自然であるようなものとして自己を見出している、ということを意味している。絶対的理性のこれまでの歩みを回顧してみるならば、〈思惟する者の捨象〉によって到達された絶対的理性というのは、たしかに〈自然〉そのものに他ならなかった。しかしそれは〈自然〉そのものとしては現実に存在していたのではない。むしろそれは〈思惟する者の捨象〉の果てにいわば一瞬垣間見られただけにすぎない。なぜならば、現実に存在している自然はすでに勢位《ポテンツ》による規定をうけており、どれほど勢位《ポテンツ》の低い段階にあろうとも、何らかの程度において克服され、すでに実存者に対する根底の位置にあったからである。ここまでは自然とは根底であった。しかるに、我性が精神という在り方をしていることによって、根底の位置にあるべき自然は、そのものとして顕わになる。それは自由の乱用によって剥き出しとなり、全く無制御になってしまった、自然の最も奥底にある、決して顕わにされるべきではなかった姿である。――これはもはや根底という意味の自然ではない。

しかるに、このような自然は絶対的理性と別のものではなく、まさに現在の理性そのものの在り方なのである。絶対的理性は、いまやこの自己自身の力ではもはやいかんともしがたいものとなってしまい、自己自身を凌駕している力によって翻弄されるだけのものとなってしまっている。このようなものとして絶対的理性は無制御のままに散乱する自然そのものである。まさにこの意味においてそれは、それが自然のうちにあったどんな時にもましていっそう深く徹底的に自然なのである。

（４）『人間的自由の本質』の境位

われわれはこの絶対的理性の自覚こそが『人間的自由の本質』の最基層をなすものであり、この自覚がこの著作の境位そのものを、つまり、かの自然と精神との対立の廃棄の果てにより高次の対立として自由と必然性との対立を出現させる、その境位そのものを切り開くものであると考える。

というのも、絶対的理性が〈無底的意志〉としておのれを自覚する、ということは、今の場合には、同時にそれが無条件には絶対的でありえないことを見出す、ということでもあるからである。つまり、絶対的理性は、それがそれ自身から絶えず逸脱し、自己自身の本来的な在り方を貫徹できないという、そのような〈無底的意志〉として、自己自身を見出しているのである。こうしてこの自覚そのものが神を、絶対的理性がそうであるべき〈無底的意志〉として、さらにまた絶対的理性が現にそうである〈無底的意志〉から区別されたものとして、それ自身の外部に措定するのである。しかし、このとき神と人間的理性はともに二元的構造を共有している。かくして人間的理性は神ではなく、神の実存の根底に由来するものとして反省されるのである。

したがって、たしかに体系そのものは今やその相貌を一変させたと言わざるをえない。にもかかわらず、われわれの辿ってきた道にはいかなる飛躍も断絶もなかった。あるのはただ体系の叙述の進展に伴う、人間的であるとともに絶対的でもある理性の自覚の深まりだけであった。この自覚を貫いているものをわれわれは何と言い表すべきであろうか。それを一言で言い表すのは極めて難しいであろうが、しかしそれをいかなる言葉で表現したとしても、それが表現しようとしているものが、われわれの理性の意識的活動の根底に働いている〈自然〉へのまなざしではない、ということだけはありえないはずである。

(5) 挫折の危機

しかしながら、このように『人間的自由の本質』の境位を切り開き、体系の相貌を一変させる人間的理性の自覚はすでに静止であり、また終着であるような自覚なのであろうか。むしろこの自覚は最高度の緊張をはらんだ自覚であり、その限りにおいてそれ自身の内にとどまることとの困難な自覚なのではないだろうか。

というのも、『人間的自由の本質』は(あるいはシェリングの哲学的思索はその出発点以来)[39]「自由の体系」の構築を目指していたからである。しかし今明らかになっているのは、人間的理性は、それが我性が精神という在り方にまで揚げられた〈無底的意志〉という本質構造を有しているが故に、悪への傾斜を抜きがたく持っている、ということである。そのことは、言い換えるならば、体系の中心たるべきものが、その中心から周辺へと逸脱するという傾向を絶えず抱えており、その限りにおいて、不断に自己を不自由へと転化させずには、自己の存在を維持しえない、ということであった。われわれの理性のそのつどの決断において、不断に「自由の体系」が「不自由の体系」へと変貌してしまうという、このような可能性の出現によってシェリングの哲学的企図は、その根本から挫折の危機に晒されている。絶対的理性は、それが自己の自然性を自覚することによって、哲学の原理という地位を脅かされているのである。

もちろん人間の理性がこの中心にとどまり、そして神の意志という真の中心と一致しうる可能性が全くないのであれば、それはたんにそれまでのことにすぎない。しかしこの自覚をして極度の緊張をはらんだものにしているのは、こうした可能性が完全には排除されていない、ということである。つまりシェリングは、それを実現することは――そのためには、人間的理性は我性を滅却し、その死を生き抜かなければならないのであるから――理性にとって極めて困難であるとしているが、その可能性が零であるとは考えていないのである。そうした可能性は人間に閉ざされてはいない。というのも、無底から発動する人間の叡智的行は創造の原初、すなわち無底にまで届いており、そこから発現するはずのものだからである。したがってシェリングは、次のように述べるのである。

普遍的意志と人間の内の特殊的意志との結合は、すでにそれ自体において一つの矛盾であり、その矛盾を合一することは不可能でないまでも困難であるように思われる。生そのものの不安が人間を駆って、彼がその内へ創り出されたその中心を去らしめる。なんとなれば、すべての意志の最も純粋な本質であるこの中心は、あらゆる特殊的意志にとっては、焼き滅ぼそうとする火である。その内に生きうるためには、人間はすべての我性に死なねばならぬ。であるから、この中心から周辺へ歩み出で、かくしてそこに自己の我性の安らいを求めようとすることは、ほとんど必然的なる企てである。〔…〕しかもかかる普遍的必然性にもかかわらず、悪はあくまでも人間がみずから進んで択ぶものである。根底が悪そのものになることはできない。各々の被造物は彼みずからの咎によって堕落するのである。(40)

こうして今や理性は、おのれが体系の不動の原理たりえない、ということを自覚しているが、他方でどのようにすれば、おのれが体系の原理となりうるのかも知っている。けれども、この理性はこの立場そのものに立脚しているのではない。この点においてこの理性の自覚は極めて安定を欠き、理性自身をさらに一つの運動の内へと引き込まざるをえないように見える。このことは、喩えて言えば、この自覚は終ることのできないような仕方で終っている、ということでもあるし、より具体的に言えば、この自覚の内には、シェリングの思惟が今後たどることを運命づけられている一つの道が、いまだ展開されざる襞として内包されている、ということでもある。

七 結 語

(1) 理性の脱自

後世のわれわれは、シェリングが「自由の体系」というみずからの企図を放棄しなかった、ということを、つまり、無底的意志としてみずからを自覚した理性が体系の中心にとどまろうとして実際に自己の我性からの脱却をはかった、ということを知っている。このことは、シェリングにおいて〈理性の脱自〉として生起したのであった。この立場においては、理性は現に自己自身の外に定立されることによって、自己の我意から解き放たれ、その翻転の果てに一切を»Daß«の領域の内に見出す。これは〈脱自〉的理性における絶対的自由の体系の実現を意味している。

もちろん、われわれに〈脱自〉へと至るこのような理性の歩みを詳細に辿る余裕などあろうはずもない。にもかかわらず、ここで敢えてそれに言及したのは他でもない。このようにシェリングの思惟において理性が〈脱自〉を成し遂げ、一切を»Daß«の領域の内に見出すときは、同時にまた、あからさまなヘーゲル批判が開始されるときでもあるからである。われわれはこのことを興味深いと考える。

シェリングのヘーゲル批判は実際には多様な論点を含み、決して一括りに扱うことはできないのかもしれない。とはいえ、この批判が開始される時期を考慮に入れる限り、それがシェリングが苦闘の果てに到達した〈脱自〉的理性という立場を前提としていることは疑いを入れない。その限りにおいて、ヘーゲルの絶対的精神が〈脱自〉を経験しておらず、したがって事物を»Daß«の領域において把握できない、という批判が、シェリングのヘーゲル批判の中核に存していることもまた否定できないように思われる。しかるに、このような批判の奥底には、さらにその前提として、ヘーゲルの理性がそれの――われわれが述べてきたような意味における――自然性を自覚していない、という批判が潜んでいるように思われるのである。

すなわち、ヘーゲルの思惟はおのれの外部をもたないものとして、現実的なものの領域を余すところなく覆い尽くし、それの差別と対立との内で運動し、それらの同一性を確証する。彼にとっては、このような思惟が自由なのであろうが、それは不自由ではないのか、とシェリングは言うのである。このように「概念の必然性」に従う思惟の運動をそれ自体として自由であると誤解しているのは、自己認識の甘さである。というのも、この思惟はこうした運動へと強制され、それへと拘束されているにすぎないからである。しかしこのことは、換言すれば、ヘーゲルの理性が自己の自然性を知らないということでもある。この理性は、自己がそれ自体として何ものであるのかを、つまり、それが「神の内なる自然」であり、あくまでもそこから生い育った〈無底的意志〉である、ということを知らないのである。

ミュンヒェン講義の一つであり、彼のいわゆる「積極哲学」の導入の一部をなしている『近世哲学史講義』のヘーゲル批判を『人間的自由の本質』のなかの一節と重ね合わせて読むとき、われわれはシェリングが、それ自身が神に他ならないヘーゲルの絶対的精神の在り方の内に、このように自己の自然性に無自覚であるが故に〈脱自〉の必要をも感じていないが、それだけいっそう深く自己の自然性に繋縛されている〈無底的意志〉の在り方を見て取っている、ということを感じないではいられない。

なぜならば、絶対的精神は自己自身を世界へと外化するのであり、自己自身が自然のなかで受難するのであって、絶対的精神が一つの過程に自己をゆだねて、もはやそれから解脱し得ず、それに対していかなる自由ももたず、いわば救いようもなくそのなかに巻き込まれているからです。神は世界から自由ではなく、世界の重荷を担っているのです。(41)

なるほど神は自己を自然へと外化する自由を持ってはいます。しかしそれはとりもなおさず、自己の自由を犠牲に供する自由なのです。けだし、この自由な外化の作用は、他ならぬ神の自由の墓地だからです。これよりのち神は過程のなかにあり、もしくは神すなわち過程なのです。たしかにそれは無為な神ではありません。〔…〕むしろそれは永遠な、いつまでも続く行いの神であり、安息日をもつことなき絶えざる不安の神であり、自己がこれまで行ってきたことだけを行い続ける神であり、したがって何らかの新しいものを創造し得ぬ神なのであります。(42)

これらは『近世哲学史講義』におけるヘーゲル批判の言葉であるが、『人間的自由の本質』では、次のように言われていたのであった。

かくして罪の初めは、人間が自身創造する根底となろうとして、また自己の内に有する中心の力をもって万物に君臨しようとして、本来の有より非有へ、真理より虚偽へ、光より闇へ、踏み入ることである。なぜならば、中心から逸れた者にも、彼が万物であったという感情、すなわち神のなかにまた神とともにあったという感情が、やはりなお残っており、その故に彼は再びそこへ向かって努力するのであるが、しかもそれを自分ひとりでするのであって、彼がかかるものたり得べきはずのところ、すなわち神の内においてするのではないからである。ここからして我欲の飢えが生ずる。我欲は、全体および統一からみずからを引き離す度合いに従って、ますます乏しくますます貧しくなり、しかもまさにその故にますます欲はげしく、毒を含み、飢えてくるのである。悪の内には、自己自身を食み尽くしどこまでも滅ぼそうとする矛盾がある。(43)

(2)　ヘーゲルの理性

先ほどわれわれは、シェリングのこのようなヘーゲル批判が興味深いと述べた。その意味が分からない人は、次のように自問してみるとよいであろう。——しかしながら、シェリングが『人間的自由の本質』において到達し、同時にみずからの課題として受け止めた、このような自己の、すなわち絶対的理性の〈自然性〉の自覚に、ヘーゲルが至らなかったのは、いったいなぜなのであろうか、と。

もちろん、いまここでこの問に完全な答えを与えるということが問題なのではない。しかし仮にもし誰かが〈ヘーゲルの理性が自己の自然性を知らないのは、それがヘーゲルの理性であってシェリングの理性ではないからだ〉と答えようとするならば、その人に対しては次のように言うべきなのであろう。――その場合にも、その発言の意味は〈ヘーゲルはどこまでもヘーゲルであり、シェリングはどこまでもシェリングであって、他人同士というものは所詮理解し合えないのだ〉というような次元のものではありえない。というのも、シェリングがフィヒテの知識学に対して彼の自然哲学を対立させ、さらに同一哲学の立場を切り開いていく、その過程をヘーゲルはあたかも熟知しているかのように振る舞い、それらから必然的に展開されるべきものとして自己の哲学体系を提示しているのだからである、と。

しかるに、シェリングにしてみれば、もしそうであるならば、ヘーゲルの理性は自己の自然性を自覚し、さらには脱自へと至らざるをえないはずなのである。なぜならば、われわれがここまで明らかにしようと努めてきたように、『私の哲学体系の叙述』と『人間的自由の本質』との間には、〈理性の自然性の自覚〉の深化という事態を軸として、一つの確固たる連続性が見出されるのであり、このようにして『人間的自由の本質』におけるシェリングの後期思想の端緒は、彼のそれまでの思惟の動向、ことにその「自然哲学」から「同一哲学」へと、その哲学的立場を切り開いてきた根本動向に由来し、その完遂に他ならないからである。それゆえ、いったいどうしてヘーゲルの理性は自己の自然性を知らないのか、という問いに対し、前段落のように答えようとするならば、その意味は〈それは、ヘーゲルの理性が、フィヒテの知識学に対して自然哲学を対立させ、そして同一哲学の立場を切り開いてきた、まさにその理性ではないからである〉というものでなければならないように思われるのである。

しかしそうであるとするならば、あのようにヘーゲルの『哲学史講義』において『人間的自由の本質』が、もはや哲学史における必然的な固有の契機としてではなく、いわば周辺にしか位置づけられなかった、ということは、ただたんに――これまでしばしば指摘されてきているように――ヘーゲルの哲学史が『人間的自由の本質』以後のシェリングの思想を、彼のいわゆる「後期哲学」をその内に包括しえなかった、ということを暗示しているだけではないように思われる。むしろこのことはさらに、シェリングの前半期の思想に対するヘーゲルの無理解の可能性をも、あるいはそれが言い過ぎであるとするならば、彼の描くシェリングの肖像が結局は肖像にすぎないという可能性をも暗示しているのではないのだろうか。

だが、この可能性がたんなる可能性に過ぎないのではないとすると、結局どういうことになるのか。シェリングの思惟の運動は、全体としてヘーゲルの描く哲学史の外側で、それによっては決して把握されえない彼方で生起している、ということになるのではあるまいか。そしてもしわれわれが、ヘーゲルが描いているのと同じような図式の下にシェリングの前半期の思想を眺め、何の疑問も抱かずに――あるいは疑問を抱いていたとしても――その光景の内に安住している限り、それはかつてのシェリングの後半期の思想の場合と同様に terra incognita として手つかずのまま放置されている、ということになりはしないであろうか。(44)

註

(1) Hegel an Schelling, am 2. 11. 1800.

（2） Vgl. Hegel, G. W. F.: *Werke : [in 20 Bänden].* Auf d. Grundlage d. Werke von 1832-1845 neu ed. Ausg., Ausg. in Schriftenreihe »Suhrkamp-Taschenbuch Wissenschaft«. 2. Jeaner Schriften: 1801-1807. - 2. Aufl. - Frankfurt am Main 1990, Differenz des Fichteschen und Schellingschen Systems der Philosophie, S. 9ff.

（3） Vgl. Hegel, G. W. F.: *Werke.* 20. Vorlesungen über die Geschichte der Philosophie. - 3. - 1. Aufl. - 1986, S.423.

（4） Ibid. S.453.

（5） 『人間的自由の本質』は、シェリングの生前に刊行された初めての著作集である『哲学的著作集』第一巻（第二巻以後は未刊）のために書き下ろされ、『自我について』『哲学的書翰』『知識学の観念論の解明』『造形芸術に対する自然の関係』とともに、その唯一未発表の論文として収録された。ここで『人間的自由の本質』の »Vorrede« というのは、この『著作集』第一巻の »Vorrede« のことである。

（6） Schelling, F. W. J: *Philosophische Untersuchungen über das Wesen der menschlichen Freiheit und die damit zusammenhängenden Gegenstände.* Hrsg. von Thomas Buchheim. - Hamburg : Meiner, 1997 [Philosophische Bibliothek ; Bd. 503] (= Freiheitsschrift). S.4f. なお日本語訳は西谷啓治訳『人間的自由の本質』岩波文庫を参照した。

（7） 例えば、『ブルーノ』や『学問論』、さらにアカデミー講演の名で知られる『造形芸術に対する自然の関係』など。

（8） 『人間的自由の本質』には本来「章」「節」などの区切りは一切ない。それゆえ „Einleitung“ や „Untersuchung“ といっても、そうした区分がテキストに明示されているわけではない。しかしシェリングの言葉からそうした区分を推察することは可能である。とはいえ、実際にそうした区分を行おうとすると、当然のことながら、人によって微妙な食い違いが生ぜざるをえない。今は Buchheim の区分に従う。

（9） Freiheitsschrift. S.30.

（10） Schelling, F. W. J.: *F. W. J. Schellings sämmtliche Werke.* Hrsg. v. K. F. A. Schelling. Abt. 1. Bd. IV. Stuttgart-Augsburg 1856 (= SW 1, IV), Darstellung meines Systems der Philosophie, §.2, S. 115. „Es gibt keine Philosophie, als vom Standpunkt des Absoluten, daüber wird bei dieser ganzen Darstellung gar kein Zweifel statuirt: die Vernunft ist das Absolute, sobald sie gedacht wird, wie wir es（§.1）bestimmt haben; ...“

（11） Ibid. S.116.

（12）Freiheitsschrift. S.29f.

（13）Vgl. Darstellung meines Systems der Philosophie. §.24, SW 1, IV, S. 124f.

（14）Vgl. Ibid. §.29-31, SW 1, IV, S.126ff.

（15）Vgl. Ibid.

（16）Vgl. Schulz, W.: *Die Vollendung des Deutschen Idealismus in der Spätphilosophie Schellings.* Zweite Auflage. Pfllingen 1975. S. 9.

（17）Vgl. Freiheitsschrift. Einleitung von Thomas Buchheim, S.XIII-XXV.

（18）Vgl. Ibid.

（19）Freiheitsschrift. S.4.,5ff.

（20）本章の註8を参照。

（21）Freiheitsschrift. S.27.

（22）Ibid. S.30f.

（23）Darstellung meines Systems der Philosophie. SW 1, IV, S. 108. „... mit der gegenwärtigen Darstellung befinde ich mich im Indifferenzpunkt, in welchen nur der recht fest und sicher sich stellen kann, der ihn zuvor von ganz entgegengesetzten Richtungen her construirt hat."

（24）Schelling, F. W. J. : *Einleitung zu seinem Entwurf eines Systems der Naturphilosophie. Oder über den Begriff der speculativen Physik und die innere Organisation eines Systems dieser Wissenschaft.* Hrsg. v. W. G. Jacobs, Stuttgart 1988, §.1 Was wir Naturphilosophie nennen ist eine im System des Wissens notwendige Wissenschaft, S. 20f.

（25）Vgl. Fichte, J. G. : *J. G. Fichte - Gesamtausgabe der Bayerischen Akademie der Wissenschaften.* Hrsg. v. R. Lauth u. H. Jacob. Bd. I, 2. Stuttgart-Bad Cannstatt 1965. Begriff der Wissenschaftslehre. S. 148.

（26）System des transzendentalen Idealismus. SW 1, III, S. 330f.「この著作の目的は超越論的観念論を本来あるべき姿へ、すなわち全知識の体系へと拡張すること、故に、ただたんに一般的というのではなく現実の行為そのものによって、つまり、その原理を知の主要な対象についてのあらゆる可能な問題へと実際に拡張することによってこの体系を証明する、ということに他ならない。〔…〕観念論を完全な広がりにおいて叙述するという自分の目的を達成しようとする場合に著者がとった手段は、哲学の全部門を一つの連続性において全哲学を哲学がそうであるものとして、つまり、それにとっては経験の内に下に置かれるものがいわばただ記念とドキュメントとしてのみ役立つような自己意識の進行する歴史として、述べたことであった。〔…〕本来は、それによって自我が最高の勢位における意識にまでみずからを高めるような、諸直観の段階的発展であるような連関の叙述に、とりわけ心を尽くすように著者を主に駆り立てたものは、自然と知性との平行論であった。著者はずいぶん前からこの考えに導かれていた。またこれを完全に叙述することは超越論的哲学だけにも自然哲学だけにも可能ではなく、ただ二つの学問にとってのみ可能なのである。この二つの学問はまさにそれゆえに、決して移行し合って一つになりえないような二つの永遠に対立する学問でなければならないのである。」

(27) Allgemeine Deduktion des dynamischen Prozesses. SW 1, IV, S. 76. これに続けてシェリングはさらに次のように述べている。「故に、われわれの言い方では、質とは自然の感覚であり、物体とは自然の直観であり、自然そのものが、いわば、そのあらゆる感覚や直観とともに凝固した知性である、と言える。したがって、ひとたびこの点に達すれば、われわれは全く相反する方向へ、つまり自然からわれわれへ、われわれから自然へと進むことができる。しかし何にもまして、知ということが重要な者にとっては、真なる方向は自然そのものがとった方向なのである。

ここで初めて完全に述べた事柄を根拠づけるための準備を、私はずいぶん前からおこなってきた。この根拠づけをなしうるには、私は、引き合いに出しうるような完全な観念論的観点からの自己意識の歴史を前もってうち立てなければならなかった。私の『超越論的観念論の体系』は、この根拠づけのためのものなのである。」

(28) Über den wahren Begriff der Naturphilosophie. SW 1, IV, S. 92.

(29) Zur Geschichte der neueren Philosophie. SW 1, X, S. 93.

(30) Darstellung meines Systems der Philosophie. §.1, SW 1, IV, S. 114f.

(31) 山田晶「神の内在と超越」『トマス・アクィナスの《エッセ》研究』(昭和五三年、創文社)、五二四頁。

(32) Darstellung meines Systems der Philosophie. §.1, SW 1, IV, S. 115

(33) Freiheitsschrift. S.32.

(34) Ibid. S.57.

(35) Ibid. S.56.

(36) Ibid. S.23.

(37) Ibid. S.78f.

(38) Ibid. S.53.

(39) この点に関しては、第二章「シェリング哲学の出発点——人間的理性の起源と歴史の構成」および第三章「歴史的理性の生成——シェリング『悪の起源』における神話解釈の意義」を参照されたい。

(40) Freiheitsschrift. S.53f.

(41) Zur Geschichte der neueren Philosophie. SW 1, X, S. 159.

(42) Ibid. S. 160.

(43) Freiheitsschrift. S.62. なお『エアランゲン講義』(Über die Natur der Philosophie als Wissenschaft, SW 1, IX, S. 241.)には、次のような文言が見出される。„Der Irrthum ist nichts Gleichglültiges, nicht bloßer Mangel, sondern eine Verkehrtheit der Erkenntniß (er gehört in die Kategorie von Bösem, Krankheit).“

(44) Vgl. Nabert, J.: „La philosophie réflexive“, dans *l'Encyclopédie française,* XIX, «Philosophie-Religion», Paris, Société nouvelle de l'Encyclopédie, 1957, 19-04-14/19-06-3.

第五章　『自由論』の立場

――『ティマイオス』評価の観点から――

一　序論――クリングス・テーゼ

論文「生成と物質（Genesis und Materie）」においてヘルマン・クリングスは若きシェリングの遺稿の一つ『ティマイオス註解』に詳細な解説を加えているが、それだけではなくさらに同書に対する独自の解釈をも提示している。(1) 周知のように、彼の解釈は『註解』の主題をシェリングの自然哲学――とくにその「物質」概念――との内的連関において捉えることを主眼としている。しかし同時に、この『ティマイオス』との関係が以後のシェリングの思惟の展開に伴って変化していく経緯についても簡単な展望が与えられている。すなわち、クリングスによれば、シェリングの思惟はその後も『ティマイオス』との密接な関係を保ち続けるが、その関わり方には時期によって差異が見出される。つまり、同一哲学の前期（『ブルーノ』）になると同書に対する批判的言辞が散見されるようになり、後期（『哲学と宗教』）ではさらに歩を進めて『ティマイオス』との決別が宣言される。ところが『自由論』では一転して同書に対する肯定的な評価が復活し、以後この評価が覆されることはなかった。――そのように述べられているのである。

ジークバート・ペーツは、著書『知における自由（Freiheit im Wissen）』の脚注の一つで、クリングスのこのテーゼに言及し、彼の言う『ティマイオス』評価の「揺れ（Schwankungen）」がシェリングの思惟の道を映し出す「鏡（ein Spiegel）」であると語っている。(2) ペーツの主張には本来のクリングスのテーゼからのあきらかな逸脱が見て取られると同時に、彼自身によるこの「思惟の道の鏡」という提言もたんなる着想の域を出ていない。しかしこの著作における彼の他の主張を併せて考えてみると、そこにはこの「揺れ」を正しく捉え、真の「鏡」に仕上げてゆくための重要なヒントが含まれているように思われる。というのもペーツは、一方で『自由論』に『ティマイオス』の影響を認めつつも、他方において『自由論』は『私の哲学体系の叙述』との内的連続性において理解されねばならないと主張しているからである。このような観点（思惟の内的連続性）に立つ場合、『ティマイオス』の評価の「揺れ」と呼ばれている事態に関しても、クリングスとは異なる理解の可能性が示唆されていると私には思われる。というのも、ペーツが指摘しているように一八〇一年から一八〇九年にかけてのシェリングの思惟の展開に何らかの一貫性が見出されるべきであるとすると、「揺れ」といってもそれを、クリングスが思い描いているように――全面的肯定から全面的否定へ、全面的否定から全面的肯定へと揺れる――単純な振り子運動のように解するのは困難となるだろうからである。

実際、この種の可能性を念頭に置きながらクリングスの説を再検討してみると、そこには全般に渡って誇張、というよりもむしろ著しい単純化の跡が認められるように思われる。というのも、例えば、上述の論文においてクリングスは、自然哲学的著作における『ティマイオス』評価を全面的肯定であるかのように語っているが、シェリングのテキストに即して理解する限り必ずしもそうとは言えないからである。つまり、一連の自然哲学的著作においてもすでに『ティマイオス』に対して或る意味で否定的な評価が下されており、しかもその内容は――のちに同一哲学において初めてなされると言われる――同書に対する否定的評価と通底しているように思われるのである。さらにまたクリングスは、一八〇一年以前の自然哲学的著作における『ティマイオス』に対する肯定的評価と『自由論』以後の著作におけるそれとを、専ら肯定という点にのみ着目して等し並みに扱おうとしているが、二度目の肯定が否定という媒介を経ているというただその一点を考慮しただけでも、二つの肯定の間に何ら質的差異がないとは考えにくいであろう。

したがって肯定といい否定といっても、それらは――それぞれの時期においても、またそれらの時期相互においても――かなり入り組んだ関係にあるのではないかと推察される。しかしそのように『ティマイオス』評価の「揺れ」が必ずしも単純でないとすると、事態はいったいどのようになっているのだろうか。またその場合、いかなる意味においてこの「揺れ」はシェリングの思惟の道を映す「鏡」であると言えるのだろうか。

二 クリングス・テーゼ（前半部）の骨格

まずはクリングスの所説の論理的骨格を明確にすることから始めることにしよう。彼のテーゼは「生成と物質」第一八節「『ティマイオス』に対するシェリングの思惟の諸連関の継続（Fortgang）および中絶（Abbruch）について」で集中的に述べられているが、次のような言葉で締め括られている。これはこの節全体の彼自身による要約と言える。

プラトンの『ティマイオス』に対するシェリングの肯定的連関が決定的に彼の「思弁的自然学」という自然哲学的構想に刻印を与えていた。この刻印は同一性の思惟が優勢となるに伴って終る。絶対的統一の哲学というものは、神的理性に対立する実在性の原理に関する教説と矛盾する。『ブルーノ』においてシェリングはこの「プラトン」に対して距離を置く。『哲学と宗教』では『ティマイオス』の質料概念との決別（Bruch）が果たされる。

この決別は、同一哲学をもってシェリングにとって「質料」の問題が最終的に解決されるということを意味しない。『自由論』では、この問題が神についての哲学的教説という文脈において、実存と「実存の根底」の差異のうちに再来する（SW VII 357）。この問題は今や悪の問題として再び中心に登場する、しかもそれは再びプラトンとの関係においてなのである(3)。

第一段落では自然哲学から同一哲学への展開に伴う『ティマイオス』評価の転換、第二段落では同一哲学から『自由論』への展開に伴うその再転換が語られている。第二の転換は第一の転換をふまえている。まず押さえておくべきであるのは、この運動の出発点をなす「肯定的連関」の内実であるが、これには次のような説明が与えられている。

シェリングはプラトンのもとで一切の生成「以前」の自然という概念、可視的世界の生成の制約としての前＝生成的ピュシスという概念に遭遇する。

なかば神話的なプラトンの表現法によると、これは世界の生成「以前」のピュシスが問われるということである。〔…〕シェリングの自然哲学的な表現法によると、世界生成以前のピュシスへの問いは原自然的なプロセスが主題とされ、所産としてではなく活動性としての物質への問いが立てられることを意味している。

〔…〕シェリングは〔…〕プラトンの、あらゆる所産「以前」の物質への問いの次元をとらえ、空間を満たす物質を構成する諸プロセスを問うのであるが、これらのプロセスは「神話的」に語られると、素材となる物質よりも「古い」ものであり、シェリング的に語られると、「物質の構成」の諸プロセスとして原自然学において再構成されねばならないのである。(4)

クリングスによれば、世界の生成「以前」の自然が——まさに「可視的世界の生成の制約」として——問われるところに『ティマイオス』とシェリングの自然哲学の肯定的連関が成立している。彼によれば、シェリングの自然哲学における「物質の構成」とはこの世界生成以前の「自然」を主題とし、その生成のプロセスを記述するものに他ならないのである。

例えば、『純粋理性批判』ではそのような——つまり、あらゆる形式を受け取る以前の、それ自身はいかなる形態を持たない、純粋にアモルフな——「自然」が考察の対象とされることはない。なぜなら直観の多様といえども、それはすでに直観の形式との関係の内にあるからである。しかるに『ティマイオス』およびシェリングの自然哲学が考察の対象としているのは、カント的に言えば、直観の形式に入りこむ以前の直観の多様である。この点において『ティマイオス』の「受容者」とシェリングの自然哲学の「物質」は身分を等しくすると考えられ、そこに両者の肯定的連関が見てとられているのである。

ところが、続いて「この刻印は同一性の思惟が優勢となるに伴って終る。絶対的統一の哲学というものは、神的理性に対立する実在性の原理に関する教説と矛盾する」と言われている。ここで指摘されているのは、一八〇一年の「同一哲学」期の幕開けとともに『ティマイオス』との肯定的連関が次第に失われていく、という事態であろう。しかしながら、この事態が同時に「同一性の思惟」の「優勢」と結びつけられ、さらに「神的理性に対立する実在性の原理」の喪失として特徴づけられている。こうした理屈が成立しているのは、クリングスが肯定的連関が成立するための条件を『ティマイオス』的な二元論の採用に求めた上で、自然哲学から同一哲学への移行をそうした二元論的立場から一元論的立場への移行と解しているからに他ならない。それゆえ、自然哲学は二元論に立脚しているが故に『ティマイオス』との肯定的連関を保ちうるが、同一哲学は一元論へと移行するが故に一転して『ティマイオス』に対して否定的な評価が下される、と言われるのである。「というのも、同一哲学はいかなる種類の二元論も拒絶しなければならないからである」[5]。

三　クリングス・テーゼ（前半部）の批判的検討

（1）　二元論の不在

クリングス・テーゼの前半部に関して真っ先に問題となるのは「神的理性に対立する実在性の原理」とそれに基づく二元論という主張である。仮に『ティマイオス』が二元論を採用しているとしても――それゆえまた『註解』もそうであるとしても――では「自然哲学」期のシェリングがはたしてクリングスの言う意味での二元論に立脚していると言えるだろうか。というのも、シェリングは彼の自然哲学において最初から「神的理性に対立する実在性の原理」およびそれに基づく『ティマイオス』的な二元論の構図を否認しているからである。例えば『物質の構成』が初めて主題として取り上げられるテキストの一つである『自然哲学考案』（一七九七）では次のように述べられている。

長い間すでに人間精神〔…〕は、世界の起源に関するさまざまな神話や詩に没頭していたし、全民族の宗教が精神と質料(Materie)の抗争に基礎づけられていたが、その後になって、一人の幸運な天才――最初の哲学者――が二つの概念を発見した。あらゆる後続の時代は、これらの概念において、われわれの知の両端をつかんで、もはや放さなかった。古代の偉大な思想家たちは敢えてあの対立を乗り越えてゆこうとはしなかった。プラトンは未だに質料(Materie)を自立した存在者として神に対置している。精神と質料を一なるもの、思想と延長を同一原理の様態に過ぎないものと見なした最初の人はスピノザであった。(6)

「プラトンは未だに質料を自立した存在者として神に対置している」というのは、ここでは明白に否定的な意味で語られている。というのも、精神と質料(Materie)との対立に関して言えば、『ティマイオス』はスピノザ的にその同一性への認識へと進まなければならない、と主張されているからである。実際、クリングスの云うように、たとえシェリングの自然哲学が一方で『ティマイオス』と何らかの連関を有しているとしても、他方でそれが「自然学のスピノザ主義」と称される一面をも備えている、ということは否定できない。ところが、クリングスの考察には自然哲学(さらに言えば初期シェリング哲学全般)におけるスピノザ主義という観点が完全に欠落している。しかし先の引用を黙殺するのでなければ、むしろクリングスの見解が修正されなければならないだろう。つまり、シェリングの自然哲学は『ティマイオス』との内的連関を有しつつも、同時にその二元論をスピノザ的一元論へと乗り越えた地点において成立している、と考えられねばならないのである。

このように自然哲学がすでに一元論的立場に立っているとすると、自然哲学から同一哲学への移行を二元論から一元論への移行という図式でとらえることはできない。もちろんそれは、シェリングがこれらの時期を通して一貫して二元論的立場に批判的態度をとっており、いわば常に同一哲学的であると考えられるからである。ところがもしそうだとすると、同じことがシェリングの質料概念に関しても言いうるのでなければならない。つまり、シェリングの質料概念は『ティマイオス』の質料概念を基盤としつつも、最初から何らかの同一哲学的な変様（すなわち、観念的原理との同一性という性格）が加えられている、というのでなければならない。それゆえ、「同一性の思惟によって変様された質料概念」[7]といっても、それはいわゆる同一哲学に専有のものではなく、自然哲学と同一哲学の各々において互いに相違する——つまるところ二種類の——同一哲学的な質料概念がある、ということにならざるをえないのである。

しかしそういうことになると、これらの質料概念がいったい何によって相違しているのか、という問題を避けて通るわけにはいかない。

（2） 観念的原理の役割

この種の問いを敢えてクリングスに投げかけてみるのは無駄ではないだろう。というのもこれによって、彼においては同一性が二つの原理の対立のたんなる消滅という観点からしか捉えられていない、という事実が再認されるからである。そこでわれわれは、プラトン＝カント的な二元論からシェリング＝スピノザ的一元論への移行をたんなる対立の消滅ではなく、より内実のあるものとして捉えるために、実在的原理への観念的原理の浸透という観点を導入することにしたい。

実際、このような観点を導入すると、二つの「同一性の思惟によって変容された質料概念」の相違（二つの同一哲学の相違）も理解が比較的容易になる。というのも、両者の差異はひとまず観念的原理の次元の相違へと還元されるからである。つまり、例えば、自然哲学における「産出性としての自然」もしくは「活動性としての物質」――要するに「自然学のスピノザ主義」――も、すでにこの種の浸透なしに成立しえないが、このとき観念的原理のもとで思惟されているのは、いわゆる「同一哲学」において観念的原理とされているものと必ずしも同一ではない。というのも前者の場合、観念的原理のもとで考えられているのは、自然がいずれそれになるところのもの、つまり自我（ないしは精神）であるが、後者の場合には、むしろさらに神的と形容されるべき何ものかだからである。実際、観念的原理と質料的原理の同一性が要請として掲げられるとしても、この世界において「質料的原理」を認めることと絶対者において「質料的原理」を認めることは直ちに同一ではありえない。しかしこの後者、つまり「自然的原理」を「神的原理」との同一性において理解することが同一哲学の課題とされているように思われるのである。

ところで、二つの質料的原理にこのような次元ないしポテンツの差異が認められる限りにおいて、クリングスの指摘――同一哲学においては以前の物質概念に対する「批判」がなされている――にも首肯しうる点がないではない。しかしこの場合「批判」というのは適切な表現とは言えないであろう。というのも、自然哲学から同一哲学への展開が観念的原理の次元の深化に伴う質料概念の変質のプロセスにあると解されるならば、そこには質料概念が次第に観念的原理によって浸透されていく、その意味で唯一の運動があるだけだからである。

(3)　三重の観点

しかしたとえそうであるにしても、実際にはシェリングの思惟はもう少し複雑な運動をしているように見える。そこでわれわれはさらに、この観点以外にもこのプロセスを眺める複数の観点が存在し、それらをシェリング自身が往来していると想定してみよう。

まず第一に、ちょうどいま言及したように、われわれはシェリングの意図に密着し、いわば内側からこのプロセスを捉えることができる。このとき質料は常に観念的原理（最初は精神的原理、次いで神的原理）の光のもとで見られ、一貫して『ティマイオス』の質料概念の同一哲学的変様が試みられている。

しかし第二に密着の度合いを緩めて、シェリングの意図を離れ、内側と言うよりも外側からこのプロセスを眺めてみると、あるいはむしろいわばそれを上方から俯瞰してみると、《その都度終点に位置する変様された質料概念》と《起点をなす原型としての質料概念》を比較しうる視圏が開かれる。その場合、『ティマイオス』の質料概念は常に漸次的な変様のプロセスのうちにある。それゆえ、シェリングの質料概念には常に部分的に『ティマイオス』の痕跡が、そして同時にそこからの逸脱も見出されるであろう。

第三の観点は、第二の観点と同様、起点と終点に位置する質料概念の比較において成立する。しかしその差異の捉え方は異なる。第二の観点はいわば客観的比較であって、起点から計測してたんにその都度の逸脱の度合いが確認されるに過ぎない。しかるに第三の観点では、シェリング自身の質料概念が『ティマイオス』の質料概念の真の意味を開示するものと見なされる。それゆえ今度はこのプロセスも、この真の意味の漸次的開示のプロセスと見なされるのである。

すでにここまで来ると「揺れ」や「鏡」という表現自体も再検討しなければならないように思われるが、それはひとまず傍らに置いてクリングス・テーゼ（前半部）の残りの部分、つまり「『ブルーノ』においてシェリングはこの「プラトン」と距離を置く。『哲学と宗教』では『ティマイオス』の質料概念との決別が果たされる」と言われていた事態を、いま述べた三重の観点というプリズムを通して解析してみたい。その際、主として「決別」という問題に焦点が当てられる。

四　『自由論』への道

（1）『哲学と宗教』における二つの質料概念

まずは『哲学と宗教』におけるシェリングの質料概念について基本的な点を押さえておく必要がある。一切の出発点（もちろんそれは時間的な意味ではない）をなすのは「端的に観念的なもの」である。「しかしこの端的に観念的なものとともに」一つの形式がある。「端的に観念的なものは、かかるものとして直接的に、自己の観念性の外に出ることなく、実在的なものとしてもある」(8)という形式が、それである。したがって「端的に実在的なもの」、「もう一つの絶対者」と呼ばれる第三のものがある。この「端的に実在的なもの」が「もう一つの絶対者」と呼ばれるのは、それ自身が「端的に観念的なもの」と同様に、先の絶対性の形式を介して実在的なものを産出しうるからである。しかしこのことは「端的に実在的なもの」に対して、「端的に観念的なもの」から切り離されて「それ自身だけでありうる」という可能性が付与されることでもある。この可能性が現実性に転ずるところにいわゆる感性的世界が成立する。「端的に実在的なもの」は、それが「端的に観念的なもの」と一つである限りでは「イデア」を産出するが、いまやそれが産み出すのはたんなる「仮象（Scheinbild）」である。「物質（Materie）」とはこの仮象の一つである。そうであるが故に、それは「魂が持つ、明証にとっては見通しのきかない仮象ないしは幻像（simulachrum）」(9)という意味において「非存在（Nichtwesen）」とか「全き無（ein vollkommenes Nichts）」とも呼ばれている。

このように『哲学と宗教』において質料的原理、つまり「端的に実在的なもの」にはイデアの産出と仮象の産出という二重の働きが担わせられている。その限りにおいてたしかに質料概念の二義が存在している。しかも第二の意味は第一の意味に依存している。というのも、「端的に実在的なもの」が「端的に観念的なもの」から分離されていながらなおも仮象を産出しうるのは、両者の同一性が根底にあるからである。しかし『哲学と宗教』において「物質」が「無」と見なされていると言われるとき、それは第二の意味における。つまり「端的に観念的なもの」から分離された質料的原理、しかもたんなるその所産についてそのように言われているのである。それゆえ、この一面のみを取り出して『哲学と宗教』におけるシェリングの質料概念を代表させるのは明らかに問題がある。

（2） 第二の観点――絶対者と有限者の関係

第二の観点は、同一哲学的変様の起点に位置する質料概念と終点に位置する質料概念を比較し、排除される要素と残存する要素を識別することを目標としていた。

『哲学と宗教』においては『ティマイオス』における二元論は問題となっていない。無論、二元論に対する批判は継続している。しかし同書では、ゾロアスター的な教説に二元論の立場が委ねられ、『ティマイオス』は別の観点から批判されている。つまり、問題とされるのは、絶対者と有限者の直接的関係である。シェリングによると『ティマイオス』では「感性界の基体に対する神的存在者ないしその形式の直接的関係（eine direkte Beziehung）」[10]が想定されているのである。

シェリングはこの直接的関係を想定する立場として次の四つを挙げている。第一は「絶対者をして有限者を積極的に産出するものとする」立場であり、第二は「かのものの下に或る消極的なもの（ein Negatives）を置く」立場である。そしてこの消極的なものをどう捉えるかに応じて、後者はさらに三種類に分かれる。つまり、（1）「質の無限の多様性を持つ質料」として、或いは、（2）多様性を漂白された「たんなる空虚な、未規定的なもの」として、或いは、（3）「無」として、――捉えるという三つの立場である。第二のものが何を指しているかは俄かには断定しかねるが、第一のものが『ティマイオス』の、第三のものが新プラトン派の質料に相当すると見なされているのは――歴史的に正確かはともかく――文脈から判断して間違いないだろう。たしかにシェリングは、これらの四つの立場のうち、後になればなるほど（積極性の度合いが減少する、言い換えると消極的である、という理由で）それに高い評価を与えている。しかしこれらはやはりいずれにしても絶対者と有限者との間に直接的関係を想定していると見なされている。

これに対して『哲学と宗教』におけるシェリングの立場は、絶対者と有限者との間に間接的関係を想定する、というものである。もう少し厳密に言えば、この関係はたんに消極的であるだけではなく、同時に間接的でもある。つまり、両者の間には「端的に実在的なもの」という媒介があり（消極性）、なおかつ、これは「端的に実在的なもの」である限りにおいては絶対者との同一性においてイデア以外のものを産出しえないのであり、絶対者からの「離落（Abfall）」においてのみ無としての、非存在としての、仮象としての有限者を産出するのである（間接性）。要するに、たんなる消極性からさらに間接性へと至るには、この媒介項による絶対者からの自発的分離が要求されるのである。

このように『哲学と宗教』ではシェリングは彼自身の立場（間接性）と『ティマイオス』の立場（直接性）を区別している。しかし積極性と消極性という尺度に照らして見ると、『ティマイオス』は前者から後者へ一歩を踏み出したものと評価されている（消極的なものの第二のもの、つまり未規定的な質料が、もし仮に「受容者」を念頭に置いているとするなら、なおさらであろう）。さらにまたシェリングは『ティマイオス』を引用し、「万物が可能な限り〔イデアに〕似ている」ように欲する万物の善なる製作者について言及しているが、(11)ここでシェリングが自身の「もう一つの絶対者」としての「端的に実在的なもの」という思想を、製作者の善性を確保しようとするプラトンのこのような意図を最大限に満たすものとして自負しているのは明らかであるように思われる。

要するに、この時点においてもシェリングにとって『ティマイオス』はいかなる肯定的評価にも値しないというわけではないのである。しかしそうすると『哲学と宗教』において『ティマイオス』の質料概念との「決別」がなされているという主張も再検討の余地があるだろう。

（3）第三の観点――『ティマイオス』偽作説の主張

さて第三の観点では、さらに一歩進んで、現在のシェリングの質料概念が『ティマイオス』の質料概念の真の意味を開示するものと見なされる。そして前者は後者に含まれる真正な部分と不純な部分とを識別する指標として用いられる。

背景にあるのは、《積極性（直接性、実在性の付与）―消極性（間接性、実在性からの遠離、離落）》の諸段階という図式である。そしてこの両極の間に、『ティマイオス』や新プラトン派、さらにはシェリング自身の立場が位置づけられている。『ティマイオス』が、「神性の下に質料を、無規則で無秩序な素材を置き、この素材が神性に由来する作用によって諸事物の原像を懐胎させられ、これらの事物を産み、合法則的な体制を獲得する」という「試み」の故に、「極めて粗野な試み」として極端に低い評価がなされるのも、この図式を背景としてのことである。ところがシェリングは次のように述べる。

> 絶対者は唯一実在的なものであり、有限な諸事物はこれに反して実在的ではない。その根拠はそれゆえそれらに対する、或いは、その基体に対する実在性の分与――その分与は絶対者から発したのであろうが――にはありえない。それは絶対者からの遠離に、離落にしかありえない。
> この崇高であると同様に明解かつ単純な思想は真にプラトン的な思想でもある。この思想は彼の精神が最も純粋で誤認の余地がないほどに刻印されている諸著作において暗示されている。ただ原像からの離落によってのみプラトンは、魂をその最初の至福から降下させ、時間的宇宙の内へと誕生させたが、この宇宙によって魂は真の宇宙から切り離されているのである。(12)

こうして『ティマイオス』には偽作の疑いがかけられる。詳しく述べると、第一に、プラトン思想の全般的傾向が視野に収められる。第二に、現在のシェリングの質料概念を背景として（言い換えると、《積極性（直接性、実在性の付与）――消極性（間接性、実在性からの遠離、離落）》の諸段階という図式を背景として）、『ティマイオス』の質料概念のうちで真正と見なされる部分そうでない部分とがいわば篩にかけられる。第三に、その真正と見なされる部分がプラトン思想の全般的傾向と方向性を等しくすることが確認される。第四に、これに反して『ティマイオス』の質料概念のうち不純と見なされる部分はプラトン思想における例外と判定される。第五に、以上の考察をふまえて、実際にこの不純な部分を『ティマイオス』もろとも、プラトンの著作全体から排除しようとするところに、いわゆる偽作説が唱えられるのである。

ところで先の引用の直後には『ティマイオス』の主要な思想の一つに他ならない「万物の秩序付与者（Der Ordner des Alls)」の妬みなさについての肯定的言及が見出される。このことが示唆しているように、『ティマイオス』は決して全体としてではなく、あくまで異質なものの局部的な混入の故に、つまり「プラトンのインテレクチュアリスムスとより粗野な、世界創世論的諸概念との結婚（Vermählung des platonischen Intellektualismus mit den roheren, kosmogonischen Begriffen)」の故にのみ偽作と疑われるに過ぎない。言い換えると、『ティマイオス』そのものは、したがってまたその質料概念も、シェリング自身の立場とも一致するような真正な意味を全く持っていないというわけではないのである。それゆえ、たとえ『ティマイオス』に偽作の疑いがかけられるとしても、ただちにそれが『ティマイオス』の質料概念との「決別」を意味しているわけではない。この嫌疑をもって「決別」の証拠とするのは論理のすりかえと言わざるをえない。「決別」がなされているかどうかは両者の質料概念の比較からしか判定できないが、しかも両者の比較からはそのような結論は導き出されないのである。

（4）第一の観点――「神の内なる自然」というプログラム

このようにシェリングによる『ティマイオス』の質料概念の変様の過程は重層的と云えるが、それを最も単純に、つまりシェリングの意図に即して捉えるのが第一の観点であった。これをわれわれは「神の内なる自然」というプログラムの発動と遂行という観点から捉えてみたい。

「神の内なる自然」というのは言うまでもなく『自由論』の本論の冒頭に登場する有名な概念であるが、実はすでに『ブルーノ』においてこのプログラムが明確に語られている。

この対立を通して人間たちは、自然を神の外に、他方、神を自然の外に見ることを学んだ。そして、彼等は自然を神聖な必然性から取り上げて、それを彼等が機械的と呼ぶ神聖ならざる必然性に従属させたが、観念的世界はまさにそれゆえに無法則な自由の舞台とされた。同時に、彼等は自然をたんなる受動的存在として規定したことによって、彼等は、彼等が自然の上に高めた神を、純粋活動性、純粋現実態（lautere Aktuosität）として規定する権利を獲得したと信じた。それはあたかも、これらの概念の一方が他方と存亡を共にしていないかのごとくであり、いずれもそれだけで真理を持ちえないのではないかのごとくである。しかるに彼等に対して、自然は神の外にではなく、神の内にあると言われると、彼等は自然ということでまさに神からの分離の故に生命を絶たれた、このような自然を理解しているのである。まるでこのようなものがそもそもそれ自体として存在する何ものかであるように〔…〕。

〔……〕

それゆえ最高の力もしくは真の神は、その外に自然があるのではない神であるが、それは真の自然が、その外に神があるのではない自然であるのと同様である。(13)

『ブルーノ』では質料的原理が「無限な有限性」として、『哲学と宗教』では「もう一つの絶対者としての端的に実在的なもの」として捉えられていく。これは質料的原理を、それが神に内在しうるようなものとして変質させていくプロセスとして捉えられるべきではないだろうか。実際、『哲学と宗教』における絶対者と有限者との関係を直接的・積極的なものとしてではなく、間接的・消極的なものとして捉えるという課題の解決は、言い換えると、「離落（Abfall）」の思想の導入は、裏側から言えば、質料的原理が神的原理との同一性にまで高められることを前提としている。というのも、これによって初めて質料的原理は「離落」を可能とするものとして捉えられるからである。もしも質料的原理が神的原理との同一性にまで高められなければ、これに感性的世界の創造者という地位を割り当てることができず、結局、彼の『ティマイオス』批判が立脚する間接的・消極的関係の可能性を語ることがそもそも不可能となるのである。

それゆえ、クリングスの「決別」に代えるに「神の内なる自然」のプログラムをもってし、この単純なプログラムの背後に前節および前々節で述べた事態を包含させるというのが、より実際の事態に即しているのではないのか、というのが、われわれの主張である。

五　展望──『自由論』の立場

さて本来ならば、さらにクリングス・テーゼの後半部の検討を行い、その考察も踏まえて『自由論』の哲学的立場を解明したいのであるが、いまはその余裕がないため、その方向性について簡単に考えを述べてひとまず稿を終えたい。

われわれの提案は『自由論』の立場を「神の内なる自然」というプログラムの完遂として捉えるということである。ここには大きく分けて三つの論点が含まれている。まず第一に、すでに述べた第三の観点（現在のシェリングの質料概念が『ティマイオス』の質料概念の真の意味を開示するものと見なされる）に立って『自由論』における『ティマイオス』と類似性をいったん括弧に容れる、ということである。つまり、表面上の類似に惑わされないように注意する、ということである。次いで第二に（そのような第一段階の切り離しを前提として、さらに第二に）

『自由論』の質料概念を、直接的に『ティマイオス』に結びつけるのではなく、むしろ『哲学と宗教』の方からその延長線上に成立するものとして捉える、ということである。最後に第三に、一八〇一年から一八〇九年に至るシェリングの思惟の道を質料概念を軸に一貫したものとして捉えることによって、『自由論』における質料概念の確立と『自由論』そのものの立場の成立とを可能な限り一体的な出来事として捉える、ということである。

註

（1）クリングス論文の詳細については本書の第一章を参照されたい。また本章の第一節、第二節の一は一部、内容的に第一章と重複していることを前もってお断りしておく。

（2）Peetz, Siegbert: *Die Freiheit im Wissen: eine Untersuchung zu Schellings Konzept der Rationalität*, Klostermann, 1995, S.142. Anm.

（3）Schelling, F. W. J. :„*Timaeus. (1794)*“. Hrsg. v. H. Buchner. Mit einem Beitrag von H. Krings: Genesis und Materie - Zur Bedeutung der »Timaeus« - Handschrift für Schellings Naturphilosophie (Schellingiana Bd.4), Stuttgart-Bad Cannstatt 1994. S. 150-151.

（4）Timaios-Kommentar. S. 137-139.

（5）Timaios-Kommentar. S. 149.

（6）Schelling, F. W. J. : *F. W. J. Schellings sämmtliche Werke*. Hrsg. v. K. F. A. Schelling. Abt. 1. Bd. II. Stuttgart-Augsburg 1857 (= SW 1, II), Ideen zu einer Philosophie der Natur, S. 19-20.

（7）Timaios-Kommentar. S. 148.

（8）Philosophie und Religion. SW 1, VI, S. 30.

（9）Philosophie und Religion. SW 1, VI, S. 46.

（10）Philosophie und Religion. SW 1, VI, S. 36.

（11）Philosophie und Religion. SW 1, VI, S. 39.

(12) Philosophie und Religion. SW 1, VI, S. 38.

(13) Bruno. SW 1, IV, S. 306-307.

補論一　もう一つのエコソフィを求めて

——ディープ・エコロジーとシェリングの自然哲学——

一　序論

（1）本章の課題

論ずべき主題が本章の筆者にはあらかじめ与えられている。人類が今日直面している最大の、しかし同時にまた最も解決困難な問題の一つと考えられているいわゆる環境問題との関係においてシェリングの自然哲学を取り上げ、そのアクチュアリティを探るというのがそれである。だが言うまでもなく、このように課題があらかじめ与えられているからといって、そこから即座に、〈この課題を遂行するに際して筆者がそもそもいかなる立場に立脚しようとするのか〉ということ、あるいは〈その立場から筆者がこの課題をいかなる内実を持つものとして受け止めるのか〉ということまでもが、ア・プリオリに決まってしまうわけではない。それゆえ実際にこの主題について論ずるに先立ち、いま述べたこれらの諸点に関して、——さらにはまたそのように解された限りでの課題を遂行するにあたって筆者が具体的にどのような手順を踏もうとするのかということ、しかしながら〈与えられた時間と紙幅とを考慮に入れるならば本稿ではそのどの段階にまで進むことができるのか〉という諸点に関しても——、事前に概略的な説明を与えておく必要があるだろう。

（２）課題の解釈

まず最初に、筆者は二〇世紀後半の東アジアに日本人として生まれながら、ここ十五年たらずではあるが、もっぱら書斎の中にあって西洋近世哲学史の研究、ことにシェリング哲学の研究に携わってきた者として先の課題に取り組むのだ、ということを明言しておきたい。しかし無論このような立場に立脚するとして、そうした人物に先の課題が提示されたとき、課題そのものは同一であるとしても、それをいかなるものとして受け止めるかは、なお不定であると言わねばならない。ただ筆者一個人としては、このような課題が与えられてみると、以下に述べるような次第がまず念頭に浮かぶのである。それは二〇世紀末、一九八〇年前後のドイツ本国においてにわかにシェリングの自然哲学への関心が高まり、以後それを主題とする研究が簇出することになったのであるが、このような興隆を促した原因の一つとして、まさにその当時、地球環境問題が緊急の課題であるという認識が一般に共有されるようになったという、そうした事実が指摘される、ということなのである。もう少し詳しく言うならば、地球規模の生態学的危機の存在が一般に認知されるとともに、さらにその由来が西欧近代においてそれまで支配的であった科学技術主義にあると診断されるに至って、西欧の伝統に属しながらも科学技術主義が前提しているのとは別の自然観を提示しているシェリングの自然哲学のうちに、この科学技術主義、ひいては生態学的危機を克服するための何らかの手掛かりが見出されるのではないか、という期待が生まれ、このような感情がいわば一つの重要な引き金となって、シェリングの自然哲学研究の未曾有の隆盛という事態が出来するに至った、ということなのである。(1)

このような事情を鑑みれば、〈シェリングの自然哲学〉に照準を合わせた論集(2)のなかに筆者に課せられたような主題を扱う論考が収録されていても、そのこと自体は不思議ではない、と一応納得しうる。とは言うものの、それでも当時から二〇年余りたった現在何故ことさらにそうした主題を取り上げなければならないのか、という疑問は残る。そこから筆者の眼は自ずとシェリング自然哲学の研究の現状へと向かい、それが量と質の両面に関して面目を一新したことを確認するのであるが、しかしたんにそればかりでなく、このように、シェリングの自然哲学についての純学問的な研究が押し進められ、多彩で精緻な成果を生み出せば生み出すほど、それはいわば自己目的化してしまい、当初の動機を基準として考えてみるならば、シェリングの自然哲学研究は今や、それが到り着くべきであった目標を見失いそれから逸れつつある、と見なすことも可能であるように思われるのである（それともシェリングの自然哲学研究が生態学的危機の回避に積極的な寄与をなしたと、あるいは少なくともそうした方向へと向かう軌道の上を歩んでいる、と言えるのであろうか？）[3]。もちろん生態学的危機の回避に関してシェリングの自然哲学がアクチュアリティをもちえないということになれば、当初の期待はいわば幻想にすぎなかったわけであるから、そのような幻想は早急に捨てて別の方途を探るのが賢明である。しかしそもそもシェリングの自然哲学を対象としてじかに、そうした可能性の有無について吟味がなされたことがあったであろうか。

したがって筆者としては、環境問題におけるシェリングの自然哲学のアクチュアリティを探るという課題が今まさに提起されなければならないのだとすると、それはこうした状況をふまえてのことであると考えざるをえない。つまり、このような課題が提起されるとき、その背後には、生態学的危機の回避に関してそもそもシェリングの自然哲学がアクチュアリティをもちうるのかという疑義も同時にまた潜んでいる、と考えざるをえないのである。無論たとえそうであるとしても、哲学や思想が環境問題の解決のために積極的な寄与をなしうるか否かについての理論的考察を今ここで繰り広げなければならない、ということにはならない。というのも、そのようなことをすれば、本来の課題にたどり着く前に必ずや紙幅は尽きてしまうであろうからである。言うなれば「いま私は、そのような詮索に時間を浪費しようと思うほどひまではないのである」[4]。

(3) 論述の手順

むしろ筆者がここで採用したいと思うのは、いま想定されたような、つまり、シェリングの自然哲学のアクチュアリティの有無に関する疑念を払拭しうる、言い換えると、すでに事実として、それ自身の内に哲学や思想の次元を不可欠な要素として含んでいる、そのような環境問題に対する既存の対処法を見出し、この対処法をシェリング哲学の研究者という立場にある者が採択しうるか否かを検討していく、という手法である。具体的に言えば、(i) 一般にディープ・エコロジーと呼ばれる運動(DEM)を取り上げ、その基本的立場ないしアプローチ(DEA)を概観し、この立場においては環境問題の解決には哲学や思想と呼ばれるものの次元が不可欠と考えられていることを確認したい。(ii) ところが、筆者はあくまでもシェリング哲学の研究者という立場を離れないのであるから、この立場を堅持しながらもDEAを採択し、DEMを支持しうる可能性があるのか否かが、次に吟味されねばならない。だがその結果、そうした可能性が明らかになったとしても、本章では前節で述べたのと基本的には同じ理由(課せられた課題にこの場で一定の解答を与えねばならないという理由)から、(iv) 即座にそれを具体的な行動に移し、いわば実地に環境問題に対するシェリング自然哲学のアクチュアリティを探っていくことはしない。むしろこの段階をひとまず先送りして、その前に中間段階として、(iii) DEAを背景として、いわばたんに《机上で》シェリング自然哲学のアクチュアリティを探ってみたいのである。無論、その場合、筆者はこの作業を (iv) そのものと取り違えているのではないし、この作業を通じて得られた成果も最終的な妥当性を主張しうるものではなく、(iv) そのものの遂行のなかで修正を余儀なくされるであろうことも十分に承知している。にもかかわらず、筆者の考えでは、こうした作業は（iv）そのものの遂行に一定の方向性と見通しを与えるものであり、その限りで（iv）そのものの遂行にとっても重要な意義を有しているのである。

二　DEMの基本的理念

（1）生態学的危機に対する二つの対処法

現在、人類はその生存を脅かしているさまざまな危機の一つとして、核戦争の勃発やテロリズムなどとともに、いわゆる生態学的な危機にも直面している、と言われるようになってからすでに久しい。生態学的危機とは、言うまでもなく、具体的には、資源の枯渇、異常気象、動植物の種の絶滅、水や大気、土壌や食物の汚染などのことであるが、それでは、このような事態に直面してその危機を回避しようとすると、どのような方策が考えられるであろうか。もしかすると、ほとんどの人にとっては、このような問いは意味のないものと感じられるかもしれない。なぜなら、それはあたかも道が一本しかない場合に右に行くべきか左に行くべきかと問うているのと等しいからである。この唯一の道というのは〈条例の制定などの法的な規制によって人類による自然環境の破壊のこれ以上の進行を阻止する〉という道であり、同時にまた〈科学のさらなる発展に基づく先端技術の開発によって、限られた資源の有効利用に努める〉とか、あるいは〈データを可能な限り収集し、それに基づいて人間による自然への人為的介入がもたらすことになるであろう結果を事前に、できる限り精確に予測し、その結果をふまえてこのような自然環境への介入をコントロール（つまり中止ないし修正）する〉という、そのような道のことである。仮に今これを〈法的・技術的な対処法〉と呼ぶならば、通常は、この種の対処法以外に生態学的危機を回避するためにとられるべき有効な方策はない、と考えられているのである。

しかしこのような〈法的・技術的な対処法〉は果たして本当に生態学的危機を回避するための唯一の対処法なのであろうか。このような問いに対し〈この種の対処法はたしかに現在では主流をなすものではあるが、唯一のものではないし、それればかりか最も有効なものであると言うこともできない〉と主張したのが、ノルウェーの哲学者アルネ・ネス（Arne Naess）である。一九七二年、彼はブカレストで開催された〈第三回世界未来研究会議〉で講演を行い、その要旨は翌年「シャロー・エコロジー運動と長期的視野をもつディープ・エコロジー運動（The Shallow and the Deep, Long-Range Ecology Movement. A Summary）」という標題で『インクワイアリー』誌に掲載されたが、(5) この講演において初めて明示的に、生態学的危機に対する対処の仕方が二つに峻別されたのであった。すなわち、この講演のなかでネスは、今し方われわれが生態学的危機に対する〈法的・技術的な対処法〉と名づけたタイプの対処法を〈シャロー（浅い）・エコロジー〉運動と特徴づけるとともに、これに、この対処法とは区別されるもう一つの可能な選択肢として、彼が〈ディープ（深い）・エコロジー〉運動と呼ぶ第二の対処法を対置させ、しかも生態学的危機を回避しようと真剣に考えるならば、この第二の選択肢こそがぜひとも選び取られなければならない、と主張したのである。

（2） 第一の対処法から第二の対処法への移行の必然性

ところで〈シャロー〉と〈ディープ〉というこのような命名は、それが〈問いの次元〉に関して言われていることが弁えられてさえいるならば、ここでネスが峻別しようとしている二つの対処法の関係について、あらかじめある程度の解明を与えてくれる。つまり、たとえここで両者の峻別が主張されているにしても、それは〈法的・技術的な対処法〉の不必要性の主張を含意するものではない。むしろただたんにこの対処法の視野の狭さが指摘され、批判されているにすぎない。言い換えるならば、この対処法は本来、より大きな視野のもとに遂行されるもう一つの対処法の一部を構成するものであるにすぎず、まさにそうであればこそ、それは自己自身をこの全体のたんなる一契機として捉え直し、この全体の理念による統御のもとに服すべきだという、そのような主張が先の命名には、籠められているのである。だがしかし、〈法的・技術的な対処法〉がそれだけでは不十分であり、もう一つの、よりいっそう広く深い対処法の一部へとみずからを変貌させなければならない、と言われるのは、具体的にはどのような根拠に基づくのであろうか。この問いに答えるためには、〈問いの次元〉という論点に立ち返って〈ディープ・エコロジーの立場ではそもそも生態学的危機がどのような次元において捉えられているのか〉ということに目を向けてみなければならない。

この立場においては、生態学的危機の問題は、端的に言って、人間が自然との間に取り結ぶ関係そのものの問題として捉えられる。言い換えると、現在人間が自然に対してとっている根本的な態度が適切なものでないために、自然と人間との間に絶えざる不和が生じている、ということが生態学的危機と呼ばれているものの実相に他ならない、と考えられるのである。したがってこの立場においては、問い直されなければならないのはあくまでも自然に対する人間の態度そのもの、ということになる。これに対して、現在おこなわれている形での〈法的・技術的な対処法〉では、このような人間と自然との関わりそのものが問題にされることはない。つまり、この対処法は、自然に対する一定の関わり方を（それが生態学的危機を引き起こす根本的な原因かもしれないのに、そうしたことに関する何らの吟味・検討をも経ないままに）疑問の余地のない前提として採用し、そしてその上で生態学的危機をわれわれ人間の技術的対応の未熟さに由来する問題と解し、その解決を模索しているのである。

それゆえディープ・エコロジーの立場からは、法的・技術的レベルにとどまる現今の対処法は生態学的危機という事態の核心を捉え損なっている、と言わざるをえない。この種の対処法が不要だというのではない。むしろそれは不可欠ですらある。だが〈法的・技術的な対処法〉が必要であるといっても、それ以前にこの対処法が一つの全体的・包括的運動のうちに位置づけられていることが、その絶対的な前提条件となる。要するに、自然に対するわれわれの態度が徹底的な批判の対象とされ、それをふまえて別の、これよりもいっそう適切な自然との関係が模索され、かつ実践されるという全体的な運動がまず最初にある、というのでなければならない。そしてそのなかに組み込まれることによってのみ〈法的・技術的な対処法〉も初めてその実効性を発揮しうる、と考えられるのである。

（3） 第二の対処法と哲学的思索

ところでこのようにして第一の対処法（ＳＥＡ）から第二の対処法（ＤＥＡ）への移行の必然性が説かれるということは、実は同時に、環境問題における哲学的思想の中核的な役割がクローズ・アップされてくるということでもある。というのも、われわれが無自覚のままにすでに採用している前提を意識にもたらしてそれを批判的に吟味すること、そして単にそればかりでなく、その省察の成果をふまえて新しい規範を策定すること、さらにはこの規範に基づいて人間の（個人的レベルから社会的レベルに至る）すべての行為を導いていくこと、――こうした（単に一度限りではなく、むしろ無限に反復される）活動こそ〈批判的反省から実践的活動へ〉という全体的振幅においてとらえられた本来の、つまり〈智慧〉としての哲学的思索そのものに他ならないからである。[6] 実際、ネスもまた、自身が哲学をこのような意味に解していることを明言しているのであるが、今の場合、哲学的批判の俎上に載せられるべきは自然に対する人間の根本的姿勢であるということから、この主題をめぐって展開される〈智慧〉としての哲学的思索に対しては、それに特に〈エコソフィ〉という名称を与えることを提案したのであった(7)。

けれども問題は、われわれがあくまでもシェリングの自然哲学に定位しようとしていることである。このような姿勢を堅持しながらも、なおかつ、DEAを採択しDEMを支持することができるのか、ということが、次に問われなければならない。

三　DEAにおける究極的前提の多様性の容認

(1)〈エプロン・ダイアグラム〉

ネスによれば、DEMは全体として重層構造をなしており、その個々のレベルは互いに密接な関係で結ばれている。これを図示したのがネス自身の手になる〈エプロン・ダイアグラム〉(その形状からその名を得たとされる)と呼ばれる図である(図1)(8)。この図には四つのレベルが示されている。(1)言葉で表現された哲学・宗教上の認識や直観的真理、(2)DEMのプラットフォーム原則(9)、(3)プラットフォーム原則と論理的に結ばれる、より一般的な指針——生活姿勢やあらゆる種類の方針、(4)個々の状況とそれぞれの状況下でなされる具体的決定である。

この図によってネスが示そうとしているのは、DEMの全体像であるが、一見して明らかなように、この図の上半分には〈互いに異なる究極的前提に同一のプラットフォーム原則が論理的に結びつく可能性〉が、また下半

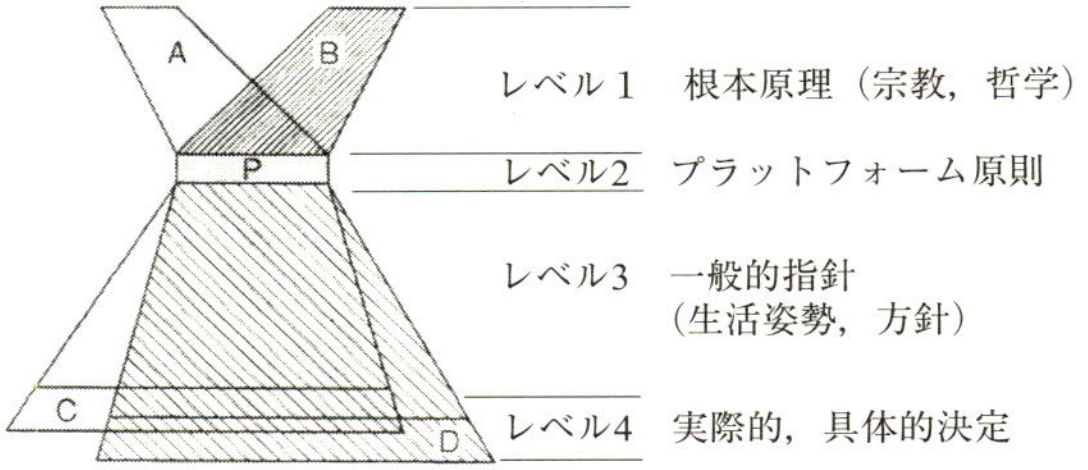

図１　エプロン・ダイアグラムの図

分には〈プラットフォーム原則の一つあるいは幾つかを前提として共有しながらもその論理的な結論としての具体的決定には《ずれ》が生じる可能性〉が示されている。すなわち、等しくＤＥＡを採択しＤＥＭを支持しているといっても、彼等が実際に互いに一致をみるのは第二レベル（原則レベル）においてのみであって、全員が同一の究極的前提に基づいて行動しているわけでもなければ、ある特定の現実的問題に直面して同じように対処するわけでもない、ということが示されているのである。このように第二レベル以外における多様性・差異性を容認し、それらを内に含みつつ展開されるところにＤＥＭの最大の特徴が見出される。しかしＤＥＭがこのような全体的構造を有するのは、ＤＥＡの内にこのような多様性を惹起するとともに、それらを肯定するような契機が、そもそも本質的なものとして含まれているからである。なぜなら、ＤＥＡにおいてはその遂行は、つまり〈エコソフィ〉の展開は、あくまでも各人によってこころみられる批判的探求によって担われるべきだからであり、言い換えると、そうした自発的な探究の否定はＤＥＡにとって自己自身の否定に繋がるからである。ネスが自身の〈エコソフィ〉に〈エコソフィＴ〉という名称を与えているのは、まさにこうした事情に基づいている。つまり、これによって彼は自身の〈エコソフィ〉が第二レベルにおいて互いに交差するような無数の〈エコソフィ〉の一つにすぎないことを明示しつつ、同時に、各人が自分にならって独自の〈エコソフィＡ、Ｂ、Ｃ…〉を展開すべきであることをも示唆し、さらにそれへと促してさえいるのである。

また〈エプロン・ダイアグラム〉に示されている各レベルの関係に関しては、それが「論理的なもの〈前提と結論の関係が言語化できる〉」にすぎない、ということにも留意しなければならない。つまり、その関係は「派生的関係」（影響・動機・示唆・因果関係など）と混同されるべきではない。このために〈ダイアグラム〉の各レベルに位置づけられる諸要素の多様性がいっそう増幅されるのは明らかである。というのも、それらの要素は、現実には「派生的」関係をもたずとも、「論理的」関係が見出されさえすれば、この図のなかに（つまりＤＥＭのなかに）位置づけられうるからである。

（2）〈第一レベル〉における多様性の制約

このようにＤＥＭにおいては第二レベル以外では、――それゆえ〈究極的前提〉においても、――多様性が容認される。しかしたとえそうだとしても、ありとあらゆる〈究極的前提〉が第一レベルに位置しうるとは考えられない。というのも、それはそこから〈プラットフォーム原則〉が論理的に導出されうるのでなければならないからである。するとわれわれにとって問題となるのは、このことによって第一レベルに位置しうる〈究極的前提〉にどのような具体的制約が課せられるか、ということになる。

ハロルド・グラッサー（Harold Glasser）――彼はネスの『著作集（Selected Works of Arne Naess）』の編集責任者でもある――も、その論文「ディープ・エコロジー解明（Deep Ecology Clarified）」のなかで、いまわれわれが指摘したように、ＤＥＡと共存しうる〈究極的前提〉は極めて多様だとしても、それらには唯一の制限として「そこからディープ・エコロジーのプラットフォーム（ＤＥＰ）が導出されうる」という条件が課せられねばならない、と述べている。だがそればかりではなく、彼はさらに、この条件を満たすために〈究極的前提〉が共有しなければならない要素をも取り出して見せた。その要素とは「拡大自己同一化（wide identification）」である。しかし「拡大自己同一化」とはなにか。グラッサーはそれを次のように説明している。「その最低限の意味は、自己の関心領域を人間以外のものを包括するまでに拡張する、ということである。その特徴をなすのは、あらゆる生命が相互依存的であり、生命をもつすべての存在者が共通の諸目標によって一つの生のプロセスに結びつけられている、という認識である。その最も拡張された形態においては、拡大自己同一化は、自然におけるあらゆる存在者（生けるものもそうでないものも、もろもろの生態系ももろもろの個体も、それを共に包括する）が抱くさまざまな関心がわれわれ自身の関心でもある、という認識となる。たとえネスが彼一個人のエコソフィにおいてはこのような拡大自己同一化の最も拡張された概念を好むとしても、DEPを受け入れるためにこれほどまでに拡張された視野が必要とされるわけでは決してない[10]」。

（3）〈第一レベル〉としてのシェリング自然哲学

いまこのようなグラッサーの見解に従い、「拡大自己同一化」をDEMの〈究極的前提〉の共通要素と考えることができるとしよう。しかしそうすると、次に問題となるのが、そのような要素がシェリングの自然哲学の、さらにはそれを支える彼の根本思想そのものの内に見出されるか否か、ということである。けれどもこの問いに対しては、あえて通説に反対しようとしないならば、すなわち、シェリングの思想の根幹部分には、いわゆる「主観的観念論」に対して「客観的観念論」と特徴づけられうるような側面がある、ということが認められるのであるならば、その限りにおいて肯定的に答えられると言って差し支えないであろう。

周知のように、シェリング思想のこうした側面は、彼が初めて自己の哲学的立場を、しかもそれをフィヒテの立場との対比・区別において明らかにしたとき、最もあからさまな形で露呈したのであった。すなわち、シェリングは『私の哲学体系の叙述』の「前置き」で「この対立を極めて分かりやすく表現すると、主観的意味での観念論は自我が一切であると、客観的意味での観念論は逆に、つまり一切が自我であり、自我ならざるものはないと主張しなければならないだろう」(SW 1, IV, S. 109)[11] と述べ、このようにしてフィヒテの「観念論」の「主観的」立場に対して自己の「観念論」の「客観的」立場を鋭く際立たせたのであったが、このときさらに彼は「主観的観念論」から「客観的観念論」へと至る（それは実質において「主客の同一性」の立場に至ることでもある）ために敢行されるべき最低限の要件として「思惟する者（主観）の捨象」の要求を掲げたのであった。すなわち、「理性を絶対的なものとして思惟するには、したがって私が要求する立場に至るには、思惟するものを捨象しなければならない。この捨象を遂行する者にとっては理性は即座にたいていの人の思い描くような主観的なものではなくなる。それどころか理性はもはや客観的なものとも考えられえない。というのも客観的なもの、思惟されるものは、思惟するものとの対立においてのみ可能となるが、思惟するものは今は全く捨象されているからである。したがって、かの捨象によって理性は、ちょうど主観的なものと客観的なものとの無差別点に位置する、真の自体となる」(SW 1, IV, S. 114f.)、と。

ところで、この要請のうちにわれわれは、その拡張の程度においてネスの場合とほとんど違わないと言いうるような、最大限の「拡大自己同一化」の要求がシェリングの哲学的立場の根底に横たわっている、ということを見出すのではないだろうか。

四　DEAを背景としてみた、環境問題に対するシェリング自然哲学のアクチュアリティ

（1）一般的方法の提示

かりにいま以上の問題点がすべてクリアされ、シェリングの自然哲学を〈究極的前提〉に擁する〈エコソフィ〉が可能であることが明らかになったと、ひとまずそのように考えてみたい。そうするとわれわれは、すぐさまこの〈エコソフィ〉そのものの遂行に取り掛かってもよいのであるが、冒頭にも述べたように、ここではそれはおこなわず、あくまでも《机上で》シェリング自然哲学のアクチュアリティを探っていくことにしたい。しかし、どうしてそのようなことが可能なのであろうか。

ここでまず、〈エプロン・ダイアグラム〉において示されていたのが各レベルの「論理的」関係であり、それは必ずしも実際の「派生的」関係を意味するものではなかった、ということを想い起こそう。そこで、もし仮に生態学的危機の回避を目的として現実に遂行されている既存の活動を、このダイアグラムの第三・第四レベルに位置づけ、それらを第二レベルを介して、第一レベルに位置するシェリングの自然哲学に結びつけ、その論理的関係を明らかにすることができたとしたら、さしあたっては全く無関係に見える二つのものの間に、すなわち、〈環境問題に対する実際の取り組み〉と〈シェリングの自然哲学〉との間に、論理的な導出関係という道筋がつけられることになる。しかしそうすると、このことによって環境問題に対するシェリング自然哲学のアクチュアリティが示されることになる、と言ってはいけないであろうか。なぜなら、そのときわれわれは、たとえその当人たちは自覚していなくとも、彼等の活動の内に無自覚的な仕方ですでにシェリングの自然哲学が生きて働いて

いることを、――言うならば、シェリングの自然哲学がそれ自身で自らのアクチュアリティを証明しているその姿を、――目撃することになるからである。

(2) 環境芸術家の活動

具体的に話を進めよう。念頭にあるのは、一群の芸術家の活動である。一九九三年の論文「風景への応答」[12]のなかで、伊東多佳子は嘗てのロマン主義の画家たちを取り上げ、彼等が、近代的な主観の成立とともに人間と自然との間に分断が生じてしまったことを問題として受け止め、その「風景画」を通して、自然と人間との和解をこころみたが、その際、シェリングの自然哲学(ことにその『世界霊について』)において提示された、生命的統一体としての宇宙ないし自然という思想)に自己の活動の理論的支柱を見出していた、ということを指摘した。しかし彼女がこのように過去に視線を向けるのは、それによって、現代においていわばポテンツを高められた形で人間と自然の分裂がより深刻な様相を呈しているなかで、嘗てのロマン主義の画家たちがそうであったように、現代においてもこの分裂の克服を試みる、そのような新しいロマン主義的な芸術家たち(ロング、ゴールズワージー、ライプの名が挙げられている)の活動に光を当てるためなのである。伊東によれば、彼等は「文化や教育を通じて形成され、わたしたちの頭のなかにすみついてしまった自然の見方」を「その「新しい風景作品」によって行うミニマルな調停によって、わたしたちが外部の風景のなかに他の意味を見出すことができるように」「静かに変容させる」、つまり「かれらの表現する自然によって、わたしたちの世界理解と知覚についての知識は疑問のなかに投げ込まれ、わたしたちがすでに忘れてしまっていたもう一つの見方の存在を思い起こさせる」のである。このようにして伊東は彼等の内に「自然と人間との新たな関係の問い直し」を遂行し、「自然ないしは宇宙との共感や感応によって」「再統合と共生の道を示してくれている」「自然(宇宙)と人間との新たな媒介者」を見ようとするのである。

別の箇所での発言からも明らかなように、[13] このような考察がこころみられるのは、伊東が新しい自然哲学、つまり自然と人間との間に成立する、自然科学的な知ではない、新しい〈実践知〉とも言うべきものを求めているからである。つまり、そうしたものの不在のなかで、かつまた、彼女自身がそれを模索していこうとするなかで、こうした環境芸術家の活動の内に、その〈実践知〉のモデルが見て取られるのである。

伊東のこのような考え方は、二〇〇一年の「自然哲学としての環境美学の試み」(14)でも、基本的に維持されている。しかしそこでは、一九九三年の論文に取り上げられていた「自然に最小限の改変を加える」芸術制作(それは子細に見れば〈観想的・瞑想的〉とまでは言うことはできないが、場合によってはそのような印象をわれわれに与えるものである)から、さらに進んで、多くの学問領域やさまざまな機関と協力しつつ、自らの手によって実際に生態系を再生しようとする「自然再生型」の芸術家たちの、——つまり「自然環境と都市環境を改善するための方法を提案し、人間を含むあらゆる生物の生息環境の回復と維持を目指している」環境芸術家たちの、——活動までもが視野の内に包括されることによって(ゾンフィスト、ユケレース、ホルト、ハリソン夫妻、チンのプロジェクトが紹介されている)、「今必要とされている行動のための具体的なモデル」を提示する芸術家たち、という彼女の主張はより具体的に、かつ説得的になっているように思われるのである。

(3) 広義のシェリング自然哲学への注目

もっとも伊東自身は、新しい自然哲学が樹立されるべきであることを主張するにしても、その際しばしばシェリングの自然哲学について言及しながら、しかもその直接のアクチュアリティを語ることには慎重である。しかしむしろわれわれは、嘗てのロマン主義的画家たちの場合におけるのと同様に、こうした芸術家の活動にも、シェリングの自然哲学が理論的な支柱を提供しえないであろうか、と敢えて問いたいのである。とはいえ、赴くべき先は、もはや『世界霊について』のシェリング、彼の狭義の自然哲学ではない。むしろその拠り所は、単にそれを denominatio a potiori とするような、自然哲学を土台として展開されるシェリングの哲学体系の全体、特にその「歴史哲学」と「芸術哲学」にこそ求められるべきなのである。

ただし、それは、そこに次のような本質的な要素が見出されるという、その限りにおいてのことである。以下、それを列挙するならば、まず第一に、自然のプロセスの終局において生ずる、自然と人間との統一状態からの人間の分離は必然的なものであり、そのメカニズムの解明がこころみられる。第二に、このような分裂の克服こそが人類に課せられた最大の目標である、と考えられる。第三に、この分裂の克服のためにとられる複数の道が、すなわち、社会的・政治的実践と芸術活動という二重の道が指摘される。第四に、その際、前者の道の無限性（果てしのなさ）がわれわれをしばしば絶望に陥れるのに対し、後者は人類全体の矛盾を全体として解決しうるわけではないとしても、それを局部的に実現することによって、この矛盾が解消されるような次元がたしかに存在することをわれわれに教えるのであり、まさにその意味において、芸術活動は自然と人間の和解という問題に関して社会的実践の模範となる、と見なされる。――これらの諸要素である。(15)

もしも、これらの要素がシェリング哲学の本質的要素である、とするならば、その限りにおいて、伊東が指摘しているような芸術家の活動を論理的に根拠づけうるようなものとして、シェリングの自然哲学を考えることができるのではないだろうか。つまり、ＤＥＡというものを背景とし、一方で〈エプロン・ダイアグラム〉の第一レベルにシェリングのこのような思想を位置づけ、他方でその第四レベルにこれらの芸術家の活動を配置し、それらを「思惟する者（主観）の捨象」の要請に裏付けられた第二レベルの〈プラットホーム原則〉を介して接続させることによって、環境問題に対するシェリングの自然哲学のアクチュアリティの一端が浮かび上がる、つまり、こうした環境芸術家の活動のなかに、生態学的危機の回避という課題との取り組みという場面において、シェリングの思想が実際に生きて働いている様を見ることができる、ということになるのではあるまいか。しかしそうすると、そこからさらにこの現実そのものの内に身をおいて、たとえいまは無自覚的にではあるとしても、このような活動に即してそれを反省していく方向に、その彼方に、シェリング自然哲学を究極的前提とする〈エコソフィ〉（いわば〈エ、コ、ソ、フ、ィ、S、〉）の姿を予感することも、言い換えると、たとえ漠然とした形であったとしてもそれを垣間見ることは、必ずしも不可能とは言えないのではないだろうか。

五　結語——もう一つのエコソフィを求めて

すでに何度か述べたように、本章はDEMの立場に基本的に賛同を表明しながらも、現実にDEAを採択し、シェリング自然哲学を究極的前提とする〈エコソフィ〉（〈エ、コ、ソ、フ、ィ、S、〉）の遂行を通じて、そのアクチュアリティを示そうとしたものではなかった。そのような試みを先送りし、〈DEAを背景として単に《机上で》環境問題に対するシェリング自然哲学のアクチュアリティを探る〉という作業に終始したのであった。その場合、この作業が〈エコソフィS〉そのものに取って代わることのできないこと、それを通して得られた洞察も現実の遂行のなかでは修正（ないし破棄）を迫られるかもしれないことは充分に承知していた。(16) しかし同時にまた、この作業が〈エコソフィS〉そのものの遂行に（たとえわれわれのそれが数ある中の一つにすぎないとしても）一定の方向性と見通しを与えうることも確信していたのであった。

それでは、このような仕方で〈エコソフィS〉の可能性が思い描かれるということは一体いかなることを意味していたのか。敢えて言うとすると、それは、およそ考えられる限りの〈エコソフィ〉のなかでも、そのユニークさにおいて比類のないものの一つについてその可能性が思い描かれる、ということに他ならなかったのではあるまいか。というのも、DEMが多様な展開を遂げていく過程で、すでにさまざまな〈究極的前提〉をもつ〈エコソフィ〉の可能性が提起されてきているが、(17) そのなかにあって、歴史の究極目標を〈人間と自然との分裂の克服〉に見るとともに、この分裂の克服において、どこまでも〈社会的・政治的解決の模索〉を追求しながら、しかも同時に〈芸術制作〉の内にその解決の先駆的実現を見出そうとするような、そうした〈エコソフィ〉の可能性が追求されたことはなかったからである。その限りにおいて、本章の試みは――たとえそれが「もう一つのエコソフィを求めて」繰り広げられたたんなる助走にすぎないとしても――その意味を失わない、と筆者は考えるのである。

註

（1）藤田正勝「シェリング哲学の最近の研究動向」『シェリング年報』創刊号（日本シェリング協会、一九九三年、五八頁以下）を参照。

（2）松山・加國編『シェリング自然哲学への誘い』晃洋書房、二〇〇三年。

（3）このような事態が生じた理由の一つを、われわれはドイツ本国の特殊な事情に求めることができるかもしれない。つまり、それは、まさに「環境先進国」のうちにこそ、逆説的に生じるような事態なのかもしれない。平子義雄『環境先進的社会とは何か――ドイツの環境思想と環境政策を事例に』世界思想社、二〇〇二年、(特に、第Ⅱ部「環境政策の歩み」)参照。

(4) デカルト『省察』(井上庄七訳、中公バックス 世界の名著27『デカルト』所収、一九七八年)二四六頁。

(5) アルネ・ネス「シャロー・エコロジー運動と長期的視野をもつディープ・エコロジー運動」『ディープ・エコロジー――生き方から考える環境の思想』(アラン・ドレングソン、井上有一編、昭和堂、二〇〇一年、三一―四一頁)。

(6)「智慧」としての哲学という規定は古典的なものであり、古くはソクラテスにまで遡ることができるが、それは例えば、近世の代表的な哲学者であるカントにも受け継がれている。有福孝岳「哲学」『カント事典』(弘文堂、一九九七年、三五八頁以下)を参照。

(7) アルネ・ネス『ディープ・エコロジーとは何か――エコロジー・共同体・ライフスタイル』(斉藤・開訳、一九九七年、文化書房博文社)第二章「エコロジーからエコソフィへ」六一頁以下を参照。また「シャロー・エコロジー運動と長期的視野をもつディープ・エコロジー運動」(前掲、三八頁)においても、すでにそのように語られていた。

(8) アルネ・ネス「エプロン・ダイアグラム」『ディープ・エコロジー』四三頁。

(9) 以下は、『ディープ・エコロジー』所収のオリジナル版とも言うべきネスとセッションズによるバージョン[改訂版](七六頁)と、新提案の一つであるローセンバーグによるバージョン(一四五―一四六頁)である。

●基本原則(プラットフォーム原則)アルネ・ネスとジョージ・セッションズによるもの

(一) 地球上の人間とそれ以外の生命が幸福にまた健全に生きることは、それ自体の価値(本質的な価値、あるいは内在的な固有の価値といってもよい)を持つ。これらの価値は、人間以外のものが人間にとってどれだけ有用かという価値(使用価値)とは関係ないものである。

(二) 生命が豊かに多様なかたちで存在することは、第一原則の価値の実現に貢献する。また、それ自体、価値を持つことである。

(三) 人間は、不可欠の必要を満たすため以外に、この生命の豊かさや多様性を損なう権利を持たない。

(四) 人間が豊かにまた健全に生き、文化が発展することは、人口の大幅な減少と矛盾するものではない。一方、人間以外の生物が豊かにまた健全に生きるためには、人間の数が大幅に減ることが必要になる。

（五）自然界への人間の介入は今日過剰なものになっており、さらに状況は急速に悪化しつつある。
（六）それゆえ、経済的、技術的、思想的な基本構造に影響を及ぼすような政策変更が不可欠である。変革の結果生まれる状況は、今日とは深いレベルで異なるものになる必要がある。
（七）思想上の変革は、物質的生活水準の不断の向上へのこだわりを捨て、生活の質の真の意味を理解する（内在的な固有の価値のなかで生きる）ことが、おもな内容になる。「大きい」ことと「偉大な」こととの違いが深いところで認識される必要がある。
（八）以上の七項目に同意する者は、必要な変革を実現するため、直接、間接に努力する義務を負う。

●基本原則（プラットフォーム原則）デイヴィッド・ローセンバーグによるもの
（一）生命！　すべての生命には固有の本質的価値が存在する。
（二）自然！　多様性、共生、そしてそれゆえの複雑性が大自然の生命を支えている。
（三）自然と人間！（あるいは自然のなかの人間！）　人間は自然の一部である。しかし、その与えられた力のゆえに、人間は他のどの生物にもまして地球に対する大きな責任を負っている。
（四）疎外幻想！　わたしたち人間は、自然の持つ複雑さのうえに、乱雑さという紛糾の種を持ち込んだこともあり、地球から疎外されているかのような思いを抱いている。
（五）外的変革！　外に向け、わたしたちは社会の基本構造とそのような社会をつくりあげている政策を変革しなければならない。
（六）内的変革！　内に向け、わたしたちは生活水準ではなく生の質の高さ、物質的な蓄積ではなく自己実現を求めていかなければならない。
（七）新しいものの見方の普及！　自然との自己同一化を図ることのできる新しい種類のコミュニケーションのあり方が求められる。それがあってはじめて、人間が自然のなかに占める位置をふたたび正しく理解できるようになる。
以上をふまえて、
行動！　結論……以上の項目に同意する者は、必要な変革を実現するために行動する義務を持つ。

（10）Harold Glasser, „Deep Ecology Clarifed : A Few Fallacies and Misconceptions," from *The Trumpeter* 12（1995）: 3. ただし筆者の見ることができたのは、同誌のＨＰで公開されているもの（http://trumpeter. athabascau.ca/content/v12.3/glasser.html）であり、引用もそれに依っている。

（11）シェリングの引用はすべて *F.W.J. Schellings sämmtliche Werke.* Hrsg.v. K.F.A Schelling. Stuttgart-Augsburg 1856-61. によるものである。また括弧内の数字はそれぞれ部、巻、頁数を意味している。

（12）伊東多佳子「風景への応答――ロマン主義風景画とシェリングの自然哲学」『シェリング年報』創刊号（日本シェリング協会、一九九三年）。

（13）伊東多佳子「【書評】ゲルノート・ベーメ編『われわれは「自然」をどう考えてきたか』」『シェリング年報』第七号（日本シェリング協会、一九九九年）、一二八頁。

（14）伊東多佳子「自然哲学としての環境美学の試み――環境芸術からのアプローチ」『シェリング年報』第九号（日本シェリング協会、二〇〇一年）。

（15）菅原潤『シェリング哲学の逆説』（北樹出版、二〇〇一年）第一章「前期哲学における二重化された主体概念」（特にその第二節［五、六］）参照。このような考えをシェリングが後年まで放棄しなかったことは、例えば『近世哲学史講義』（細谷貞雄訳、福村出版、一九五〇年）の「自然哲学」の章（一五九―一九九頁［= SW I, X, S. 99-125］）などから知られる。

（16）松田克進「環境思想から見たスピノザ」『スピノザーナ』第三号（スピノザ協会、二〇〇二年）参照。そこではスピノザ解釈をめぐるネスとロイドの論争が取り上げられている。

（17）「さまざま」と述べたが、その究極的前提のうち、主なものとして挙げられるのは、やはりキリスト教や仏教の諸派であり、そこに、独自の解釈を施された「スピノザ主義」（ネス自身の場合）が付け加わる、といった現状である。

補論二　シェリングにおける神と自然過程

一　序論――問題設定(1)

シェリングはその思想的展開の最終局面である所謂「積極哲学」の時期の諸講義において神による世界創造について論じている。この世界創造論は彼が補足と改訂を繰り返しながらも己の哲学体系の一部として保持し続けた「自然哲学」(「自然過程」の叙述)の最終的な根拠づけと見なすことができる。すなわちシェリングはこの時期に「自然過程」を神との関係において、たんなる自然界の産出過程としてではなく、より広い視野のなかで神による自然界の産出過程として、つまり神による世界創造の過程として把握しなおしていると見ることができる。本章はこのような観点から「積極哲学」の時期に定位し、神との関係における「自然過程」ということを問題として取り上げ、シェリングが「自然過程」を神との関係においてはいかなるものとして思惟しているのかを明らかにすることを目的とする。その際に「自然過程」の叙述の内にとどまる限りでは明らかにならないその根源的相貌が有効に描出されるように、「自然過程」の本質的構造をまずそれに内在的な見地から見ておきたい。シェリング自身が同じ時期に本来の体系の予備部門にあたる別の講義においてこのことを行っている。次いで「積極哲学」の時期の諸講義の中から、それが最も詳細であるという理由により、オリジナル版全集に収められている『啓示の哲学』を選び、そこでの世界創造論の内容を凝縮して提示することを通して本来の課題を果たしたい。

二　自然過程

「自然過程（Naturproceß）」とは自然界の産出過程の謂である。最も具体的な相において見られるならばそれは時空とたんなる質料に始まり非有機的物体界を経て有機的生命の世界へと至り人間の意識において完結する過程である（Vgl. „Darstellung des Naturprocesses" SW 1, X, S. 301-390）。しかしこの「自然過程」はその本質において見られるならば「実在的なもの（客観的なもの）」の「優勢」から「観念的なもの（主観的なもの）」の「優勢」への進行である。つまり「自然過程」とは「観念的なもの」に対する「実在的なもの」の決定的な「優勢」という始めと「実在的なもの」に対する「観念的なもの」の決定的な「優勢」という終りとの間に展開される「観念的なもの」が段階的に「実在的なもの」に対して「優勢」になっていく過程である。それ故「自然過程」の系列の内にはたんなる「観念的なもの」とかたんなる「実在的なもの」というようなものは現れない。この系列は「観念的なもの」と「実在的なもの」との両面を持つもの（それ故たんなる「観念的なもの」でもたんなる「実在的なもの」でもないもの）から構成されているのである。しかしより一層根源的な視点を採り原理という観点から見るならばこのような本質を持つ「自然過程」は次の三つの原理の所産として把握されている。第一の原理は「自然過程」の系列の内に現れるものの基体の役割を果たしている「実在的原理」と呼ばれる原理である。「自然過程」の系列の内に現れるものの基体はたんなる「実在的なもの」であるとされる。「自然過程」においてはこのたんなる「実在的なもの」はすでに他の原理の作用を被ることによって何らかの程度において「観念的なもの」として現れ「自然過程」の内へ純粋なかたちで現れることの決してないものである。したがってここにこのたんなる「実在的なもの」を「観念的なもの」へと転回させ「実在的なもの」の内に「観念的なもの」を定立することによって「自然過程」の系列の内に現れるものを「観念的なもの」と「実在的なもの」との両面を持つものとする他の原理が考えられる。それが「観念的原理」と呼ばれる第二の原理である。そしてさらに第三に「自然過程」において実現されるべきものが過程全体を導いていく目的の原理として考えられている。「自然過程」はこれらの三つの原理の所産として上述の本質を持つ過程なのである（Vgl. „Darstellung des philosophischen Empirismus“ SW 1, X, S. 225-286）。

「自然過程」の本質的構造はそれに内在的な見地からは以上のように要約できる。このような構造を持つ「自然過程」は、それが神による世界創造の過程として把握しなおされることによって、いかなる姿において現れてくることになるのだろうか。

三　神による世界創造　一

（1）神の絶対的存在

シェリングの考える世界創造以前の神の存在の本質は「孤独なもの」（SW 2, III, S. 260）という言葉に端的に表現されている。神の存在は自分のこの存在以外のものを持たない存在である。しかしこのことは厳密な意味で受け取られていなければならない。それは自分のこの存在以外のものを現在持っていないというだけではなく、以前にも持っていたことのない、つまり自分のこの存在以外のものを前提しているということもない存在として考えられなければならない。もし神の存在が自分のこの存在以外のもの、つまり別の在り方を前提し、それを否定することによってこの存在へと到達したというのであるならば、それは自分のこの存在以外のものとの必然的関係のうちに置かれるからである（SW 2, III, S. 263）。自分のこの存在以外のものから解き放たれているという意味において、つまり「あらゆる関係ないし結合から完全に自由である」という意味において神の存在は「絶対的（absolut）」な存在である（SW 2, III, S. 261）。

（2） 神の三つの形態

神の「絶対的」存在はその内的構造に関しては「一様で空虚な」ものではなく「分肢化された、自己自身の内において多重であると同時に一重な」ものであるとされる（SW 2, III, S. 238）。神の「絶対的」存在が「多重であると同時に一重」であるとは神の「絶対的」存在が、ただしあくまで全体としてのそれが複数の規定を持つことを、いわばそれが複数の姿、「形態（Gestalt）」において立ち現れていることを意味している。したがってこれらの複数の「形態」は、それらが全体としての神の「絶対的」存在の複数の規定であるが故に、この存在の一部分に割り当てられうるようなものではなく（SW 2, III, S. 239）、むしろ三つの「形態」はこの存在において同じ場所にあり、この意味で「相互内在的（ineinander）」に統一されているのである（SW 2, III, S. 238）。

しかし神の「絶対的」存在は無限定に複数の「形態」を持つのではなく、それはただ三つの、ただし一定の位階において考えられる「形態」を持つものである。しかしこの位階は時間的前後関係を意味しない。つまりたとえば或る「形態」が他の「形態」の後に続いて生じ、そのようにして神の「絶対的」存在が三つの「形態」から継起的に合成されているのではない。そうではなく神の「絶対的」存在の三つの「形態」は一挙に定立されているのである（SW 2, III, S. 258-259）。それにもかかわらず一挙に定立されている三つの「形態」は前段階の「形態」無しには考えられず、この意味で第三の「形態」は第二と第一の「形態」を前提し、第二の「形態」は第一の「形態」を前提しているのである（SW 2, III, S. 237）。

神の「絶対的」存在の第一の「形態」はたんに「an sich」に存在しているそれである。「an sich」に存在するとは「内面的（in sich）」に存在することを、ないしは「中心的（zentrisch）」に存在することを意味している。しかし「内面的」に存在するものは同時に外化しうるもの、あるいはシェリングにとっては同義なのであるが「潜勢」から「現勢」へと移行しうるものでもある。このことを顧慮してたんにという語が付加されている。すなわち第一の「形態」における神の「絶対的」存在は自分に「外面的」存在を与えない限りでの「内面的」存在、「現勢」へと移行しない限りでの「潜勢」という意味でたんに「an sich」に存在しているものなのである（SW 2, III, S. 251-254, 257）。

神の「絶対的」存在の第二の「形態」はたんに「für sich」に存在しているそれである。第二の「形態」は第一の「形態」とは全く逆の規定を持つ。それはたんに「外面的（außer sich）」に、あるいはたんに「脱中心的（excentrisch）」もしくは「周辺的（peripherisch）」に存在しているもの、つまりその内に「内面的」存在を持たないたんなる「外面的」存在、「潜勢」を持たないたんなる「現勢」である（ibid.）。

神の「絶対的」存在の第三の「形態」は「bei sich」に存在しているそれである。第三の「形態」はそこにおいて第一の「形態」と第二の「形態」が不可分に統一されているもの、不可分な仕方で両者であるようなものであり、その限りたんに第一の「形態」でもたんに第二の「形態」でもないものである。第三の「形態」は「外面的」存在であるが、つまり外化しているが自分の「内面的」存在を喪失せず、自分自身の元にとどまるという意味で「bei sich」に存在するものと呼ばれている（ibid.）。

要するに神の「絶対的」存在は第一の「形態」においてたんなる「内面的」存在なのであるが、この「形態」を基礎とすることによって、つまりそこに己の「内面的」存在を（それがそこから外に出ているところのものを、或いはそれがそれに対しているところのものを）補うことによって第二の「形態」において、その内に「内面的」存在を持たないたんなる「外面的」存在として自己の外へ出ている。しかし第二の「形態」において自己の外へ出ている神の「絶対的」存在はこの「形態」にとどまっているのではなくて、さらに自己の内へと還帰していることによって第三の「形態」においてたんに第一の「形態」でもたんに第二の「形態」でもない全体としての自己として存在しているのである（SW 2, III, S. 257）。

（3） 前・超物質的統一性としての神

神は神の「絶対的」存在において「相互内在的」に統一されている三つの「形態」の「前・超物質的統一性（vor- und übermaterielle Einheit）」（SW 2, III, S. 241）であるとされる。このことは第一に神は三つの「形態」の「統一性」そのものであって三つの「形態」の他に存在する何か別の或るもの、第四のものではないということを意味している（SW 2, III, S. 259）。しかしさらに第二に神は三つの「形態」のたんなる「物質的統一性」としてではなく「前・超物質的統一性」として考えられている。このことは神は三つの「形態」の「統一性」そのものであるが、神がこのようなものであることは神の「絶対的」存在において三つの「形態」が「相互内在的」に統一されていることに制約されるものではなく、反対に神の「絶対的」存在において三つの「形態」が「相互内在的」に統一されていることは神が三つの「形態」の「統一性」であることの帰結にすぎないということを意味している（SW 2, III, S. 270-271）。したがって仮に存在において三つの「形態」が「相互内在的」に統一されていないとしても、そのことは神が三つの「形態」の「統一性」であることに些かの影響も与えず、神は三つの「形態」の「統一性」であり続けるであろうし（SW 2, III, S. 268, 270）、このことによってさらに存在において三つの「形態」が一つの場所にあることを強制し、存在における三つの「形態」の「相互内在的」な統一を帰結せしめるであろう（SW 2, III, S. 280）。この意味で神は三つの「形態」の「たんなる存在の面からの」ではなく「本性の面からの」「統一性」（SW 2, III, S. 268）として「超物質的な、まさにそれ故に解くことのできない統一性」（SW 2, III, S. 280）なのである。

四　神による世界創造　二

（1）別の存在の可能性

前節においては世界創造以前の神の存在が自分のこの存在以外のものを持たない、つまり必要としない「絶対的」存在であることが確認された。それ故またそれは自分のこの存在以外のもの、別の在り方を前提し、それを否定することによってこの存在に到達したのではなかった。しかしシェリングによれば神の「絶対的」存在そのものにおいて別の在り方の可能性が描きだされているのである。ただし神の存在が自分のこの存在以外のものを必要としない「絶対的」存在である限り、この可能性は「ただ排除されえないだけのもの」として、つまり神の「絶対的」存在にとっては必然的なものではなく、むしろ偶然的なものとして描きだされているのである。しかもそれはたんに描きだされているにすぎない。つまりこの可能性は現実に定立されない限り「無（Nichts）」であり、いかなる実在性も持つものではなく、実際に定立された場合にのみ「あるもの（Etwas）」となりうるようなものなのである（SW 2, III, S. 263-264）。それはいかなる実在性も持たないものとして神の「絶対的」存在におけるたんなる「現象」である（SW 2, III, S. 268）。

（2）三つの形態の不和における存在

別の在り方の可能性が神の「絶対的」存在において描きだされているのは神のこの存在の三つの「形態」が別の存在を構成する同数の可能性として見られることによってである（SW 2, III, S. 264-265, 267）。しかし忘れてはならないのは、別の在り方の可能性が神の「絶対的」存在における「現象」である以上、別の存在を構成する可能性としての神の「絶対的」存在の三つの「形態」というのも、いかなる実在性も持たないたんなる「現象」であり、それらは現実にはただ神のこの存在の三つの「形態」としてのみ存在しているということである。

神の「絶対的」存在においてその可能性が描きだされている他の存在とは神のこの存在において「相互内在的」に統一されている三つの「形態」の「相互外在的」な「不和（Spannung）」における存在であるということができる。しかし三つの「形態」の「相互外在的」な「不和」における存在といっても、それはたんなる静的な分裂状態ではありえない。というのは神は三つの「形態」の「前・超物質的統一性」としてこれらが存在において一つの場所にあることを強制し、存在における三つの「形態」の「相互内在的」な統一を帰結せしめるだろうからである。したがって三つの「形態」の「相互外在的」な「不和」における存在とは、それを通して三つの「形態」の「相互内在的」統一が回復されるような、しかもこの運動のなかで神の「絶対的」存在においては

「相互内在的」に統一されていた三つの「形態」が互いに区別され「相互外在的」に現れてくるような、そのような力動的な「不和」として考えられるべきものなのである。つまりそれは「抵抗によって妨げられた、しかしまさにそれ故に自己の諸契機において区別されうる、概念把握しうる現勢、要するに過程」(SW 2, III, S. 277) に他ならないのである。

「過程」の直接的可能性は神の「絶対的」存在の第一の「形態」である。それはたんなる「内面的」存在である限りにおいて三つの「形態」の「相互内在的」統一の、それ故また神の「絶対的」存在の「根拠」であった。しかしこのようなものであることを止めて自分に「外面的」存在を与えるならば、それは今度は三つの「形態」の力動的な「不和」の発端となる。それは「排除的に」作用する。つまりそれは「現勢」へ移行することによって存在を独占し、他の「形態」を存在から「排除」し「潜勢」の状態に定立する。しかし本来は第一の「形態」は「現勢」の状態においてではなく「潜勢」の状態において存在するように定められたものである。したがって「現勢」へと移行した第一の「形態」は存在すべきでないにもかかわらず存在しているものということができる。そしてこの存在しているが本来は存在すべきではないものという意味においてそれは「存在すべきでないもの」と呼ばれる。それ故第一の「形態」は「過程」を構成するものとしては、その直接的可能性＝「直接的に存在しうるもの」にして「存在すべきでないもの」である (SW 2, III, S. 265-267, 278-279, 284-285)。

「過程」の第二の可能性は「存在すべきでないもの」によって「潜勢」の状態に定立される神の「絶対的」存在の第二の「形態」である。第二の「形態」は第一の「形態」に己の「内面的」存在を補うことによって自分の内に「内面的」存在を持たないたんなる「外面的」存在であることができた。しかし第一の「形態」が「現勢」へと移行することによって第二の「形態」は自分の「内面的」存在を補ってくれるものを失い自分の内に「内面的」存在を持つように強いられる、つまり「潜勢」の状態に定立されることになる。しかしそれは「潜勢」の状態に定立されたとしてもたんなる「現勢」であることを止めることができない。つまりそれは「存在すべきでないもの」を再び「潜勢」の状態に定立することによって自分をたんなる「現勢」の内に回復しようとする。それはこのような作用へと定められており、その限りそれは「過程」においては働くか働かないかの自由を持たず、必然的に働かなければならないものであるということができる。この意味でそれは「存在しなければならないもの」と呼ばれる。第二の「形態」は「過程」を構成するものとしてはそれの第二の可能性、第二の「存在しうるもの」にして「存在しなければならないもの」なのである（ibid.）。

「過程」の第三の可能性は「存在すべきでないもの」によって第二の「形態」と同様に、ただしこれよりも深い「潜勢」の状態に定立される神の「絶対的」存在の第三の「形態」である。第三の「形態」は第一の「形態」がたんなる「潜勢」にとどまり、三つの「形態」の「相互内在的」統一の「根拠」である限りにおいて存在することができた。しかし第一の「形態」が「存在すべきでないもの」となり三つの「形態」の「相互内在的」統一が破壊されることによって第三の「形態」も存在から「排除」され「潜勢」の状態に定立される。ただしこの「潜勢」の状態は第二の「形態」が定立されるそれよりも深い。というのはそれは「過程」の最後に、つまり「存在しなければならないもの」が自分をたんなる「現勢」の内に回復するときに、「潜勢」の状態に連れ戻され再び三つの「形態」の「相互内在的」統一の「根拠」となった「存在すべきでないもの」によって定立されることになるからである。しかし「過程」の最後に定立されるものはその「目的」ということができる。この「過程」の目的という意味でそれは「存在すべきもの」と呼ばれる。それ故第三の「形態」は「過程」を構成するものとしてはそれの第三の可能性、つまり最後に「存在しうるもの」にして「存在すべきもの」である（ibid.）。

別の在り方の可能性が神の「絶対的」存在において描きだされているのは神のこの存在の三つの「形態」が別の存在を構成する同数の可能性として見られることによってであった。しかし三つの「形態」の力動的な「不和」における存在とは「存在すべきでないもの」の出現に始まりこのものの「存在しなければならないもの」による否定を経て「存在すべきもの」の実現に至る「過程」に他ならない。それ故このような「過程」の全体が、神の「絶対的」存在の三つの「形態」が「過程」を構成する三つの「存在しうるもの」として見られていることによって、この存在そのものにおいて描きだされているのである。

（3） 神の自己認識

神の「絶対的」存在において描きだされている三つの「形態」の力動的な「不和」の「過程」の「現象」は次のような二重の意義において神にとって「好ましいもの」（SW 2, III, S. 268）であり「楽しみと決して止むことのない喜びの対象」（SW 2, III, S. 274）であるとされる。

第一にこの「現象」は神に「自分に気づく（sich innewerden）」ことを可能ならしめるという意義を有し、この意味で神にとって「好ましいもの」であるとされる。「自分に気づく」とは自分が三つの「形態」の「前・超物質的統一性」であることに気づくということに他ならない。つまり神は三つの「形態」の「不和」における存在が自分にとって可能な在り方として示されることによって自分が存在において三つの「形態」が「相互内在的」に統一されていないとしても三つの「形態」の「統一性」であり続けるものであるということに気づくのである（SW 2, III, S. 269）。このことは簡単にいえば神が自分が存在に拘束されていない「自由」なもの、それ故「絶対的」存在と三つの「形態」の「不和」における存在という二つの在り方が「どちらであっても構わない（gleichgültig）」ものであることに気づくということを意味している。つまり神は自分を神の「絶対的」存在から自由なものとして見いだすとともに（SW 2, III, S. 268）、自分が三つの「形態」の「不和」における存在に対しても自由なもの、それを定立しうるものであることに気づくのである（SW 2, III, S. 269）。それ故ここにはこの存在を「欲することができる」もの、つまり「意志」としての自分に気づくという意味も同時に含まれている（SW 2, III, S. 268）。すなわち神は自分が存在から「自由」であり、二つの在り方が「どちらであっても構わない」ものであるが故に、どちらの在り方であろうともそれを「欲することができる」ことに気づくのである。シェリングによれば神の名は自分に「私は自分が成るところのものに、すなわち自分がそれであろうと欲するところのものに成る。このものであるか他のものであるかは私の意志にのみ依存している」と言いうるものにのみ相応しいのである（SW 2, III, S. 269-270）。

第二にこの「現象」は神の内に「認識」（SW 2, III, S. 274）を生ぜしめるという意義を有し、この意味においてそれは神にとって「楽しみと決して止むことのない喜びの対象」となる。「認識」とは「自分をそのさまざまな形態において分離し区別すること、あるいは自分をさまざまな形態の各々において特別に定立し認識すること」（SW 2, III, S. 273）を意味している。しかしこのことは三つの「形態」が「相互内在的」に統一されている神の「絶対的」存在においては不可能なのである。三つの「形態」が互いに区別され「相互外在的」に現れてくる「過程」の「現象」において初めて神は自分を「その存在の全完全性において」（SW 2, III, S. 277）「認識」しうるようになるのである。

五　神による世界創造三

（1）世界創造の動機

前節においては神が「絶対的」存在に止まるか別の存在つまり「過程」を定立するかについて完全に「自由」であり、それ故それを定立するしないは神のたんなる「意志」に依存していることが確認された。ところが神は「過程」の可能性をたんなる可能性のままにとどめておかなかった（SW 2, III, S. 303-304）。しかし、とシェリングはいう、神が「盲目的に」行為へと駆り立てられるということは考えられない限り「過程」を定立したとなればそこには何らかの「動機」がなければならない（SW 2, III, S. 271）。

しかし神は自分自身のために「過程」を定立したのではない、また仮にそうしようとしても「過程」は神にとっては何も「成果がない（ohne Resultat）」（SW 2, III, S. 277）が故に、神は自分自身のために「過程」を定立することはできない。このことは次の二重の観点から確認される。第一に神がその存在の在り方に全く影響されることなく三つの「形態」の「統一性」として存立し続けるものであることは既に見た。それ故「過程」の定立によって神の存在の在り方が、つまり「絶対的」存在が「過程」に、そして直接に所有しているのではない媒介された「絶対的」存在へ変化するとはいえても、神そのものが変化したということはできない。その限り「過程」の定立によっても神は神のままであり、この意味で神にとっては何ら新たなことは生じていないということができる（SW 2, III, S. 271）。第二に神は「過程」の「現象」において自分を「その存在の全完全性において」予め「認識」していた。それ故「過程」を定立したとしてもそこには神にとって何か新しいこと、つまり神が予め「認識」していたのでないことは何も生じないということができる（SW 2, III, S. 277, 286）。この二重の観点において「過程」定立が神にとって「成果がない」ということから、「過程」の（それの外観はどうであれ）本質が、神が己の「絶対的」存在を媒介されたものとするために定立した「神産出の過程（theogonischer Proceß）」でも、自分をその存在の全契機において「認識」するために定立した神の自己「認識」の「過程」でもないことが明らかになる。

それ故神は自分以外のもののために「過程」を定立したのであり、神がそれのために「過程」を定立した自分以外のものとは「過程」を定立することによってのみ生ずるその本来的「成果」でなければならない（SW 2, III, S. 277）。しかしそのようなものは「意識」以外にはない。つまり「過程」においては自分の外に出て「存在すべきでないもの」となった神の「絶対的」存在の第一の「形態」が自分の内に還帰するが「再び自分自身の内に連れ戻される自分の外に存在しているものは、しかしまさにそれ故に自分自身へ到来したもの、自分自身を意識しているもの」（SW 2, III, S. 287）なのである。しかし「過程」は「（最高にして最後の被造物としての）人間において自分自身を意識しているものの段階的な自己到来」（ibid.）として定立された。もちろん神にとっては、自分の存在については既に「認識」しているのだから、この「自己到来」が無媒介なものであっても構わない、つまりあらためて現実に区別してみる必要はない（SW 2, III, S. 286）。しかし神の「意図」はこの「自己到来」を媒介項を持った段階的なものとすることによって、神の存在の全契機を「たんに区別されうる」ものとしてではなく「現実に区別され、個別に感じられた」ものとして「意識」の内に流れ込むようにし、このようなかたちで自分以外に神の存在の全契機を知っているような「意識」を作り上げることにあったのである（SW 2, III, S. 287, 304）。しかし「現実に区別された」神の存在の諸契機とは具体的にはこの「過程」を通して産出される「被造物」を意味している。それ故ここに「過程」の本質が、その内に神の存在の全契機が「現実に区別され、個別に感じられた」ものとして統一されている「意識」を産み出すために定立された「創造の過程(Schöpfungsproceß)」として明らかになるのである。

(2) 原因の原因としての神

神は己が定立した「創造の過程」における「原因の原因」(SW 2, III, S. 292)となる。無論この語は神が今や「存在すべきでないもの」「存在しなければならないもの」「存在すべきもの」となった神の「絶対的」存在の三つの「形態」の「前・超物質的統一性」であることを意味するものに他ならない。三つの「形態」の「不和」においてもそれらの「統一性」であり続けることによって存在における三つの「形態」の「統一性」を強制するということは、ここでは神が各々異なったことを意志する「不和」における三つの「形態」を一つのことに協同せしめ、「それらの超物質的原因がそれ自身(統一性)であるところの過程の物質的諸原因」たらしめることを意味している(SW 2, III, S. 280)。このとき神は二つの側面、つまり神は三つの「形態」が個別になしていることを自ら行っているわけではないという側面としかしそれらを一つのことに協同せしめているのはやはり神であるという側面を併せ持っているということができる。このことに着目するならば、確かに神は「過程」の外にとどまり、決して「過程」の内に身を投ずることがないといいうるとともに(SW 2, III, S. 292)、それにもかかわらずやはり神は「過程」における一切を支配している「意志」なのである(SW 2, III, S. 290)。

「存在すべきでないもの」「存在しなければならないもの」「存在すべきもの」はこの「過程」の三つの「物質的原因」となる(SW 2, III, S. 279)。第一のものはこの「過程」のきっかけを与えるもの、「この過程の誘因」

(ibid.) であると同時に「過程」においては、あくまで「存在すべきでないもの」として存立し続けようとする「意志」として「克服の対象、そしてそれ故全過程の基体、ヒュポケイメノン」(SW 2, III, S. 289) となる。他方「存在しなければならないもの」はただひたすら「存在すべきでないもの」を「潜勢」の状態に連れ戻そうとする「意志」として「過程」における「動力因」となる (SW 2, III, S. 279, 289)。しかし「存在すべきもの」は「そのたんなる意欲によって、本来的な活動無しに、各々の生成物をそれの段階において保持するもの」もしくは「過程の間、それによって過程の諸段階が規定される運動の制御力 vis moderatrix であり、各々の段階に停止を命じ、その結果現実に異なり、区別可能な諸契機が存立するようになる力」であるとされる (SW 2, III, S. 289)。このことは「存在すべきもの」が無条件的に自分の「意志」を貫こうとする他の二つの「原因」を自らの下に服さしめている高次の「原因」であることを意味している。つまりそれは「存在すべきでないもの」には「存在しなければならないもの」による「潜勢」の「変様」を受け入れるように命じ、また「存在しなければならないもの」には「存在すべきでないもの」を一定程度以上に克服しないように命ずることによって「存在すべきでないもの」の段階的な克服を可能にするものなのである。しかしこの第三の「原因」は「存在すべきもの」として「過程」の「目的因」でもある (SW 2, III, S. 279)。つまり「存在すべきもの」の制御の下に「存在すべきでないもの」は「存在しなければならないもの」によって各瞬間に一定の程度「潜勢」の状態に定立される。しかし既に見たように「存在すべきでないもの」は自分の代わりに「存在すべきもの」を定立することなしには「潜勢」の状態に連れ戻されることはできない。つまり「潜勢」の状態に連れ戻される「存在すべきでないもの」とは同時に自分の代わりに各瞬間に一定の程度「存在すべきもの」を定立するものなのである。その限り「存在すべきもの」は「存在すべきでないもの」にとってはその「自己到来」の運動の「目標」であると、つまりそれは「克服された意志にとって全過程の間、目標として（手本、exemplarとして）前に漂っているものであり、このものにおいて克服された意志は言わば自分が範とするものを持ち、そして自分のうちに表現しようとするものを持つ」（SW 2, III, S. 288）ということができるのである。

しかしこのことから「被造物」が神の「絶対的」存在と同様に三つの「形態」を持つものとして産出されることが理解される。というのは「存在すべきでないもの」が「存在しなければならないもの」によって各瞬間に一定の程度「潜勢」の状態に定立されるということは、同時に「存在しなければならないもの」がこの「変様」において各瞬間に一定の程度自分を実現することを、さらに各瞬間に一定の程度「存在すべきもの」が定立されることを意味しているからである。このようにして「存在すべきでないもの」を「基体」としてそれの克服の程度に応じて、そこにおいて根源的な「統一性」が回復される「人間の意識」にまで至る、「最高の統一性の模像（Abbildung der höchsten Einheit）」（ibid.）の系列が産出されるのである。

六　結語——自然哲学の根拠付けとしての世界創造論

シェリングの世界創造論は以上のような概要を持つ。この叙述を回顧してみるならばわれわれは彼が「自然過程」を神の存在から、つまりたとえばその三つの原理を神の存在を構成する三つの契機から、またその所産である「被造物」の構造を神の存在の構造から、それぞれをそれの根源から把握しなおしているのを見て取ることができる。われわれはこの世界創造論のうちに「自然過程」がシェリングにとって根源的にはどのようなものであったのかを見て取ることができ、この意味においてシェリングの世界創造論を彼の「自然哲学」の最終的な根拠づけと見なしうるのである。

註

（1）引用等はすべて *F.W.J. Schellings sämmtliche Werke.* Hrsg.v. K.F.A Schelling. Stuttgart-Augsburg 1856-61. によるものである。また括弧内の数字はそれぞれ部、巻、頁数を意味している。

補論三　第九回日本シェリング協会研究奨励賞を受賞して

〈前置き〉

二〇一三年七月六日、日本シェリング協会第二十二回大会（於新潟大学）にて、私は第九回日本シェリング協会研究奨励賞を受賞した。本稿はその記念講演の記録である。しかし当日の講演の内容がかならずしも忠実に再現されているわけではない。というのも、受賞の通知と大会とのあいだに十分な時間的余裕がなかったため、当日は完全な原稿を用意することができず、レジュメを用意しそれにもとづいて講演をおこなったのであるが、現在手元にあるものもまたそのレジュメ以外にはないからである。本稿において私は、このレジュメを元にして、メモと記憶を頼りに、当日の講演内容をできるかぎり再現するように努めた。だがそれにもおのずから限界がある。さらに内容を修正、敷衍したり、必要と思われる箇所には注をつけるなどしたほか、当日フロアよりいただいたコメントも可能なかぎり反映させようとした。このような事情が重なったせいで、当日の講演と本稿とは、基本線において大きな逸脱はないものの、細部にかんしては相違なしにすますことはできなかった。なにとぞご寛恕をお願いしたい。

一　導　入

研究奨励賞の受賞に際してこのように受賞者が記念講演をおこなうという前例がこれまでにあったのかどうか、そのような記憶は私にはないのですけれども、受賞を記念してなにか話すようにということですので、ともかくお話しさせていただきます。まずは審査の労をとってくださった審査委員長の久保先生をはじめ、審査委員の皆様に厚くお礼を申し上げます。

さきほど審査委員長より受賞理由について詳しい説明がございましたが、今回の研究奨励賞の受賞の対象となったのは私の博士学位論文ということでした。そこで本日はこの論文の概要を紹介することで、かたちばかりではございますが受賞者記念講演の責務を果たしたいと考えております。もちろんこの論文の内容についてはすでに審査委員長が報告してくださった通りであり、それに付け加えるべきものはなにもないとも言えるのですけれども、ここでは筆者という立場からできるだけわかりやすく学位論文の解説を試みたいと思います。わかりやすくと申しますのは、論文の口頭試問における諸先生方のご批評をふまえて、また私自身もその後いろいろと反省いたしまして、この論文には形式および内容の双方にかんして理解しやすいとは言えない面があると思われるからです。

この点についてご理解いただくために、まずは学位論文の構成をご覧いただくと、それは次のようになっております。

（題　目）

非有の思惟――シェリング哲学の本質と生成

（目　次）

序　章　生成における一

＊　＊

第一章　無制約者と知的直観

第二章　シェリング哲学の出発点

第三章　歴史的理性の生成

第四章　神の内なる自然

第五章　『自由論』の立場

＊　＊

補論一　もう一つのエコソフィを求めて

補論二　シェリングにおける神と自然過程

このように、論文の全体は大きく序論、本論、補論の三つにわかれています。このうち序論を除く、本論の五章と補論の二章とが学位論文の実質をなしていると、ひとまずはそのように言うことができるかと思います。ところがこれらの章はすべて別の機会に執筆され、公表された論文がそのもとになっております。しかもこれらの論文はあらかじめ十分に練り上げられた計画にしたがって一から書き上げられていったものではありません。むしろそれらはかなりの長期に亘って、試行錯誤しながら執筆されたものであります。《試行錯誤しながら》というのは、一つの論文を執筆し終えるたびごとに最初の見通しが修正をせまられ、そのようにして修正された新たな展望に立脚しつつ次の論文が執筆されざるをえなかった、ということを意味しています。このような成立事情であるがゆえに本論と補論を構成している各章は、かなり好意的な見方をしたとしても、断絶と飛躍を含みながらかろうじて連結しあっているとしか思われないでしょうし、それのみならず各章は成立の時系列にしたがって配列されているわけではないということも手伝って、一読した限りではこれら相互のあいだに明確な、あるいは堅牢な連関を見出すことは非常に困難になっているに違いありません。

しかしその一方で、つまり、そのように試行錯誤しながら成立したものであるにもかかわらず、いやそれどころか、まさにそのようにして成立したものであるからこそ、これらの章は互いに完全に没交渉にとどまるというわけにはいきませんでした。それどころか実際、回顧してみると、この試行錯誤は論文全体の表題である《非有の思惟》という主題へと最終的に収斂していかざるをえなかったような一つの方向性を備えています。あるいはより精密な言い方をすると、《非有の思惟》としてのシェリングの思惟がたんに解釈者である私の主観のうちにのみ存在しているものとしてではなく、シェリングの思惟そのもののうちに客観的に存在しているものとして次第に顕在化し、具体化していく一つのプロセスを、この試行錯誤は描いているのです。そしてまさにこの脈絡こそ、これらの各章がこのように一つの全体へとまとめあげられうるし、まとめあげられなければならない理由であると、そのように私は確信しています。

さて私は、それゆえ、いまお話ししたような表面にあらわれることのない、いわば隠された内的な連関を明示的に述べるという役割を序章に担わせようとしました。つまり序論部は、私の目論見では、学位論文の全体としての論旨をあきらかにすることによって、論文全体に統一をもたらすはずだったのであります。ところがさらに、この統一とは具体的には《非有の思惟》という主題そのものにほかならないのでありますから、私は、論文の全体が序章を媒介として表題によって表示されている主題へと収斂していくのを期待していたと言えるかもしれません。しかしこのような意図のもとに執筆されたにもかかわらず、序章は私が望んでいた機能を十分にはたしてくれなかったように思います。もちろんこれ以外にも原因がなかったとは言い切れませんが、このような序章のいわば機能不全こそが学位論文を――その細部はともかく――全体として理解しにくいものにしてしまった最大の要因であったろうと、そのように私は反省しているのであります。

そこでこのような教訓をふまえまして、はたして首尾よくいくかどうかわかりませんが、ここでは序章の内容をなるべく単刀直入に述べ直し、これによって学位論文の論旨の解説を試みたいと思います。

二　目　的

唯一の関心――それは決して奇をてらったものではなく、きわめて正統的《オーソドックス》なものであると思います――が、学位論文全体を貫いています。すなわち、それは《シェリング哲学とは何か》という関心であり、言い換えますと、シェリングの思惟の本質への関心であります。

しかし一般的に言って、このように一人の哲学者の思想を全体として視野に収め、その思惟の究極的本質が問われる場合、何らかの意味においてその一性が前提されていなければなりません。というのも、さもなければ、このような問いそのものが無意味なものになってしまうからです。ところが周知のように、シェリングの場合、こうした思惟の一性の有無が解釈上の難問であり続けてきたという特殊な事情があります。

《プロテウス》という綽名が示すようにシェリングは哲学上の立場を目まぐるしく変化させた哲学者の典型とされてきました。つまり、個々の洞察の重要性こそ否定されなかったものの、全体として彼は内的一貫性を欠く非体系的な哲学者と見なされてきました（ヘーゲルおよびヘーゲル学派による哲学史）。シェリング研究の歴史はこの種の通俗的理解に対してシェリングの思惟の一性を擁護しようとする試みの歴史でもあったと言えます。このことはヴァルター・シュルツの『後期シェリングにおけるドイツ観念論の完成』(1)を待つまでもなく、研究のきわめて初期の段階からシェリングの思想的発展の時期区分が試みられてきた、という周知の事実のうちにすでに看取しうると思われます。というのも、時期の区分とはたとえ素朴なものではあっても秩序の導入の試みに他ならないからです。しかしこのような努力にもかかわらず、この問題は未解決のまま依然としてシェリング研究者の前に厳存していると言わざるをえません。

ところが近年、『歴史批判版全集』の刊行（一九七六―）を拠り所としつつ、この難問を一挙に解決しようとする動きがあらわれてきました。その急先鋒がヴァルター・エアハルトです。彼は、シェリングの哲学が《絶えざる生成の内にある哲学》として特徴づけられるとしても、もはやそれは外的触発によって脈絡なく外貌を変じゆくという意味ではなく、内発的かつ持続的に発展するという意味に解されねばならない、と主張します。(2)さてたしかに、このように思惟の一性が思惟の《体系的統一》ではなく《連続的統一》として捉えられることにより、思惟の一性の問題はようやくシェリングに象って一から鋳造しなおされたと言うことができるでしょう。その限りにおいて私はエアハルトの寄与の重大さを認めるのに吝かではありません。しかしエアハルトは《連続的統一》の意味への問いに停留するかわりに、この思惟の連続的統一が同一テーゼの反復的出現によって保証されるかのように即断し、かえってシェリングの思惟の本質の理解への通路を塞いでしまったように私には思われます。

エアハルトがシェリングの思惟の統一を《連続的統一》として捉えたことはシェリングの思惟の本質の理解にとって重要な一歩だったと言えるでしょう。けれども、この《連続的統一》の内実はあくまでもシェリング自身に即して解明されるべきものです。つまり、この解明は《連続的統一》についての既存の理解を自明なものとして前提し、それをシェリングに外面的・形式的に当て嵌めるだけであってはなりません。だがエアハルトは連続性の常識的理解に無反省に依拠し、その結果《シェリングにおける連続的統一》の理解への通路を自ら塞いでしまいました。だとすると、この通路を再び開くことが問題解決の鍵となるはずです。言い換えると、シェリングの思惟が連続性において一であると言われるとき、その一はいかなる意味における一かという問いがあらためて、ことさらに立てられるべきなのではないでしょうか。

さてこのように、本研究は《シェリングにおける思惟の一性》の解明を目的としています。ただしその際、この問題をシェリング研究におけるエアハルト以後とも言うべき境位において《シェリングの思惟の生成における一》への問いとして遂行しようとするのであります。

もちろんこのような意図は個々の章（そしてそのもとになっている個々の論文）においては明示的に語られているわけではありません。しかし執筆にあたって常に私の念頭にあったのはまさにこのような問題であり、この問題意識こそが私の研究の最も根底的な層を形成していると言うことができると思います。

三　方法

ところでこのような意図のもとに研究を遂行するにあたって、私はいわば実験的とも言うべき方法を採用しました。より具体的に言えば、私はベルクソンの「哲学的直観」(3)の説を哲学的思惟《一般》に関してその生成における統一の理論を提示したものと解し、これを《特殊》事例としてのシェリングに《実験的》に適用しようとしました。つまり私は本研究において、ベルクソンの意味における哲学的直観を問うことがシェリングの思惟に関して《生成における一》を問うことであると仮定し、シェリングにおける《哲学的直観》の解明に努めた、とそのように言うことができるでしょう。

現時点から振り返ってみますと、本研究の最大の特色はこのようにベルクソンの哲学的直観の理論をシェリング研究に適用したことにあったと思われます。というのも、両哲学者の関係を主題的に論じるという試みそのものが比較的稀であり、たとえあるにせよ哲学的直観の説に着目してなされたものではないからです。(4)

しかしこのように二人の哲学者を交錯させることによって本研究はさらに二つの重要な特色を獲得するように思われます。つまり、第一に、無意識のうちにヘーゲル的な概念の枠組みによってシェリングを理解してしまうという、従来多かれ少なかれ誰もが逃れられなかった陥穽の回避であり、第二に、シェリングの最初期の思想を――それが創造的躍動《エラン》の源泉である限り――彼の思索のうちで特権的地位を占めるものと見なしうるための十全な理論的根拠の提示であります。(5)

けれどもこれはあくまでも《実験的》適用と解される必要があります。すなわち、私はこの適用が首尾よくいくことを期待していたわけではありませんでした。むしろベルクソンの「哲学的直観」の説はシェリングの思惟への適用において不具合を生じ、それ自身の不完全性を露呈しつつ崩壊すべきであり、その上でシェリングに即して再構築されるべきであると、そのように私は考えていたのであります。

それでは、この実験はいかなる経過をたどり、現段階においてどのような結果に到達しているのでしょうか。

四　経　過

準備的段階

（一）すでに申し上げましたように、本研究はそもそもの最初から《シェリングの思惟の本質》の解明をめざしていました。たんにその際に《自然》の主題に最初の手掛かりを求めたにすぎません。その意味で本研究はシェリングの自然哲学を直接の研究対象とする他の研究とは一線を画していると私は自己理解していました。修士論文「シェリングの同一哲学における自然の問題」、および博士後期課程在学中の二つの論文[6]はこうした観点から書かれました。

（二）けれども研究指導認定退学後、私はシェリングの初期思想を主たる研究対象と定め、《理性の歴史》という主題の解明[7]を介して、シェリングの思惟の本質へとアプローチするための問題系を《自然》から《神話》へと拡張しました[8]。この論文の最後で《自然》の問題系と《神話》のそれとが通底していることが自覚され、両者に共通の何ものか（＝X）が視野に入ってきました。また二つの問題系は後者が前者の根底をなすがゆえに、このXは自己を展開させる動性を具備すると予想されました。

実験的段階

（三）このXの解明のために私は――すでに申し上げたように――ベルクソンの哲学的直観の説に拠り所を求めました。というのも、このXがシェリングにおいてベルクソンの言う哲学的直観に相当するものであるなら、それは定義上《シェリングの思惟の本質と生成》を同時に説明しうるはずであるからであります。このような見通しのもとに書かれたのが論文「神の内なる自然――シェリング哲学の第二の端緒として」[9]でした。そこでは哲学に対する神話、理性に対する自然の関係は共に《有に対する非有の関係》として一般化され、この非有の次元への眼差しがシェリングにおける哲学的直観であると仮定されるとともに、この眼差しの漸次的深化こそがシェリングの思惟の進展を説明すると考えられました。

（四）ここにおいてようやくシェリングの思惟を《非有の思惟》として解釈するという着想が生まれました。しかし《非有の思惟》としてのシェリングの思惟の生成の過程を実際に叙述してみると（前掲論文）、ベルクソンの哲学的直観の説、さらにその背後にある創造的進化の説は、シェリングの思惟の説明としては、そのままの形では受け入れられないことがあきらかとなりました。これによって今やベルクソンの哲学的直観の説は批判的吟味の、さらに再構築の対象となりました。しかしこの吟味と再構築は恣意的にではなく、いわばシェリング本人によって行われなければなりません。このような反省のもと、私はあらためて《非有の思惟》としてのシェリングの思惟の本質、つまりその哲学的直観を、あくまでシェリングに即して厳密に規定しようとしました[10]。このような試みの成果が現在の段階における本研究全体の結果でもあります。

五　結　果

成　果

学位論文における考察の成果（それは学位論文の第一章に集約されているのですが）を端的に、かつ、学位論文全体の表題と関連させて述べると、次のように要約できるでしょう。

（一）シェリング哲学は、それがカント哲学との関係において理解される場合、『純粋理性批判』との関係において理解されることは比較的稀であったように思われます。(11) むしろシェリング哲学は、古くは『判断力批判』、『宗教論』、『自然科学の形而上学的原理』などとの関係において、さらに近年では『人類史の憶測的起源』などの歴史哲学的論考との関係において解釈されてきました。要するに、シェリング哲学は主に『純粋理性批判』以外の著作との関係において理解されてきたとも言えるかもしれません。ところで本研究の第一の成果はこれが誤りであることを、あるいはそれが言い過ぎであるとするならば、そのような理解が非常に偏ったものであることをあきらかにしたことにあります。というのも、私の理解では、シェリング哲学は、その原衝動の最初の哲学的発現に際して『純粋理性批判』、特にその「超越論的感性論」によって根本的に規定されているからです。フィヒテが統覚の方面に批判哲学の体系の統一を求めたとすると、シェリングは同じものをむしろ直観の方面に求めたということができます。

（二）しかし同時にこれによって、シェリングの思惟のうちに悪、自然、神話等々として現れる非有のイマージュについて、その原イマージュが探り当てられました。これが本研究の第二の成果であります。つまり、非有というのは『純粋理性批判』の「超越論的感性論」がさらにその手前へとずらされることによって初めて生ずることになった《哲学史的》亀裂にほかなりません。言い換えますと、非有とは有論としてのカント哲学との関係において二つの哲学の裂け目として定義されなければならないものなのです。シェリング哲学にとってこの亀裂はたんなる空虚ではなく、カント哲学が積極的には包含しえなかった主題が再流入し、さらに奔流となって噴出する源泉となったように思われます。まさにここに源泉を有するがゆえにシェリングの思惟は《非有の思惟》と呼ばれなければならないのです(12)。

　このことはもちろん重要な成果ではあるのですが、これによってすべてがあきらかになったというわけではありません。現在の私の研究が一応の完結を見るためには、最低限、次のような課題が解決されなければならず、その限りにおいてこの研究はなお途上にあると言わざるをえないのです。

課題

（一）非有の原イマージュは本研究にとって漸く見出されたアルキメデスの点に他なりません。ここを基点としてシェリングの思惟の全体があらためて《非有の思惟》として解釈されなければならないでしょう。

（二）しかし《非有の思惟》は同時に生成する思惟であります。ベルクソンの哲学的直観がより厳密にシェリングに即して非有の原イマージュへと限定されたように、ベルクソンの生の躍動《エラン・ヴィタール》に関しても同様に、たんにそれにとどまらず、シェリング固有の《思惟の生成の論理》が見出されなければならないでしょう。

（三）これらをふまえて《非有の思惟》としてのシェリングの思惟の《生成における一》の意味を解明するという本研究の最終目的が達成されなければならないでしょう。

さて、ここまで学位論文の根本思想とも言うべきものを述べてきました。自分としては非常に端的に述べたつもりですが、十分に説得的に述べることができたかどうか自信はありません。近い将来にみなさまに直接に学位論文の内容を検討していただけるような機会を提供できたらと思っております。

たいへん雑駁なお話で恐縮ですが、そろそろ時間が来たようですので、以上で講演を終えたいと思います。ご清聴有難うございました。

註

（1）Schulz, Walter : *Die Vollendung des deutschen Idealismus in der Spätphilosophie Schellings*, Zweite Auflage, Pfullingen: Neske, 1975, S.9. „Im *zweiten Teil* wird die *Entwicklung Schellings zur Spätphilosophie* ins Thema genommen. Im Gegensatz zur Schellingforschung wird zu zeigen gesucht, daß Schelling nicht der „Proteus des deutschen Idealismus" ist, sondern daß seine ganze Entwicklung erstaunlich geradlinig verläuft – von der ersten philosophischen Schrift „Über die Möglichkeit einer Form der Philosophie überhaupt" an, denn hier wird bereits das Grundproblem der Selbstvermittlung als die Fragen nach der Unbedingtheit, in der Form und Inhalt des ersten Prinzips identisch sind, aufgenommen."

（2）Vgl. Ehrhardt, Walter E.: „Ergänzende Bemerkungen" in: Schelling, Friedrich Wilhelm Joseph : *System des transzendentalen Idealismus* ; herausgegeben von Horst D. Brandt und Peter Müller, Hamburg : Meiner, 2000, Philosophische Bibliothek Bd. 448, S. XLV-L.

（3）ベルクソン「哲学的直観」『ベルクソン全集7　思想と動くもの』（白水社、一九六五年）、一三六―一三八頁、参照。「しかし偉大な哲学者の思想に繰り返し接触していると。漸次的浸透によって、われわれは全く違った感情をもつようになります。〔…〕哲学者の思想の周囲を巡る代わりに、その中に身を据えようといっそう努力するにつれて、彼の学説が形を変えるのがわかります。まず、複雑さが減少します。次に諸部分がたがいに他の部分の中へ入って行きます。最後にすべてがただ一つの点に集中します。そしてわれわれはその点に到達することはあきらめなければならないとしても、そこにしだいに接近して行くことはできると感じるのであります。

この点にはなにか単純なものが、無限に単純なものが、あまりにも桁外れに単純であるために当の哲学者がそれを言うことに決して成功しなかったものがあります。そしてそのために彼は一生涯語りつづけたわけであります。彼は自分の精神のなかに持っているものを一応定式化することができても、この定式を訂正し、次にこの訂正を訂正しなければならないと感じたのであります。こうして理論から理論へと、自説を正しながら、彼は自分の考えを完全にすることができると信じていたにもかかわらず、彼がこれまでやってきたことは、実は複雑を呼ぶ複雑により、また敷衍に敷衍を重ねることによって、増大する近似値をもって、彼の根源的な直観を言い表そうとするにすぎなかったのです。彼の学説がまことに複雑であり、この複雑が無限に至るということは、だから、彼の単純な直観が、この直観を表現するために用いられたさまざまな手段によってきっぱりと割り切られることができないというだけであります。」

（4） 長谷正當「自覚における自然——シェリングの自然哲学とフランス・スピリチュアリスムの哲学」『心に映る無限——空のイマージュ化』（法藏館、二〇〇五年）、参照。長谷は、ベルクソンとシェリングという二つの哲学のあいだでその思索を進めた哲学者として、ジャンケレヴィッチ、マルセル、西谷啓治の名を挙げている。西谷の卒業論文「シェリングの絶対的観念論とベルクソンの純粋持続」（『西谷啓治著作集』第一三巻所収、ただしその一部は「シェリングの同一哲学と意志——実在的なるものと観念的なるもの」として同著作集の第二巻に収録されている）は、私見ではこの種の文献のなかでも最重要のものである。

（5） Vgl. Schelling, Friedrich Wilhelm Joseph :*F. W. J. Schellings sämmtliche Werke.* Hrsg.v. K.F.A Schelling. Stuttgart-Augsburg : J. G. Cotta'scher Verlag, 1858, XIII, S. 60. „Will man einen Philosophen ehren, so muß man ihn da auffassen, wo er noch nicht zu den Folgen fortgegangen ist, in seinem Grundgedanken; denn in der weiteren Entwicklung kann er gegen seine eigne Absicht irren, und nichts ist leichter als in der Philosophie zu irren, wo jeder falsche Schritt von unendlichen Folgen ist, wo man überhaupt auf einem Wege sich befindet, der auf allen Seiten von Abgründen umgeben ist. Der *wahre* Gedanke eines Philosophen ist eben sein Grundgedanke, der von dem er ausgeht.“

（6） 「シェリングにおける神と自然過程」（『哲学論叢』第二三号、京都大学哲学論叢刊行会編、一九九六年）、「神の外なる自然と神の憤怒——後期シェリングの自然理解に関する一考察」（『シェリング年報』第五号、日本シェリング協会編、一九九七年）。

前者は学位論文および本書の補論二に相当し、後者は学位論文および本書には未収録である。

(7)「シェリング哲学の出発点——人間的理性の起源と歴史の構成」『近世哲学研究』第六号、京大・西洋近世哲学史懇話会編、一九九九年)。学位論文および本書の第二章に相当。

(8)「歴史的理性の生成——シェリング『悪の起源』における神話解釈の意義」(『近世哲学研究』第八号、京大・西洋近世哲学史懇話会編、二〇〇一年)。学位論文および本書の第三章に相当。

(9)『哲学研究』第五七五号、京都哲学会編、二〇〇三年。学位論文および本書の第四章に相当。

(10)「無制約者と知的直観——『ティマイオス註解』から『自我論』へ(一)」(『近世哲学研究』第一四号、近世哲学会編、二〇一〇年)、「同(二)」(『同』第一五号、近世哲学会編、二〇一一年)。学位論文および本書の第一章に相当。

(11)無論、例外はある。比較的最近の研究のなかでは、Boenke, Michaela: *Transformation des Realitätsbegriffs : Untersuchungen zur frühen Philosophie Schellings im Ausgang von Kant*, Stuttgart-Bad Cannstatt : Frommann-Holzboog, 1990 が代表的なものと言えるであろう。しかし他方、最近の研究のうちにも、Gloyna, Tanja: *Kosmos und System : Schellings Weg in die Philosophie*, Stuttgart-Bad Cannstatt : Frommann-Holzboog, 2002 のように、シェリング哲学の形成における『純粋理性批判』の意義をほぼ全面的に否定しているものが見出される。

(12)イマージュと非有(メー・オン)の関係については、たとえば、長谷が西田とベルクソンにかんして次のように述べているのが参考になるかもしれない。「文化や歴史の世界、芸術や道徳の世界を象徴やイマージュの問題として捉えることは、空想や非実在の世界に沈むことではない。それらをイマージュの世界として捉えることは、そこに自然的・直接的な限定された知覚の世界を超えた可能的な世界、オンの世界を超えたメ・オンの世界、限定を超えた不条理なるものの世界が開かれているということである。メ・オンの世界、最も儚く瞬時のものでありながら、我々の直接的経験のなかで最も深いもの、したがって、最も高い実在に連なっているものがイマージュである。その意味で、文化や歴史の世界、道徳や芸術の世界の核心に降りてゆくことは、そこにおいて出会われる「イマージュ」の固有性に迫ることとも結びついている。つまり、そういった文化や宗教の問題を「イマージュ」の問題として掘り下げることは、ベルクソンや西田の哲学の表面には現れないが、隠されたもう一つの主題をなしているのである。」長谷正當「絶対自由意志と象徴の世界——ベルクソンから見た西田哲学の位置づけ」『心に映る無限』、二一〇頁。

しかしここにシェリングの名を加えることもできるはずである。「自己の根底において超越的な光に触れ、それに貫かれることで、自己が解放され自由になること、そこに「スピリチュアリティ」があるが、ベルクソンは宗教や道徳の源泉となるような深い感動、つまり愛や恩寵として表れる情動を、そのような生命ないし自然の底から湧出してくるスピリチュアリティとして捉えている。そのようなスピリチュアリティの息吹は、いわば大地の底から生じるのであって、最も高いものが最も低い自然の根底を貫いて湧出してくる。それゆえに、それは我々の心を突き動かす力を有するのである。シェリングやフランス・スピリチュアリスムのうちにある根本洞察は、このように、自己の底に自己を生かすような根源的な情動〔…〕を掘り起こし、それを成長せしめ霊性へと高めることである。」長谷「自覚における自然」『心に映る無限』、一二五頁。

あとがき

本書は二〇一二年一二月に京都大学に提出された博士学位論文がもとになっている。しかし今回、出版に際して補論三をあらたに追加したことを除くならば、それ以外に内容の変更を伴うような大幅な加筆訂正などは行っていない。学位論文の、したがってまた本書の概要および成立の経緯に関しては、その補論三において比較的詳しく述べられているので、そちらに譲りたい。

拙い研究ではあるが、それですら多くの方々の善意ある援助なしには成立しえなかった。

まずは学位論文審査の労をお執りくださった福谷 茂教授、藤田正勝教授、氣多雅子教授に厚くお礼を申し上げたい。なかでも主査の福谷教授による長年にわたる叱咤激励なしには、筆者が研究を曲がりなりにも継続し、学位を取得し、さらにこうして出版にまでこぎつけることは到底不可能であったと思う。

また回顧するに、本研究の端緒は遠く、著者の二度目の学部時代にさかのぼる。それ以来、現在に至るまで一貫してご指導を賜わった薗田 坦先生（京都大学名誉教授・日本学士院会員）にあらためて心からの感謝の意を表したい。

最後に本書の刊行にあたってはその準備段階から知泉書館の小山光夫氏、高野文子氏に大変お世話になった。記して深謝申し上げたい。

二〇一四年六月三〇日

浅沼光樹

初出一覧

序　章　「生成における一」（未発表）

第一章　「無制約者と知的直観（一）」（近世哲学会編『近世哲学研究』第一四号、二〇一〇年）

「無制約者と知的直観（二）」（近世哲学会編『近世哲学研究』第一五号、二〇一一年）

第二章　「シェリング哲学の出発点」（京大・西洋近世哲学史懇話会編『近世哲学研究』第六号、一九九九年）

第三章　「歴史的理性の生成」（京大・西洋近世哲学史懇話会編『近世哲学研究』第八号、二〇〇一年）

第四章　「神の内なる自然」（京都哲学会編『哲学研究』第五七五号、二〇〇三年）

第五章　「『自由論』の立場」（日本シェリング協会編『シェリング年報』第一八号、二〇一〇年）

補論一　「もう一つのエコソフィを求めて」（松山壽一・加國尚志編『シェリング自然哲学への誘い』晃洋書房、二〇〇四年）

補論二　「シェリングにおける神と自然過程」（京都大学哲学論叢刊行会編『哲学論叢』第二三号、一九九六年）

補論三　「第九回日本シェリング協会研究奨励賞を受賞して」（日本シェリング協会編『シェリング年報』第二二号、二〇一四年）

索　引

nは註頁を示す。シェリングの著作には原題および刊行年を併記する。遺稿の成立時期については原則としてオリジナル版『全集』編者に従うが，著者の判断により変更ないし省略する場合もある。

あ　行

悪 das Böse，道徳的―　25, 54, 104–06, 108, 110, 112, 114, 171f., 190–92, 194, 196, 199, 210, 277
意志 Wille　186–95, 198
一元論 Monismus　212f., 215
一性（統一）　Einheit
　思惟の――　5–7, 11, 13, 271–73
イデア，―論　33–35, 40–45, 48f.
伊東多佳子　241–43
イーバー Iber, Christian　85n, 91n
イマージュ image　22–26, 281n
意欲 Wollen　187–91
エアハルト Ehrhardt, Walter E.　7–13, 272f.
『エアランゲン講義（学としての哲学の本性について）』（1821）*Ueber die Natur der Philosophie als Wissenschaft*　205n
エイコス・ロゴス（ありそうな言論）　77, 80f., 84, 91n, 93n
エコソフィ ecosophy　227, 235f., 240, 244f., 269
『エチカ』（1677）　58–60, 79–81
エネジデムス（シュルツェ）Schulze, Gottlob Ernst　141
エラン・ヴィタール（生の躍動）élan vital　22, 278
オリジナル版『シェリング全集』（1856–1861）　8–10, 249

か　行

禍悪 Übel，自然的禍　104, 106, 108–12, 114, 117, 140
拡大自己同一化 wide identification　237–39
過去 Vergangenheit　54, 148
　超越論的――　150, 181
我性 Selbstheit　190–92, 194–96
カテゴリー（純粋悟性概念）Kategorie，―論，原カテゴリー Urkategorie，―論　34–39, 41–43, 47–49, 71, 75, 77, 81, 83, 86nf.
神 Gott　41, 57, 92nf., 95n, 163, 165, 167, 169, 171, 191–95, 198f., 213, 249, 251–63, 265, 269
感性 Sinnlichkeit　43f., 103, 140, 145
感性論　Ästhetik
　完全なる――　78
　超越論的――　44, 277f.
カント Kant, Immanuel　21, 26, 33–45, 47–49, 52, 57, 59f., 67f., 71, 78, 86nf., 89nf., 95n, 122, 129, 137, 141, 145, 158f., 169, 178, 211, 214, 277f.
　――化 kantianisieren　33, 37, 40–42, 60
観念論　Idealismus
　客観的――　169, 238f.
　主観的――　169, 238f.
『近世哲学史講義』（1827）*Zur Geschichte der neueren Philosophie*　198f., 248n
区別 Unterschied　166f.
久保陽一　126n
グラッサー Glasser, Harold　237f.
クリングス Krings, Hermann　31–33, 39–44, 46f., 49–56, 60f., 65–74, 78, 82f., 85n, 90nf.93n, 207–09, 211–16, 224
グロイナ Gloyna, Tanja　85n, 88n, 94nf.
クローナー Kroner, Richard　89nf.
形式 Form　38, 57–59, 66, 69f., 75, 77, 79,

81
『啓示の哲学』*Philosophie der Offenbarung* 9, 250
芸術 Kunst, —家　241–45
芸術哲学 Philosophie der Kunst　243
言語 Sprache　146
原理 Prinzip　53f., 56, 68–70, 75, 77f., 80–82, 84, 195f., 210–12, 214–16, 218
悟性 Verstand　43f., 67, 186–91
根底 Grund　54, 148–50, 163, 165, 186–94, 196, 199, 210
根本命題 Grundsatz　76, 88nf., 116, 120

さ　行

『最近の哲学的文献に関する一般的概観』（=『概観』）（1797/98）*Allgemeine Uebersicht der neuesten philosophischen Literatur*　56f., 62f., 65, 74, 78, 202n
ザントカウレン Sandkaulen, Birgit　39, 85n, 88nf., 91n, 94n
自我 Ich（絶対的）　38, 75–77, 79, 82–85, 95n, 181f., 184–88
自覚 Selbstbewusstsein（絶対的理性の） 139, 173, 193f., 196, 200
自己定立（自己措定）Selbstsetzen　38, 116, 127n, 150f., 186f., 189
自然 Natur　51, 64, 73, 127n, 149–51, 181–84, 192–94, 210f., 233–35, 243, 245, 275–77
　神の内なる——　157, 163, 173f., 198, 222, 224, 269, 276
　（絶対的）理性の——性　173–75, 186, 192, 195, 198, 200
『自然科学の形而上学的原理』（1786） 277
自然過程 Naturprozess　249–51, 265, 269
『自然過程の叙述』（1843/44）*Darstellung des Naturprocesses*　250
自然哲学 Naturphilosophie, —的　42, 47, 53, 60f., 67, 73, 128n, 162, 165, 175–80, 200, 208–10, 212–15, 249, 265
　シェリング（の）——　53f., 61, 66, 71, 150f., 207, 211, 213, 227–30, 238, 240–44
『自然哲学考案』（=『考案』）（1797）*Ideen zu einer Philosophie der Natur*　56, 61–63, 65, 74, 78
『自然哲学の真の概念について』（1801）*Ueber den wahren Begriff der Naturphilosophie und die richtige Art ihre Probleme aufzulösen* 179
『自然哲学の体系草稿への緒論』（1799） *Einleitung zu seinem Entwurf eines Systems der Naturphilosophie*　176
実存 Existenz, —者　165, 186, 189f., 192, 194, 210
質料 Materie, 物質 Materie, 素材 Stoff 41–54, 56–73, 78–83, 89n, 207, 210–25
捨象 Abstraktion　180–85, 188, 192, 239, 244
自由 Freiheit　54, 76f., 137, 170f., 185, 188, 191f., 193, 198
シュティフト Stift　93n, 130, 132f., 136
受容者（ヒュポドケー）　42, 44, 48–50, 66, 68f., 71, 74f., 77, 80–84, 91n, 211, 219
シュルツ Schulz, Walter　6, 272
純粋悟性概念　→カテゴリー
『純粋理性批判』（1781,1787）　34–37, 41–44, 46–50, 58–60, 66–72, 79–81, 83f., 87n, 132, 211, 277f., 281n
新プラトン主義（派）Neuplatonismus 219f.
『人類史の憶測的起源』（1786）　277
神話 Mythologie, Mythos　25–28, 89n, 103f., 107, 110, 115, 128n, 135f., 145–47, 151, 213, 275–77
　——解釈　89n, 129, 144f., 146f., 151
『神話の哲学』*Philosophie der Mythologie* 9
『神話論』（1793）*Ueber Mythen, historische Sagen und Philosopheme der ältesten Welt* 128n, 133
スピノザ Spinoza, Baruch de　8, 18, 56f., 59, 79–84, 213f.

スピノザ主義 Spinozismus　213, 215, 248n
『聖書』　99f., 133–136
精神 Geist　61, 63–65, 70, 72, 190–92, 194, 198
『精神の現象学』（1807）　159, 161
『世界時代』（1813）*Die Weltalter. Erstes Buch*　54
世界創造 Schöpfung der Welt　34f., 42, 44, 52, 58–60, 66, 69, 249–51, 255, 261, 265
『世界霊について』（1796）*Von der Weltseele*　176, 241, 243
積極哲学 positive Philosophie　46f., 54, 198, 249
絶対者 das Absolute　54f., 162–70, 172–75, 182, 192, 215, 217–21
『全知識学の基礎』（1794/95）　131
『造形芸術の自然に対する関係について』（1807）*Ueber das Verhältniß der bildenden Künste zu der Natur*　202n
創世記第三章　100–08, 110f., 113–15, 117, 144–46, 148
『創世記第三章における人間の悪の第一の起源についての最古の哲学的学説を批判的かつ哲学的に解明する試み』（=『悪の起源』）（1792）*Antiquissimi de prima malorum humanorum origine philosophematis Genes. III. explicandi tentamen criticum et philosophicum*　94n, 97, 99f., 102f., 108, 112–23, 127n, 133f., 136, 139, 141–44

た　行

体系 System　5, 16, 37f., 116, 136, 141f., 161–64, 168f., 177f., 184f., 194–97, 249, 272
対立 Gegensatz　169–73, 175, 193
Daß　197
脱自 Ekstase　196–98, 200
『たんなる理性の限界内における宗教』（=『宗教論』）（1793）　277
知識学 Wissenschaftslehre　38, 116, 118–20, 130–32, 142, 151, 158, 175–78, 180f., 185, 200
『知識学の概念について』（1794）　38, 88nf., 91n, 116–19, 129–32, 150
『超越論的観念論の体系』（1800）*System des transscendentalen Idealismus*　178f.
超越論的哲学 transzendentale Philosophie　35, 40, 42, 44–46, 53, 58–60, 81, 90n, 95n, 150, 175–80
直観 Anschauung　41, 43f., 61–65, 67f., 78, 81f., 84, 211, 277
　知的（非感性的）——　31, 64f., 68–70, 72f., 75–81, 84, 269
　哲学的——　13, 16–20, 22, 274–276, 278
　——の本質の解明　61, 63f., 67–69, 72f., 75, 77f.
ディープ・エコロジー deep ecology　227, 230, 232–34, 237
『ティマイオス』　33–35, 39, 42–60, 66, 68–73, 79f., 82–84, 91n–94n, 207–14, 216, 218–22, 224
『ティマイオス註解』（1794）„*Timaeus*.“（*1794*）　31–34, 36–40, 42, 46–52, 55f., 60, 65–75, 77–84, 85n–91n, 94nf., 207
ティリエット Tilliette, Xavier　10
哲学 Philosophie
　シェリング（の）——　3f., 46, 97, 157, 213–15, 269, 271, 276–78
　智慧としての——　234f.
　——の素質　101
『哲学一般の形式の可能性について』（1794）*Ueber die Möglichkeit einer Form der Philosophie überhaupt*　37–39, 60, 74–79, 82f., 88nf., 91n, 94n, 99, 116–22, 127nf., 130–32, 134, 141–43, 149
哲学史 Geschichte der Philosophie　5, 28f., 81, 95n, 122, 157, 159–61, 201, 272, 278
『哲学史講義』　160, 201
哲学的学説 Philosophem　100–03, 105–08, 145f.
『哲学的経験論の叙述』（1836）*Darstellung*

des philosophischen Empirismus　251
『哲学的著作集』（1809）*Philosophische Schriften. Erster Band*　202n
『哲学と宗教』（1804）*Philosophie und Religion*　53f., 161, 207, 210, 216–20, 223f.
『哲学の原理としての自我について，あるいは人間的知における無制約者について』（=『自我論』）（1795）*Vom Ich als Princip der Philosophie oder über das Unbedingte im menschlichen Wissen*　31, 75–83, 202n
同一性 Identität　53f., 59, 80–83, 100, 158, 166, 173f., 189, 197, 209, 211–15, 239
同一哲学 Identitätsphilosophie　53–55, 82, 161, 166, 169, 200, 208, 210–15, 275
『独断論と批判主義に関する哲学的書翰』（1795）*Philosophische Briefe über Dogmatismus und Kriticismus*　78, 202n

な　行

二元性 Dualität　162, 164–71, 174, 189
二元論 Dualismus　171, 212–14, 218
西谷啓治　280n
『人間的自由の本質』（=『自由論』）（1809）*Philosophische Untersuchungen über das Wesen der menschlichen Freiheit und die damit zusammenhängenden Gegenstände*　19, 54f., 159–64, 166–71, 176, 185, 193f., 198–201, 202n, 207–10, 224f., 269
ネス Naess, Arne　232, 234–39, 248n

は　行

媒介 Vermittlung　36, 43f., 47f.
ハイデガー Heidegger, Martin　13, 15f., 18f.
長谷正當　280n–282n
汎神論（万有在神論）Pantheismus　171
『判断力批判』（1790）　277
批判哲学 kritische Philosophie　94n, 122, 130, 132–34, 138f., 141–43, 277
非有（メー・オン）　25, 276–78, 281n
——のイマージュ　4, 22, 24–26, 277f.
——の思惟　3, 26, 269–71, 276, 278
『ピレボス』　33–36, 39, 43, 48, 50, 71, 87nf.
フィヒテ Fichte, Johann Gottlieb　8, 13, 38, 85, 87n–90n, 99, 116, 118, 121f., 128n, 129–33, 142, 151, 158–60, 169, 181f., 184f., 187, 200, 238f., 277
『フィヒテとシェリングの哲学体系の差違』（1801）　158
ブフハイム Buchheim, Thomas　166f.
ブフナー Buchner, Hartmut　31, 88n
プラトン Platon　14, 33, 35, 37–43, 45, 47f., 51–54, 57, 60, 68, 78, 80, 82–84, 88n–95n, 210, 213f., 216, 221f.
——化 platonisieren　37, 40–44, 47–49, 51, 56, 60, 73, 78, 82f.
フランツ Franz, Michael　70, 74, 88nf., 94n, 133
『ブルーノ』（1802）*Bruno oder über das göttliche und natürliche Princip der Dinge. Ein Gespräch*　53f., 207, 210, 216, 222f.
フールマンス Fuhrmans, Horst　134–36, 138f.
プロテウス Proteus　5f., 8f., 15, 167, 272
文献学 Philologie　133–35, 138
平行論 Parallelismus（知性と自然の）　178
ヘーゲル Hegel, Georg Wilhelm Friedrich　5f., 8, 11, 14f., 22, 29, 39, 85, 134, 157–61, 178, 197–201, 272, 274
ペーツ Peetz, Siegbert　207f.
ベーメ Böhme, Jakob　8
ベルクソン Bergson, Henri　16–19, 22f., 274–76, 278, 280n–282n
ヘルダー Herder, Johann Gottfried　136f.
弁証法 Dialektik　39
弁神論 Theodizee　171
ヘンリッヒ Henrich, Dieter　33, 36–43, 46f., 49–51, 55, 60, 71, 74, 82f., 85n–87n, 89n–91n, 94n

方法 Methode　50–55, 68, 72f., 91n–93n
ポテンツ（勢位）　Potenz　166, 174, 182, 186, 191f., 215

ま　行

松田克進　248n
無差別 Indifferenz　163, 166, 172, 174, 181–84, 188f., 239
無制約者 das Unbedingte　31, 75–77, 79–82, 84, 269
無底 Ungrund, 一的　185, 188–90, 193–96, 198
物自体 Ding an sich　59f., 81, 83

や　行

ヤーコプス Jacobs, Wilhelm G.　94n, 136–39
有論 Ontologie　278

ら　行

ラインホルト Reinhold, Karl Leonhard　36f., 86nf., 122, 129, 133, 141f.
『力動的過程の一般的演繹』（1800）*Allgemeine Deduktion des dynamischen Processes oder der Kategorien der Physik*　179
理性 Vernunft
　絶対的——　163, 168, 172–75, 180–86, 188f., 191–95, 200
　歴史的——　138–44, 148, 151, 269
　——の自己省察　44, 99, 113–15, 117, 119–21, 140, 144f.
　——の独裁的支配　111f., 114, 117, 141
離落 Abfall　223
レヴィ＝ストロース Lévi-Strauss, Claude　26
歴史 Geschichte
　理性の——　95n, 112–15, 117–21, 127n, 137, 140, 145, 275
　——の構成　97, 99, 110f., 113–15, 117
歴史哲学 Geschichtsphilosophie　94n, 136, 138f., 141, 243, 277
歴史批判版『シェリング全集』（1976–）9f., 13, 31, 136, 272
連続性 Kontinuität（思惟の）　10–12, 167, 208

わ　行

『私の哲学体系の叙述』（1801）*Darstellung meines Systems der Philosophie*　161–64, 166–68, 170, 172, 174–76, 179–81, 200, 208, 239

浅沼 光樹（あさぬま・こうき）

1964年，岩手県に生まれる。1997年，京都大学大学院文学研究科博士後期課程哲学専攻（西洋哲学史）研究指導認定退学。京都大学博士（文学）。西洋近世哲学史専攻。

〔非有の思惟〕　ISBN978-4-86285-194-9

2014年9月15日　第1刷印刷
2014年9月20日　第1刷発行

著　者　浅沼光樹
発行者　小山光夫
製　版　ジャット

発行所　〒113-0033 東京都文京区本郷1-13-2
電話03(3814)6161 振替00120-6-117170
http://www.chisen.co.jp
株式会社 知泉書館

Printed in Japan　印刷・製本／藤原印刷